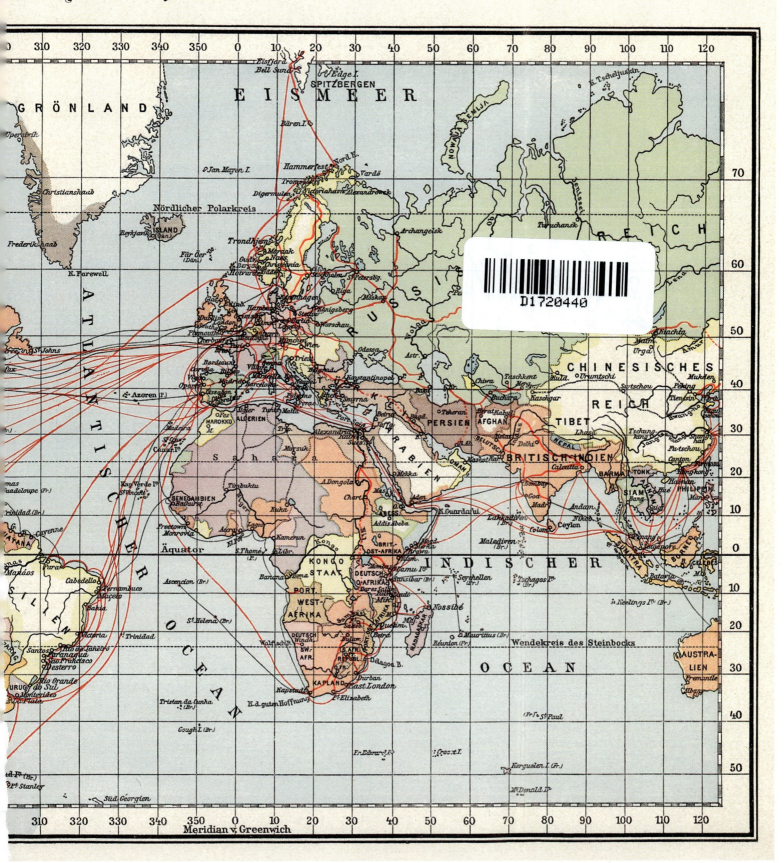

Weltverkehrskarte der Hapag um 1900.

Arnold Kludas
Die Geschichte der Hapag-Schiffe
Band 1: 1847–1900

Hapag-Dampfer HAMMONIA von 1883 verläßt den Hamburger Hafen.

Arnold Kludas

Die Geschichte der Hapag-Schiffe

Band 1: 1847–1900

Hauschild

Abbildung auf dem Schutzumschlag:
Die NORMANNIA (Gemälde von Fred Pansing)

Abbildungsnachweis:
Soweit die Abbildungen nicht aus dem Archiv der ehemaligen Hapag
oder der Sammlung des Verfassers stammen, ist die Herkunft
bei der Bildlegende angegeben. Dort sind – soweit es zu ermitteln war –
auch die Namen der Urheber vermerkt.

© 2007 bei Arnold Kludas
und dem Verlag H. M. Hauschild GmbH, Bremen
Lektorat: Gerd Hüsener, Bremen
Gesamtherstellung: H. M. Hauschild GmbH, Bremen

ISBN 978-3-89757-341-3

Inhaltsverzeichnis

Vorwort	7
Die Dokumentierung der Hapag-Flotte	8
Erläuterungen	9
Chronik 1847–1854	11
Erfolgreicher Start mit Packetseglern	14
Chronik 1855–1857	19
Übergang zur Dampfschiffahrt	20
Chronik 1858–1863	26
Die zweite Dampfer-Generation	27
Chronik 1864–1876	39
Schiffe für den Westindien-Dienst	41
Übernahme der Adler-Linie	46
Chronik 1877–1879	51
Die SAXONIA-Klasse für den Westindien-Dienst	52
Chronik 1880–1885	58
Flottenausbau 1880–1886	60
Die Hapag-Anlagen am Jonas 1857–1890	66
Die HUNGARIA-Klasse	69
Chronik 1886–1889	76
Fahrpläne September 1887	79
Schiffsankäufe 1886–1889	85
Ankauf der Australia-Sloman-Schiffe	92
Die AUGUSTA VICTORIA-Klasse	94
Die SCANDIA-Klasse	105
Chronik 1890–1896	107
Neubauten und Ankäufe 1890–1895	116
Ankauf der Dampfschiffs-Rhederei Hansa	122
Dampfer der P-Klasse	138
Dampfer der A-Klasse	147
Ankäufe 1896–1899	158
Chronik 1897–1900	164
Die Übernahme der Kingsin-Linie 1898	166
Dampfer der B-Klasse	174
Charterschiff KAISER FRIEDRICH	185
Neubauten für das 20. Jahrhundert	187
Ankauf der de Freitas-Schiffe 1900	204
Die Schiffe der Italia	213
Fahrpläne Juni 1900	215
Anhang	
Menschen an Bord	221
Hapag-Gagen-Etat	228
Schnelldampfer-Statistik	231
Die Anlaufhäfen der Hapag im Jahr 1900	234
Register der Schiffsnamen	236

Zwischendeck-Passagiere um 1875 beim Umsteigen vom Tender auf den Transatlantikdampfer vor Brunshausen (Zeitgen. Stich)

Vorwort

Thema dieses Werkes ist die ausführliche, reich illustrierte Darstellung der im Titel umrissenen Aspekte jener über Jahrzehnte hinweg größten Reederei Deutschlands und der Welt, die 1847 als *Hamburg-Amerikanische Packetfahrt-Actien-Gesellschaft* gegründet wurde. Den von Anfang an als zu lang empfundenen Firmennamen verkürzte man im mündlichen Tagesgebrauch schon nach kurzer Zeit auf *Packetfahrt*, was allerdings *ausserhalb Hamburgs vielfach zu falschen Vorstellungen über den Gegenstand unseres Unternehmens Anlass* gab, wie der Hapag-Vorstand *1894* im Jahresbericht bedauerte und deshalb die offizielle Kurzform *Hamburg-Amerika Linie* einführte. Daneben bestand von Anfang an und auch weiterhin die sich aus den Initialen ergebende Abkürzung *H.A.P.A.G.*, die sich auch im Firmenwappen und der Flagge präsentierte. Später schrieb man einfach *HAPAG* und seit den 1920er Jahren auch *Hapag*. Diese letzte Schreibweise setzt sich im Namen der Nachfolgefirma Hapag-Lloyd AG bis in die Gegenwart fort. – In den Bänden dieses Werkes wird überwiegend die Bezeichnung *Hapag* verwendet werden.

Während die **Geschichte** dieses Unternehmens in einer langen Reihe von Veröffentlichungen wiederholt dargestellt und auch die einzelnen **Fahrtgebiete** ausführlich beschrieben worden sind – siehe das Literaturverzeichnis –, gab es über seine **Schiffe** in allen diesen Werken bestenfalls listenmäßige Zusammenstellungen. Erst 1979–1981 war mit den drei Bänden *Kludas/Bischoff: Die Schiffe der Hamburg-Amerika Linie* eine erste illustrierte Gesamtdarstellung des Schiffsparks erschienen. Diese liegt jetzt Jahrzehnte zurück und ist seit 25 Jahren vergriffen. Da in diesem Zeitraum auch die Nachkriegs-Hapag-Schiffe ihre Karrieren beendet haben und da zweieinhalb Jahrzehnte gezielter Forschung weitere Erkenntnisse brachten, ist eine abschließende Behandlung des Komplexes Hapag-Flotte möglich.

Die hieraus abzuleitende **Zielsetzung** dieser mehrbändigen Arbeit, nämlich auf der Grundlage der erwähnten Kludas/Bischoff-Bände die Biografien der **Seeschiffe** nicht nur auf den neuesten Stand zu bringen, sondern sie durch detailliertere technische und historische Daten zu optimieren, ist der wichtigste Teil des Vorhabens. Ein weiterer Komplex wird neu aufgenommen, nämlich das Thema der sogenannten **Hilfsschiffe**. Dieser Begriff umfaßt eine Flotte von mehreren hundert Spezialschiffen aller Art, die von der Hapag im In- und Ausland eingesetzt wurden. Mit Ausnahme der Seeschlepper ist diese Schiffsgruppe noch niemals systematisch bearbeitet worden.

Die Darstellung des **Schiffsparks** wird von einer **Chronik** begleitet, die Kurzinformationen zum allgemeinen Hintergrund und Umfeld der Flottenentwicklung bietet. Hier werden auch die **Hafenanlagen**, **Gebäude** und **Einrichtungen** der Hapag vorgestellt.

Einen besonderen Glanzpunkt dieser Neuausgabe stellt die optimale Präsentation der Vielzahl von Abbildungen dar. Neben den Fotografien werden auch interessante zeitgenössische Dokumente faksimiliert, wie Anzeigen, Fahrpläne, Grafiken, Plakate, Urkunden oder Zeitungsausschnitte.

Ein Wort noch zum Aufbau des Werkes: Alle **Seeschiffe** der Übersee-Dienste der Hapag werden – in bewährter Weise chronologisch in Gruppen zusammengefaßt – durchgehend vorgestellt, begleitet von der erwähnten Chronik. Im letzten Band werden dann die **Seebäderschiffe und Tender**, die **Hilfsschiffe** und die Luftfahrtaktivitäten der Hapag vorgestellt. Ein ausführliches **Literatur- und Quellenverzeichnis** findet sich im letzten Band. Alle Bände erhalten ein eigenes **Schiffsnamenregister**.

Die Anregung zu dieser voluminösen Neubearbeitung des Themas kam von dem Verleger und Inhaber des renommierten Bremer Verlages Hauschild, Herrn Friedrich Steinmeyer, der sich außer durch seine verlegerische und unternehmerische Tätigkeit auch mit seinen maßgeblichen Aktivitäten zur Erforschung der Geschichte der Deutschen Schiffspost Verdienste erworben hat.

Herr Steinmeyer steht also völlig zu Recht auf Platz Eins der Liste meiner Adressaten für einen herzlichen Dank.

Die Verdienste der Mitstreiter aus früheren Jahrzehnten habe ich in der *Dokumentierung* auf Seite 8 gewürdigt.

Dank gebührt Frau Dr. Ursula Huffmann und den Herren Rolf Finck, Hans-Jürgen Capell und Klaus Johann Pidde, alle aus dem Hause Hapag bzw. Hapag-Lloyd, die ich seit den 1950er Jahren nacheinander als hilfsbereite Ansprechpartner kennenlernte.

Zwei guten Freunden, Hans-Jürgen Abert und Dr. Dieter Jung († 2006), deren wertvolle Standardwerke mir unentbehrlich sind, danke ich für ihre damit indirekt geleistete große Hilfe.

Weiter danke ich Henry Albrecht für die großzügige Bereitstellung von seltenen Abbildungen, Mark H. Goldberg aus Baltimore, der mir sein Manuskript *Prizes of War* zur Verfügung stellte, Reinhart Schmelzkopf für die Durchsicht meines Manuskripts, dem Deutschen Schiffahrtsmuseum in Bremerhaven, namentlich Klaus-Peter Kiedel und Simon Kursawe, für die freundliche Unterstützung und den Fotografen und Bildgebern, deren Namen jeweils bei ihren Bildern genannt werden.

Den Mitarbeitern des Verlages Hauschild danke ich für die jederzeit gute Zusammenarbeit. Hier möchte ich ausdrücklich die sorgfältige Arbeit des Lektors Gerd Hüsener würdigen, der sich dankenswerterweise auch der Tücken und Niederungen der Zahlenwelt in den tabellarischen Lebensläufen annahm.

Ein ganz besonders herzlicher Dank gebührt – wie immer – meiner lieben Frau Ilse für ihre verständnisvolle Geduld und hilfreiche Unterstützung.

Grünendeich, im Sommer 2007   *Arnold Kludas*

Die Dokumentierung der Hapag-Flotte

Dieses neue Werk basiert auf jahrzehntelangen Recherchen von Personen und Arbeitsteams, deren Zusammenwirken ich in einem kurzen historischen Überblick darstellen möchte.

Team 1: Ricardo Siepmann († 1990) aus Hamburg, der sich seit seiner Jugend mit der Geschichte der Hapag beschäftigt und seit den 1930er Jahren Zugang zum Hapag-Archiv hatte, veröffentlichte 1952 in *Sea Breezes* (und im selben Jahr auch in *The Belgian Shiplover*) eine Geschichte der Hapag, die Alan B. Deitsch († 1959) aus den USA um eine alphabetische Schiffsliste erweiterte, die auf den in den Jahresberichten der Hapag aufgeführten Listen basierte und erste Stichworte zum Verbleib der Schiffe enthielt.

Team 2: Dr. Herbert Bischoff († 1981) aus Reinfeld, der seit den 1920er Jahren Materialien zur Geschichte der Hapag gesammelt hatte und seit 1950 ebenfalls Zugang zum Hapag-Archiv hatte, schloß sich Ende der 1950er Jahre mit Ricardo Siepmann zu einer Arbeitsgemeinschaft zusammen.

Team 3: J. F. Horst Koenig aus Hamburg und meine Person arbeiteten seit 1960 gemeinsam an der Vervollständigung der Deitsch-Liste. Seit 1961 tauschten die Teams 2 und 3 regelmäßig ihre Ergebnisse aus.

Team 4: 1963 ging ich mit Paul Scarceriaux († 1975), dem Präsidenten der Belgian Nautical Research Association (BNRA), und Florent van Otterdyk, beide in Brüssel, ein Arbeitsbündnis auf Gegenseitigkeit ein, das mit den anderen Teamkollegen abgestimmt war und folgende Zielsetzung verfolgte: Ich schrieb die vorläufige Hapag-Schiffsliste der Teams 1–3 und markierte die Lücken, die an Hand der in Brüssel lückenlos vorhandenen Schiffsregister aller Art zu schließen waren. Anschließend wurde diese Zusammenstellung in den Jahren 1964–1966 in der BNRA-Zeitschrift The Belgian Shiplover veröffentlicht.

Seit 1963 konnte ich die damals wieder eröffnete Fachbibliothek der Werft Blohm + Voss mit ihren bis ins 19. Jh. zurückreichenden Beständen an Fachliteratur und – leider nur sporadisch vorhandenen – Schiffsregistern intensiv auswerten. Zusätzlich verbrachte ich manche Urlaubswoche mit Forschungen im Archiv des Seeschiffsregisters des Amtsgerichts Hamburg.

Ende 1967 schlossen Herbert Bischoff und Ricardo Siepmann ihre gemeinsame *Schiffsliste der Hamburg-Amerika Linie seit 1847* als Manuskript ab. Diese Liste ergänzte die BNRA-Arbeit insofern, als sie die Hapag-Flotte zum ersten Mal überhaupt in einer exakten chronologischen Form vorstellte. Zudem enthielt sie sämtliche Kriegsbereederungen ausländischer Schiffe durch die Hapag und weiter eine Liste aller bestellten und angekauften, aber nie für die Hapag in Fahrt gekommenen Schiffe. Schließlich waren in einem Anhang auch die dreizehn in- und ausländischen Reedereien aufgeführt, an denen die Hapag mit mehr als 50 % beteiligt gewesen war, mit einer Liste aller Schiffe, die diese Reedereien während der Hapag-Beteiligung besessen hatten.

Diese Hapag-Schiffsliste war als Anhang des zum 125jährigen Bestehen 1972 geplanten großen Jubiläumsbandes vorgesehen, für den Dr. Herbert Bischoff als Autor vorgesehen war. Nachdem die Hapag verständlicherweise weder zu ihrem 75. Geburtstag 1922 noch zum 100. 1947 einen Jubiläumsband vorlegen konnte und wollte, sollte es zum 125jährigen endlich eine prächtige und fundierte Würdigung der wechselvollen Geschichte dieser großen Reederei geben. Doch auch dieses Mal kam es anders! Schon der Anfang 1968 von Hapag und Lloyd gemeinsam gegründete Deutsche Containerdienst deutete auf eine baldige Fusion zwischen den beiden Reedereien hin, die dann 1970 vollzogen wurde. Damit waren alle Planungen für einen Jubiläumsband gegenstandslos geworden. Es gab keine Hapag mehr, und die Nachfolgefirma Hapag-Lloyd war dem paritätischen Proporz zwischen den keineswegs in inniger Liebe vereinten Hamburger und Bremer Betriebsteilen verpflichtet.

Es gab also nach wie vor keine Dokumentation der Hapag-Flotte in Buchform. Die genannten Teams hatten sich inzwischen aufgelöst. Herbert Bischoff und ich bildeten dann ein neues Team und bereiteten die Veröffentlichung der im Vorwort erwähnten drei Bände über die Seeschiffe der Hapag vor. Diese bei Koehler in Herford erschienene Trilogie enthielt erstmals auch technische Daten sowie Abbildungen der Hapag-Schiffe. Mein Freund und Mitstreiter Herbert Bischoff starb 1981 – wenige Tage nach dem Erscheinen des dritten Bandes.

1990 schloß ich meine fünfbändige *Geschichte der deutschen Passagierschiffahrt* und 2003 mit den *Vergnügungsreisen zur See* meine zweibändige *Geschichte der deutschen Kreuzfahrt* ab. In beiden Werken wird die historische Entwicklung der Hapag in ihren nationalen Kontext gestellt und vor dem internationalen Hintergrund geschildert.

Wenn ich mich jetzt noch einmal abschließend an dieses große Thema mache, dann tue ich das in dankbarer Erinnerung an die hier genannten Mitstreiter aus fünf Jahrzehnten und in ausdrücklicher Würdigung ihrer Verdienste an der gemeinsamen Sache: der Erforschung und Dokumentierung der Hapag-Flotte.

Erläuterungen

zu den Biografien der seegehenden Fracht- und Passagierschiffe der Hapag

Grundsätzlich

Die Schiffe sind chronologisch in der Reihenfolge ihrer Indienststellung bei der Hapag aufgeführt, wobei Schwesterschiffe jeweils hinter dem Typschiff zusammengefaßt werden.

Die aus unterschiedlichen Gründen nicht unter Hapag-Flagge in Fahrt gekommenen „Hapag"-Schiffe werden an entsprechender Stelle in die Chronologie eingefügt.

Zur Schreibweise der Eigennamen:

- Schiffsnamen werden in lateinischen Großbuchstaben bzw. Ziffern so gesetzt, wie sie am Schiff angebracht waren, Akzente oder Lautzeichen fehlen also durchweg.
- Bei der Transliterierung anderer Schriften wird für die Zeit nach 1950 die Schreibweise in Lloyd's Register übernommen.
- Geografische Namen werden vorzugsweise in ihrer deutschen Form verwendet, wobei Überholtes wie z.B. Neuyork für New York nicht tradiert wird.
- Die Namen von Reedereien und Werften werden oft in gebräuchlicher, unverwechselbarer Kurzform geschrieben, und auf den Zusatz der Rechtsform wie z.B. AG oder Ltd. wird durchweg verzichtet.

Erster Block

Vor dem Schiffsnamen in der ersten Zeile stehen die laufende Nummer der chronologischen Hapag-Schiffsliste sowie – ausgeschrieben oder abgekürzt – die Schiffsart. Diese wird bei den Segelschiffen ausgeschrieben, bei maschinengetriebenen Schiffen abgekürzt. Es bedeuten:

  ss = Dampfschiff
  ts = Turbinenschiff
  ms = Motorschiff

Hinter dem Schiffsnamen steht ggfs. folgendes:

Bei den von der Hapag mehrfach vergebenen Schiffsnamen wird durch eingeklammerte Ziffern die Reihenfolge bezeichnet.

Im Falle einer Umbenennung durch die Hapag folgen das Jahr und der neue Name, wenn es sich um den Rückkauf eines früheren Hapag-Schiffs handelt, wird ggfs. die neue chronologische Nummer dem Namen vorangestellt.

Die zweite Zeile nennt Bauwerft und Baunummer.

Zweiter Block

In diesem Block der technischen Daten sind folgende Angaben in verständlichen Abkürzungen aufgeführt und durch Schrägstriche voneinander getrennt. Alle technischen Angaben gelten für den Zeitpunkt der Indienststellung bei der Hapag, eventuelle vorherige oder spätere Abweichungen von Belang werden im Lebenslauf genannt:

- Die BRT = Bruttoregistertonnage als Größenangabe /
- Die tdw als Angabe der Tragfähigkeit in Tonnen à 1000 bzw. in Einzelfällen ohne besonderen Hinweis in englischen tons à 1016 kg /
- Die Schiffslänge in Metern, entweder als reg. Länge oder als Länge ü.a. angegeben; siehe Skizze /

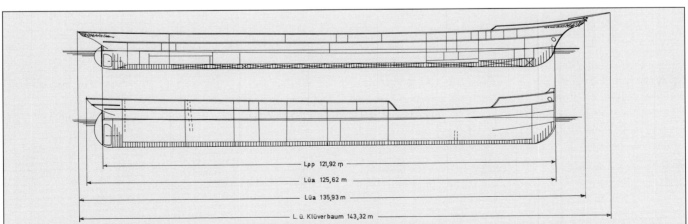

Dieser Vergleich von zwei Dampferrümpfen mit derselben **Länge zwischen den Loten = Lpp** macht deutlich, wie sehr die Ergebnisse unterschiedlicher Meßmethoden voneinander abweichen können und wie wichtig es deshalb ist, stets die richtige Maßeinheit anzugeben.
Die **Länge zwischen den Loten = Lpp** ist die für den Konstrukteur wichtigste Länge, die grundsätzlich als reg. Länge in die Register der Klassifikationsgesellschaften übernommen wird, wobei allerdings deren Meßpunkte sich von Gesellschaft zu Gesellschaft geringfügig unterscheiden.
Die für den Nautiker und den Laien wichtigste Länge ist die **Länge über alles = Lüa**, also die über Wasser sichtbare größte Länge des Schiffsrumpfes. In meinen Büchern bevorzuge ich stets diese **Länge ü.a.**, die allerdings erst seit den 1930er Jahren gelegentlich und seit den 1970er Jahren regelmäßig in den Schiffsregistern angegeben wird. Für die Zeit vor dem Ersten Weltkrieg ist sie nur selten veröffentlicht und bisweilen gar nicht mehr zu ermitteln. Deswegen überwiegt in diesem Band die jedem Schiffsregister zu entnehmende **reg. Länge**.

- Die Schiffsbreite auf Spanten, wo nötig (in Klammern) ergänzt durch die größte Rumpfbreite /
- Anzahl und Art der Antriebsmaschine(n); Hersteller /
- Anzahl der Kessel, Dampfdruck in at = atü = bar /
- Maschinenleistung in PS, differenziert als
    PSi = in den Zylindern indizierte PS
    PSw = an der Schraubenwelle gemessene PS
    PSe = an der Motorkupplung gemessene PS /

Die Leistung der Dampfschiffe mit Kolbenmaschinen wird in PSi angegeben, die der Turbinenschiffe in PSw und der Motorschiffe in PSe. Beim Vergleich der unterschiedlich bezeichneten PS-Arten ist wichtig: PSi verhält sich zu PSw und PSe wie 5 : 4, die Maschinenleistung eines Motorschiffes von 8000 PSe entspricht also der eines Dampfers von 10 000 PSi. Die Tatsache, daß bei der Meßmethode PSi die für die Bewegung der Maschine selbst benötigte Kraft noch nicht geleistet, also auch nicht gemessen wurde, während sie bei den PSe enthalten ist, und daß bei den PSw zusätzlich sogar die für das Drehen der Antriebswelle nötige Kraft mitgemessen wurde, soll und darf hier vernachlässigt werden. – Auf eine Umrechnung der Maschinendaten auf die seit 1977 verbindlichen Maßeinheiten des Internationalen Einheitensystems (SI) habe ich bewußt verzichtet, weil die Geschichte der Hapag ja 1970 mit der Fusion zur Hapag-Lloyd AG endete.

- Anzahl der Schrauben bzw. Seitenräder /
- Dienstgeschwindigkeit in Knoten (in Klammern max. Wert) /
- Anzahl der Passagierbetten bzw. der Deckspassagiere.
    Die Abkürzungen bedeuten hier:
    Pass.: = Passagiereinrichtung(en) für:
    I., II., III. Kl. = Klasse
    Kab. = Kabine
    ZwD = Zwischendeck
    Deckspass. = Deckspassagiere ohne Schlafplatz /

Bei den Passagiereinrichtungen wird, soweit es die Quellen ermöglichen, wie folgt differenziert: Die erste Ziffer innerhalb einer Klasse (abgekürzt Kl.) nennt die Normalbelegung der Doppel- oder Einzelkabinen, mit einem Pluszeichen angehängt folgen die Zahl der Sofa- und Reserve- bzw. Kinderbetten sowie die Anzahl der Kabinen (abgekürzt Kab.).

- Anzahl der Besatzungsmitglieder, abgekürzt Bes.

Dritter Block

Der Block der historischen Daten spiegelt alle wichtigen Stationen auf dem Lebensweg des Schiffes vom Stapellauf bis zum Ende.

Dabei werden fast immer der Zeitpunkt des Antritts und die Route der Jungfernreise sowie ggfs. jener der ersten Reisen auf anderen Routen aufgeführt. Eine lückenlose Dokumentation **aller** Einzelreisen der Schiffe ist nicht beabsichtigt.

Bei den Fahrtrouten werden aus Gründen der Übersichtlichkeit meistens nur die Abfahrt- und Zielhäfen genannt. Die auf manchen Routen sehr zahlreichen Zwischenhäfen lassen sich aus den faksimilierten Fahrplänen auf den Seiten 79–84 und 215–220 sowie aus den entsprechenden Angaben in der Chronik entnehmen.

Kritik der Datumsangaben:
Während Stapellauf-, Umbau- oder Unfalldaten durchweg exakt dokumentiert sind, kann es bei folgenden Datumsangaben Differenzen geben, wenn in den Quellen gelegentlich ein „verwandtes" Datum verzeichnet ist, was nicht in jedem Fall verifiziert wurde bzw. werden konnte, z.B.:

Das Ablieferungsdatum ist generell der Tag der Übernahme durch die Reederei. In seltenen Ausnahmefällen, speziell bei angekauften Schiffen, kann hier auch ein leicht abweichendes Probefahrts- oder Registerdatum stehen.

Bei einem Reederei- oder Schiffsnamenswechsel ist grundsätzlich das Datum der Übergabe an den neuen Eigner angegeben. Es ist aber nicht auszuschließen, daß in den Quellen gelegentlich ein vorheriges Verkaufsvertragsdatum oder ein späteres Registereintragsdatum angeführt steht und hier übernommen wurde.

Die Reiseantrittsdaten stammen aus Fahrplänen oder Ankündigungen, die nach Möglichkeit mit Abfahrtslisten und ähnlichen Quellen verglichen wurden. In Einzelfällen sind dennoch von mir unbemerkte Abweichungen möglich.

Chronik 1847–1854

Die Freie Hansestadt Hamburg, wie sich der Gründungsort und Firmensitz der Hapag seit 1819 offiziell nennt, gehört als selbständiger Staat dem 1815 auf dem Wiener Kongreß errichteten Deutschen Bund an. Dieser war sozusagen an die Stelle des 1806 infolge der napoleonischen Politik aufgelösten Deutschen Reiches getreten. Im selben Jahr 1806 war Hamburg als bedeutendster Warenumschlagsplatz des nordeuropäischen Kontinents von französischen Truppen besetzt worden. Die gleichzeitig von Napoleon gegen England verhängte sog. Kontinentalsperre beraubte die Stadt ihrer Existenzgrundlagen Handel und Schiffahrt. Am Ende dieser achtjährigen opferreichen „Franzosenzeit" stellte sich die 1814 endlich wieder freie Stadt mutig und erfolgreich der Anforderung, die verlorenen Jahre aufzuholen.

Mitte des 19. Jahrhunderts zählt Hamburg 170 000 Einwohner.

1847

27. Mai: Für diesen Donnerstag lädt das auf Initiative des Schiffsmaklers August Bolten tätige und von Ernst Merck geleitete provisorische Komitee die 41 Aktionäre zur Gründung der Hamburg-Amerikanischen Packetfahrt-Actien-Gesellschaft (Hapag) in die Hamburger Börsenhalle ein. Hier beschließen die 30 erschienenen Herren die Statuten der Gesellschaft und wählen das erste Direktorium. Adolph Godeffroy wird erster Vorsitzender, H. J. Merck und Ferdinand Laeisz werden seine Vertreter. Das Unternehmen *bezweckt die regelmässige Verbindung Hamburgs mit Nord-Amerika mittelst Segelschiffe unter Hamburger Flagge. (...) Die Schiffe sind zunächst für die Fahrt von und nach New York bestimmt*, wie es in den Statuten der neuen Gesellschaft heißt.

Eine Besonderheit dieser Gründung liegt in der Arbeitsteilung der Gründer dieses international tätigen Unternehmens. Die für die Bereitstellung des Schiffsparks und die Repräsentation der Firma zuständige Direktion erledigt diese Aufgaben in angemieteten Büroräumen, zunächst am Großen Burstah, danach an der Bleichenbrücke und anschließend bis 1870 am Hopfenmarkt Nr. 16. Für den eigentlichen Reedereibetrieb sind extern August Bolten als Schiffsmakler und P. A. Milberg als Agent und Buchführer zuständig. Das Protokoll der Generalversammlung der Hapag-Aktionäre beschreibt deren Aufgaben wie folgt: *Herr Bolten besorgt alle Schiffsmaklergeschäfte und insbesondere die Korrespondenz und alles, was Bezug hat auf Herbeischaffung der Passagiere aus dem Innern und deren Expedition hierorts. Herr Milberg hingegen besorgt alle laufenden Geschäfte und die Buchführung der Kompagnie.* Es braucht sicher nicht betont zu werden, daß den beiden Herren für diese vielfältigen Arbeiten das Personal ihrer eigenen hochangesehenen Firmen zur Verfügung steht.

Ansicht des Hamburger Hafens um 1850.

Adolph Godeffroy (1814–1893) leitete das Direktorium der Hapag von der Gründung bis zu seinem Ausscheiden 1880. (Foto um 1875)

August Bolten (1812–1887), Hamburger Schiffsmakler, der die Gründung der Hapag initiierte, ihr bis 1884 als Schiffsmakler und Passageagent zur Verfügung stand und diese Aufgaben für die Hapag weitgehend selbständig wahrnahm. (Gemälde von Carl Johann Laasch, 1883)

1848

21. April: Die deutsch-dänischen Meinungsverschiedenheiten über die Herzogtümer Schleswig und Holstein führen zum Krieg. Die am 29. April von Dänemark verhängte Blockade der deutschen Nord- und Ostseeküsten beeinträchtigt die New York-Fahrten der Hapag, kaum daß diese begonnen hatten. Vor diesem Hintergrund wird 1849 auch zum ersten Mal ein deutsches Schiff ausgeflaggt, die DEUTSCHLAND der Hapag.

15. Oktober: Der Segler DEUTSCHLAND eröffnet mit der Ausreise von Hamburg nach New York den ersten Liniendienst der Hapag.

Die DEUTSCHLAND war das erste Schiff der Hapag.

Erfolgreicher Start mit Packetseglern

Das englische Wort packet im Reedereinamen – und hier bei den Seglern – steht als Synonym für Post. Die überseeische Postbeförderung fand bis 1840 ausschließlich auf schnellen Segelschiffen statt, deren Eigner einen Vertrag mit den Postbehörden der von ihnen angelaufenen Länder abgeschlossen hatten und somit die in Paketen zusammengefaßten Einzelsendungen befördern durften.

Die ersten drei Packetsegler sollten eigentlich im Frühjahr 1848 geliefert werden, kamen jedoch wegen des Konflikts zwischen Dänemark und Preußen um Schleswig und Holstein erheblich später in Fahrt. Bis 1858 stellte die Hapag sieben weitere hölzerne Packetsegler in Dienst; der zehnte und letzte war das eiserne Vollschiff DEUTSCHLAND. In den Wintermonaten Dezember bis März wurde der Fahrplan wetterbedingt meist stark eingeschränkt, bisweilen sogar ganz eingestellt.

Für diese frühen Segelschiffe sind leider kaum Daten zur Segelfläche und zur Geschwindigkeit übermittelt. Um eine Vorstellung von den durchschnittlich erzielten Leistungen zu geben, habe ich aus den in den Jahresberichten veröffentlichten Angaben über die schnellsten und langsamsten Reisen folgende Tabelle errechnet:

Reisezeit Cuxhaven–Sandy Hook in Tagen / Knoten

	Ausfahrt	Heimreise
Schnellste Reise	31 / 6,0	19 / 9,9
Langsamste Reise	59 / 3,2	37 / 5,1
Durchschnitt aller Reisen	40 / 4,7	29 / 6,5

Die genannten Zahlen und Fakten lassen erkennen, daß die Segelschiffe im Liniendienst der Hapag keine Zukunft mehr hatten. 1859–1864 machten die Segler gelegentlich auch Reisen nach Charleston, New Orleans, Philadelphia, Quebec oder Montreal. Auch auf Trampreisen schickte oder vercharterte man sie in andere Fahrtgebiete, z.B. nach Asien. Schon im Jahresbericht 1864 heißt es, daß man die Segelschiffe am liebsten ganz abschaffen würde.

1 Vollschiff DEUTSCHLAND (1)
Johann H. von Somm, Hamburg

538 BRT / 717 tdw / 40,4 m reg. Länge / 9,5 m Breite / Pass.: 16 I., 4 II., 200 ZwD / Bes.: 17

11.10.**1848** Stapellauf / 15.10.**1848** Jungfernreise Hamburg–New York / 4.**1849** wegen der dänischen Blockade der Elbmündung für deutsche Schiffe als HERMANN nach Rußland ausgeflaggt und für Kapitän Herr in St. Petersburg eingetragen / 3.**1851** wieder DEUTSCHLAND, Hapag / 2.4.**1857** auf der Reise Cardiff–New York im Atlantik auf Pos. 47 N - 40 W gesunken.

2 Bark NORD-AMERIKA
Cornelius P. Johns, Hamburg

419 BRT / 558 tdw / 37,2 m reg. Länge / 9,7 m Breite / Pass.: 20 I., 4 II., 200 ZwD / Bes.: 16

9.10.**1848** Stapellauf. Ursprünglich als AMERIKA geplant, diesen Namen trug jedoch schon ein anderes Hamburger Schiff / 10.11.**1848** Jungfernreise Hamburg–New York / **1858** an B. Wencke, Hamburg / **1859** an J. Dybvadt & Sons, Christiania / **1868** nicht mehr verzeichnet.

3 Bark RHEIN (1)
Johann H. von Somm, Hamburg

450 BRT / 540 tdw / 37,80 m reg. Länge / 8,3 m Breite / Pass.: 20 I., 4 II., 200 ZwD / Bes.: 16

22.11.**1848** beim Stapellauf gekentert und gesunken. Trotz sofortiger Bergung verzögert sich die Ablieferung um Monate / 9.3.**1849** Ablieferung / 24.3.**1849** Jungfernreise Hamburg–New York / **1851** werden 20 Kajütsplätze II. Klasse eingerichtet / **1858** an B. Wencke, Hamburg / **1864** in Singapur verkauft / **1869** nicht mehr verzeichnet.

Hapag-Werbung in einer zeitgen. Zeitungsanzeige von 1850.

Die Schiffswerft J. H. von Somm Söhne auf dem Großen Grasbrook in Hamburg, auf der Helling die stapellauffertige DEUTSCHLAND der Hapag.

Im Frühjahr 1849 folgte als zweites Schiff die Bark NORD-AMERIKA. Ihr zerbrach auf der Jungfernreise bei einem Segelmanöver eine Rah, die im Herunterfallen den Steuermann tötete und sieben Mann verletzte. Nach Reparatur in Portsmouth konnte die Reise fortgesetzt werden.

Von den zehn Packetseglern der Hapag waren drei als Bark getakelt, wie hier die RHEIN. Die anderen sieben waren Vollschiffe.

4 Bark **ELBE**

Johann Lange, Vegesack; Baunr. 182

385 BRT / 513 tdw / 34,3 m reg. Länge / 8,4 m Breite / Pass.: 10 I., 200 ZwD / Bes.: 15

30.11.**1848** auf dem Helgen angekauft / 7.12.**1848** Stapellauf / 15.3.**1849** Jungfernreise Hamburg–New York / **1851** wird die I. Klasse auf 20 Plätze erweitert / **1864** in New York nach schweren Sturmschäden an F. W. Bardua, Hamburg; repariert und in **SAHRA** umbenannt / **1865 ANSGAR**, Arboe, Kopenhagen / **1868** an T. Sonne, Kopenhagen / **1885** an J. A. Olsen, Kopenhagen / **1890** an W. Holmberg, Söderby (Mariehamn) / 14.11.**1900** auf der Reise von Hartlepool nach Kopenhagen vor Laesö gestrandet.

5 Vollschiff **ODER**

Hinrich Bosse, Burg bei Bremen

690 BRT / 828 tdw / 44,8 m reg. Länge / 8,6 m Breite / Pass.: 20 I., 20 II., 249 ZwD / Bes.: 20

4.**1851** auf dem Helgen angekauft / 7.5.**1851** Stapellauf / 1.9.**1851** Jungfernreise Hamburg–New York / **1868 MUTTER SCHULTZ**, Beselin, Rostock / **1869** auf der Reise von Pensacola nach Hartlepool bei Key West gestrandet.

10 Vollschiff **WESER**

Joh. Weilbach, Stockholm

742 BRT / 1050 tdw / 44,3 m reg. Länge / 10,5 m Breite / Pass.: ca. 40 I. und II., 250 ZwD / Bes.: 20

7.8.**1851** Stapellauf als **PETER GODEFFROY** für J. C. Godeffroy, Hamburg / 4.4.**1857** angekauft und in **WESER** umbenannt. Auf der Reiherstiegwerft wird der bisher als Bark getakelte Segler zum Vollschiff umgebaut / 16.4.**1857** erste Reise Hamburg–New York / **1858** an der irischen Westküste gestrandet.

*Die Bark ELBE, langlebigster der Hapag-Segler.
(Ausschnitt aus zeitgen. Gemälde)*

Vollschiff ODER. (Ausschnitt aus zeitgen. Gemälde)

*Vollschiff WESER.
(Aquarell von Eduard Edler)*

6 Vollschiff DONAU
Ernst Dreyer, Hamburg; Baunr. 23

580 NRT / 711 tdw / 39,90 m reg. Länge / 8,87 m Breite / Pass.: 8 I., 50 II., 240 ZwD / Bes.: 20

2.6.**1853** Stapellauf / 17.6.**1853** Ablieferung / 3.7.**1853** Jungfernreise Hamburg–New York / **1861** zur Bark umgebaut / 12.**1866** mit schweren Sturmschäden in New York eingelaufen. An den Bostoner Reeder Chr. Hall verkauft und als DRESDEN in Port Louis auf Mauritius registriert / **1873** noch in Fahrt, dann nicht mehr verzeichnet.

9 Vollschiff MAIN
Ernst Dreyer, Hamburg; Baunr. 33

903 NRT / 1200 tdw / 49,91 m reg. Länge / 10,37 m Breite / Pass.: 20 I. und II., 200 ZwD / Bes.: 20

7.6.**1856** Stapellauf als EUROPA / 6.**1856** Ablieferung Johann Christoph Donner, Altona, für den das Schiff nur eine Reise machte / 10.11.**1856** von der Hapag angekauft und in MAIN umbenannt / 15.11.**1856** Jungfernreise Hamburg–New York. Auf dieser Reise konnte die MAIN im Sturm drei Seeleute des entmasteten holländischen Schoners ENGELINA JACOBA bergen / 9.4.**1863** an Friedrich Th. Eckhusen, Hamburg / 2.5.**1863** erste Reise Hamburg–Quebec / 1.4.**1866** Antritt der dritten Reise nach Kanada, auf der die MAIN bei Cape Race strandete.

14 Vollschiff NECKAR
Ernst Dreyer, Hamburg; Baunr. 40

905 BRT / 1086 tdw / 48,19 m reg. Länge (56,34 m ü.a.) / 10,73 m Breite / 1437 qm Segelfläche / Pass.: 12 I. in 5 Kab., 84 II. in 32 Kab., 250 ZwD / Bes.: 30

8.6.**1858** Stapellauf / 25.6.**1858** Ablieferung / 3.8.**1858** Jungfernreise Hamburg–New York / 8.4.**1863** an Friedrich Th. Eckhusen, Hamburg. In der Kanadafahrt eingesetzt / 24.9.**1866** an Aug. Bolten, Hamburg; Nordatlantikdienst / **1869** an P. M. Sörensen, Arendal / 13.4.**1871** an J. Stephansen & Co., Arendal / **1878** an A. Eyde & Cons., Arendal / **1886** auf See leck geworden und sinkend von der Besatzung verlassen.

17 Vollschiff DEUTSCHLAND (2)
Reiherstieg Schiffswerfte, Hamburg; Baunr. 36

804 BRT / 1200 tdw / 51,0 m reg. Länge (56,0 m ü.a.) / 10,2 m Breite / Pass.: 10 I., 78 III., 288 ZwD / Bes.: 20

8.11.**1858** Stapellauf / 11.11.**1858** Ablieferung / 21.11.**1858** Jungfernreise Hamburg–New York / 16.4.**1868** an C. Woermann, Hamburg / **1887** an J. C. Pflüger & Co., Bremen / **1889** an J. D. Ahlers, Elsfleth / **1890** an J. J. Wallis & Sohn, Barth / **1896** abgewrackt.

Zeitgenössische Darstellung der DONAU.

Die MAIN entstand wie die fast baugleiche NECKAR auf der Dreyer-Werft. (Aquarell von Eduard Edler)

Chronik 1855–1857

1855

Wegen der bevorstehenden Indienststellung ihrer ersten Dampfer mietet die Hapag für die Zwischenlagerung von Passagiergepäck und Frachtgütern einen Lagerplatz an der Steinwärder Seite des Reiherstiegs, der außerdem zum technischen Betrieb mit Werkstätten ausgebaut wird und ein Proviant- sowie Schiffsausrüstungslager erhält.

Auch in New York wird ein Liegeplatz angemietet, auf dem man einen Abfertigungs- und Lagerschuppen errichtet.

Die Hapag stellte ihr erstes Hilfsschiff in Dienst, den eisernen Leichter NORDEN, der zum schnelleren Umschlag der mit den Dampfern zu erwartenden größeren Ladungsmengen beitragen soll. Unter dem Begriff Hilfsschiff sind hier Schlepper, Barkassen, Leichter, Schwimmkräne und viele andere Fahrzeugarten zu verstehen, von denen die Hapag im Laufe ihrer Geschichte Hunderte besaß. In älteren Jahresberichten nennt die Hapag diese Fahrzeuge gern die *Auxiliar-Flottille*.

1856

1. Juni: Mit der BORUSSIA eröffnet die Hapag auf der Route Hamburg–New York ihre erste Dampfer-Linie.

Dezember: Ein informelles Abkommen mit dem US Postmaster General regelt die Postbeförderung zwischen der Freien Stadt Hamburg und den USA.

1857

Nach Einführung der Dampfschiffahrt erweist sich der Lagerplatz am Reiherstieg für die Schiffsabfertigung schnell als ungeeignet. Die Hapag erwirbt deshalb ein geeignetes Grundstück am Jonas an der Hafenstraße Nr. 17 in St. Pauli, auf dem neben einem vorhandenen ein weiterer Speicher sowie Abfertigungsgebäude errichtet werden. Von diesem können die Passagiere über eine Landungsbrücke auf ihr Schiff gehen. Bisher waren sie mit Booten an Bord der im Strom verankerten Segelschiffe befördert worden.

Übergang zur Dampfschiffahrt

Auf der Generalversammlung der Aktionäre am 5. Februar 1853 beantwortete Hapag-Chef Godeffroy den Denkanstoß des Aktionärs Biancone, die Dampfschiffahrt aufzunehmen, mit der Einschätzung, daß dies *ohne Regierungszuschüsse* nicht möglich sei. Der nächsten Versammlung am 20. Dezember 1853 lag dann eine Kalkulation der *Rentabilität großer Schrauben-Dampfschiffe* vor, die Godeffroys Äußerung widerlegte, worauf die Generalversammlung am 3. Januar 1854 die Einführung von Dampfern und eine entsprechende Revision des Statuts beschloß.

Die ersten Dampfer der Hapag entsprachen 1855 in Größe und Leistungsfähigkeit durchaus dem damals praktizierten internationalen Standard. In Deutschland waren sie die mit Abstand größten Schiffe, ehe 1858 der Norddeutsche Lloyd in Bremen gleichzog.

Zuerst liefen die Dampfer von Hamburg direkt nach New York, ehe sie ab 1857 im Zwischenhafen Southampton anlegten. Interessant ist, daß auch die Dampfer anfangs nicht ganzjährig verkehrten, sondern wie schon die Packetsegler Winterpausen einlegen mußten. Erst im Jahresbericht 1859 gab die Direktion bekannt, daß *zum ersten Mal während des ganzen Winters unsere Dampfschiffe unausgesetzt in der Fahrt* geblieben waren und fügte hinzu, daß für die Zukunft *die Notwendigkeit von Winterreisen keinen Augenblick mehr zweifelhaft sein konnte*.

7 ss HAMMONIA (1)
Caird & Co., Greenock; Baunr. 37

2026 BRT / 1300 tdw / 101,53 m Länge über Deck / 11,73 m Breite / Eine oszillierende Zwillingsdampfmaschine; Caird / 2 Kessel, 1 at / 1400 PSi / 1 Schraube / 10 (11) kn / Pass.: 54 I., 146 II., 310 ZwD / Bes.: 80

5.5.**1855** Stapellauf / 15.7.**1855** Ablieferung. An die französische Regierung verchartert und bis **1856** als Truppentransporter im Krimkrieg eingesetzt / 2.7.**1856** Jungfernreise Hamburg–New York / **1864** BELGIAN, Allan Line, Liverpool / 21.4.**1864** erste Reise Liverpool–Montreal / 3.9.**1872** an Dominion Line, Liverpool / 5.2.**1873** erste Reise nach Umbenennung in **MISSOURI** / 1.10.**1873** auf der Reise Liverpool–New Orleans auf Gingerbread Shoal, Bahamas, gestrandet.

8 ss BORUSSIA (1)
Caird & Co., Greenock; Baunr. 38

2131 BRT / 1299 tdw / 101,53 m Länge über Deck / 11,73 m Breite / Eine oszillierende Zwillingsdampfmaschine; Caird / 2 Kessel, 1 at / 1400 PSi / 1 Schraube / 10 (11) kn / Pass.: 54 I., 146 II., 310 ZwD / Bes.: 80

Anzeige aus der Hamburger Börsenhalle im Mai 1856.

3.7.**1855** Stapellauf / 14.9.**1855** Ablieferung. An die britische Regierung verchartert und bis **1856** als Truppentransporter im Krimkrieg eingesetzt / 1.6.**1856** Jungfernreise Hamburg–New York / **1870/71** Antrieb bei Day in Southampton zur II-Exp.-Dampfmaschine umgebaut / 26.4.**1871** erste Reise Hamburg–Westindien / Sommer **1874** aufgelegt / 14.7.**1876** an die Dominion Line, Liverpool / 2.9.**1876** erste Reise Liverpool–Montreal / **1879** auf einer Reise nach New Orleans hatte das Schiff am 23. November mit 184 Menschen an Bord den Zwischenhafen La Coruña verlassen / 2.12.**1879** nach einem tagelangen schweren Sturm beginnt die **BORUSSIA** zu sinken. Der Kapitän befiehlt, in die Boote zu gehen, von denen wegen des hohen Seegangs nur zwei mit zusammen knapp 50 Menschen freikommen. Die meisten sind also noch an Bord, als die **BORUSSIA** untergeht. Zehn Überlebende können von dem britischen Segler **MALLOWDALE** und fünf von der deutschen Bark **FULDA** aus den Booten gerettet werden; 169 finden den Tod.

Die HAMMONIA war 1855 das erste Dampfschiff der Hapag.

Mit der BORUSSIA eröffnete die Hapag 1856 ihre Dampferroute Hamburg–New York.

12 SS **AUSTRIA**
Caird & Co., Greenock; Baunr. 55

2684 BRT / 1800 tdw / 95,03 m reg. Länge / 12,96 m Breite / Eine Zwillingsdampfmaschine; Caird / 2 Kessel / 1500 PSi / 1 Schraube / 11 kn / Pass.: 60 I., 120 II., 450 ZwD / Bes.: 86

23.6.**1857** Stapellauf / 18.9.**1857** Ablieferung / 5.10.**1857** erste Reise in Charter der britischen Regierung, die das Schiff wegen des Aufstandes in Indien als Truppentransporter gechartert hat. Wegen schwerer Sturmschäden wird die Reise in der Biscaya abgebrochen. Auch eine zweite Reise muß abgebrochen werden, diesmal wegen Maschinenschadens. Daraufhin lösen die Briten die Charter / 1.5.**1858** Jungfernreise Hamburg–New York / 13.9.**1858** Auf ihrer dritten Ausreise nach New York hat die **AUSTRIA** die Position 45.00 N - 41.31 W erreicht. An Bord befinden sich 538 Menschen. Der Kapitän hat das routinemäßige Desinfizieren des Zwischendecks befohlen. Dabei wird durch Eintauchen eines glühenden Eisenschäkels in einen halb mit Teer gefüllten Eimer Rauch erzeugt. In diesem Fall fängt der Teer unerwartet sofort Feuer, kocht über, ist mit den bereitliegenden Löschmitteln nicht zu ersticken, und zu allem Überfluß wird auch noch der Eimer mit dem brennenden Teer umgestoßen. Die sich ausbreitenden Flammen setzen das Zwischendeck und dann sehr schnell das ganze Mittel- und Achterschiff in Brand. Panik bricht aus. Die Maschine kann nicht gestoppt werden, weil das Personal erstickt ist, das Schiff läuft also weiter voraus. Als wenig später der Rudergänger wegen des Feuers seinen Posten räumen muß, dreht die **AUSTRIA** in den Wind, der die Flammen nun förmlich über das ganze Schiff fegt. Die Feuerlöschschläuche verbrennen. Eine Explosion im Laderaum schleudert viele Menschen über Bord. Vor Angst kopflose Passagiere behindern die Bootsmanöver. Ein eilig gefiertes Boot kentern beim Aufsetzen auf das Wasser, weil das Schiff noch immer Fahrt macht. Nur ein einziges Boot kommt vom Schiff frei. 66 Menschen werden von der französischen Brigg **MAURICE** und 22 von der norwegischen Bark **CATARINA** aufgenommen. Mit 454 Toten war die Zahl der Opfer fast so hoch wie bei der bis dahin schwersten Schiffskatastrophe, dem Untergang der **CITY OF GLASGOW** 1854, bei dem 480 Menschen ums Leben gekommen waren.

Die in der internationalen Literatur meist anzutreffende Zahl von 471 Toten der **AUSTRIA** ist offenkundig falsch.

13 SS **SAXONIA** (1)
Caird & Co., Greenock; Baunr. 56

2684 BRT / 1725 tdw / 97,69 m reg. Länge / 11,94 m Breite / Eine Zwillingsdampfmaschine; Caird / 2 Kessel / 1500 PSi / 1 Schraube / 11 kn / Pass.: 60 I., 120 II., 450 ZwD / Bes.: 86

21.8.**1857** Stapellauf / 17.11.**1857** Ablieferung. Wie ihr Schwesterschiff **AUSTRIA** wegen des Aufstands in Indien als Truppentransporter an die britische Regierung verchartert / 1.4.**1858** Jungfernreise Hamburg–New York / **1871** bei der Reiherstiegwerft wird die Maschine auf das Compoundsystem umgebaut (II-Exp.) / 4.10.**1873** erste Reise Hamburg–Westindien / 11.**1878** **NIJNI**

Heckansicht der SAXONIA.

NOVGOROD, Kaiserliche Gesellschaft zur Förderung der Handelsschiffahrt, ab Mai **1879** Russische Freiwillige Flotte, St. Petersburg. Im Dienst Odessa–Wladiwostok eingesetzt. Auf ihren ersten Reisen befördert das Schiff Strafgefangene von Odessa nach Sachalin / **1891** an D. J. Ratner & Co., Odessa / **1895** abgewrackt.

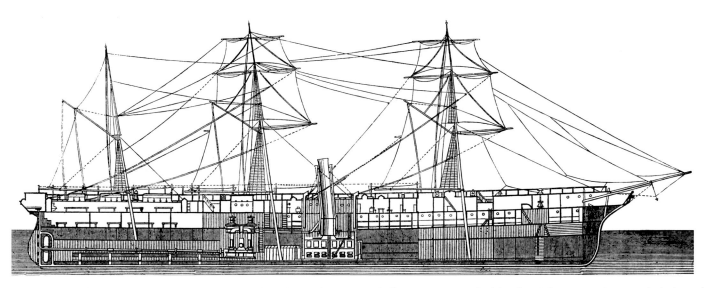

Dieser Längsschnitt durch die SAXONIA zeigt die damals übliche Raumaufteilung. Das Hauptdeck ist den Kajütspassagieren vorbehalten, wobei die I. Klasse hinter dem Schornstein und die II. davor angeordnet waren. Darunter im Zwischendeck die Schlafsäle für die Auswanderer. In den schraffierten Räumen darunter sind die Ladung und die Bunkerkohle untergebracht; unter dem Schornstein die Kessel und links vom mittleren Mast die Maschinen.

Die Brandkatastrophe der AUSTRIA auf einer Postkarte. Der französische Künstler hatte das traurige Ereignis noch zusätzlich dramatisiert, indem er es bei hohem Seegang stattfinden ließ.

15 SS **TEUTONIA** (1)
Caird & Co., Greenock; Baunr. 48

2248 BRT / 1758 tdw / 90,09 m reg. Länge / 11,60 m Breite / Eine Zwillingsdampfmaschine; Caird / 2 Kessel / 1300 PSi / 1 Schraube / 10 (11) kn / Pass.: 54 I., 136 II., 310 ZwD / Bes.: 80

4.8.**1856** Stapellauf für die Hamburg-Brasilische Dampfschiffahrt-Gesellschaft, Hamburg / 23.11.**1856** Ablieferung / 20.12.**1856** Jungfernreise Hamburg–Brasilien / 21.10.**1858** an die Hapag. Als Reserveschiff aufgelegt / 15.7.**1859** erste Reise Hamburg–New York / 1.10.**1867** erste Reise Hamburg–New Orleans / **1870** während des Deutsch-Französischen Krieges als Wohnschiff für Kriegsgefangene genutzt / **1871** erste Reise Hamburg–Westindien / **1872** Maschine bei der Reiherstiegwerft auf Compoundsystem umgebaut. 1500 PSi, 12 kn / **1877** an die Dominion Line, Liverpool. Liverpool–New Orleans-Dienst, ab **1880** Liverpool–Kanada / **1882** an D. Baker, Cardiff / **1884** REGINA, P. Gazzino, Genua / **1885** an Conestro & Bonono, Genua / **1887** an F. Costa, Genua / **1889** PIEMONTESE, Fratelli Lavarello, Genua / **1890** REGINA, F. D. Costa, Genua / **1890** CITTA DI SAVONA, Genua / **1891** MENTANA, C. Schiaffino, Genua / **1894** in La Spezia abgewrackt.

16 SS **BAVARIA** (1)
Caird & Co., Greenock; Baunr. 49

2259 BRT / 1758 tdw / 90,21 m reg. Länge / 11,93 m Breite / Eine Zwillingsdampfmaschine; Caird / 2 Kessel / 1300 PSi / 1 Schraube / 10 (11) kn / Pass.: 54 I., 136 II., 310 ZwD / Bes.: 80

30.10.**1856** Stapellauf als **PETROPOLIS** / 30.1.**1857** Ablieferung an die Hamburg-Brasilische Dampfschiffahrt-Gesellschaft, Hamburg / 25.2.**1857** Jungfernreise Hamburg–Brasilien / 21.10.**1858** **BAVARIA**, Hapag / 1.11.**1858** erste Reise Hamburg–New York / 1.10.**1867** erste Reise Hamburg–New Orleans / **1871** Maschine bei Day in London auf Compoundsystem umgebaut. 1500 PSi, 12 kn / 26.3.**1871** erste Reise Hamburg–Westindien / 1.11.**1876** an die Dominion Line, Liverpool. Für den New Orleans-Dienst vorgesehen / 6.2.**1877** im Atlantik ausgebrannt.

Die neuwertigen Dampfer TEUTONIA (Abb.) und ihr Schwesterschiff BAVARIA kaufte die Hapag 1858 aus der Konkursmasse der Hamburg-Brasilischen DG.

Illustrirte Zeitung. [№ 938. 22. Juni 1861.]

Hamburg-Amerikanische Packetfahrt-Actiengesellschaft.
Directe Post-Dampfschiffahrt
zwischen
Hamburg und New-York,
event. Southampton anlaufend.

16053

Postdampfschiff Saxonia, Kapt. Ehlers, am Sonntag Morgen, d. 30. Juni. | Postdampfschiff Teutonia, Kapt. Taube, am Sonntag Morgen, d. 28. Juli.
„ Borussia, „ Trautmann, „ „ d. 14. Juli. | „ Bavaria, „ Meier, „ „ d. 11. Aug.
Postdampfschiff Hammonia, Kapt. Schwensen, am Sonntag Morgen, d. 25. Aug.

Passagepreise. { Nach New-York: Erste Kajüte 150 Thlr. pr. Cour., zweite Kajüte 100 Thlr. pr. Cour., Zwischendeck 60 Thlr. pr. Cour.
„ Southampton: „ „ 4 Pfd. St., „ „ 2 Pfd. 10 Sch., „ 1 Pfd. 5 Sch.

Fracht. Nach New-York für baumwollene und ord. Waaren 12 Dollars, für feine Waaren 18 Dollars. Nach Southampton 1 Pfd. St., alles mit 15 % Primage und pr. 40 hamburger Cubikfuß. Güter unter unbestimmter Benennung zahlen den höchsten Frachtsatz, Güter an Ordre im voraus. Feuergefährliche Gegenstände sind ausgeschlossen. Unter 3 Dollars und 15 % Primage wird kein Connossement gezeichnet.

Näheres zu erfahren bei **August Bolten, Wm. Miller's Nachfolger, Hamburg.**

Infolge eines neuerdings mit dem Generalpostamt in Washington abgeschlossenen Postvertrags haben die bisherigen Abgangstage am 1. und 15. jeden Monats aufgegeben und, wie oben näher angegeben, abgeändert werden müssen.

Vollständig gültige Ueberfahrts-Contracte werden abgeschlossen durch den concessionirten und bevollmächtigten Generalagenten **Karl O. R. Viehweg in Leipzig, Katharinenstraße Nr. 9.**

Die BAVARIA im Gewittersturm. (Gemälde von Holm. Museum für Hamburgische Geschichte)

Chronik 1858–1863

1858

Nach dem Ausscheiden des Agenten P. A. Milberg richtete die Hapag am Jonas ihr erstes eigenes Büro ein. Die Leitung der Gesellschaft wurde allerdings weiter in den Häusern Bolten und Godeffroy wahrgenommen; ein eigenes Geschäftshaus richtete die Hapag erst 1881 ein.

14. Juni: Die Postkonvention mit dem US Postmaster wird in einen Vertrag über den vierzehntäglich zu bedienenden Postdienst Hamburg–Southampton–New York und zurück umgewandelt. Passagiere und Post aus Southampton werden vor Cowes, Isle of Wight, aus Tendern übernommen bzw. an sie abgegeben.

Der Versuch, Auswanderer nach New Orleans über Hamburg zu leiten, wird nach zwei Segelschiffsreisen im Herbst mit zusammen nur 125 Passagieren aufgegeben.

1860

In ihrem Jahresbericht meldete die Direktion nicht ohne Stolz, daß die Hapag in diesem Jahr hinter Cunard den zweiten Platz in der Nordatlantik-Passagierbeförderung einnahm.

1861

Dezember: Weil wegen des amerikanischen Bürgerkriegs die Postdienste unter der US-Flagge nach Europa eingestellt wurden, schließt die Hapag mit dem US Postmaster eine sog. Postkonvention über die Beförderung britischer Postsendungen nach Southampton ab. DIE BORUSSIA läuft auf der Reise von Hamburg nach New York am 4. Dezember erstmals Southampton als fortan regelmäßigen Zwischenhafen an.

1863

Die Hapag gibt ihren bisherigen Landeplatz in New York auf und pachtet zusammen mit dem Norddeutschen Lloyd auf vorläufig zehn Jahre *einen in jeder Beziehung geeigneten Platz in Hoboken, der am jenseitigen Ufer des Hudson gelegenen Vorstadt New Yorks, aber zu der letzteren Stadt Jurisdiktion gehörig,* so der Jahresbericht 1863.

Die 1863 von Hapag und Lloyd in Betrieb genommenen neuen Piers in Hoboken, gegenüber von New York. Links der Lloyd-Dampfer HANSA, ganz rechts die BAVARIA der Hapag. In der Mitte die GERMANIA, links von ihr das Hansa-Hotel. (Lithografie der Gebr. Siméon)

Die zweite Dampfer-Generation

Die augenfälligste Neuerung bei dieser Schiffsgeneration war der vollzogene Übergang vom Klipper- zum senkrechten Dampfer-Vorsteven. Für die Klipper, sehr schnelle Segelschiffe, waren die weit nach vorn gewölbten und durch das Bugspriet verlängerten Vorsteven unentbehrlich, weil er die Befestigung großer Sprietsegel ermöglichte. Solche zusätzlichen Segel waren aber für Dampfer beim jetzt erreichten Stand der Maschinentechnik nicht mehr nötig, so daß man folgerichtig die größeren Baukosten dieser Bugkonstruktion einsparen konnte. In der Hapag-Flotte war die GERMANIA das erste Seeschiff mit dieser Neuerung. Auch der bisher fast obligatorische dritte Mast konnte bald als überflüssig eingespart werden.

Die etwas kleineren Abmessungen kennzeichnen die GERMANIA und ALLEMANNIA als Vorläufer der ab 1867 in Dienst gestellten HAMMONIA-Klasse. Diese Neubauten gestatteten es der Hapag, ab 1865 während der verkehrsreichen Hochsaison zwischen Mai und Oktober die bisher vierzehntäglichen Abfahrten nach New York auf wöchentliche zu verdichten.

19 ss **GERMANIA** (1)
Caird & Co., Greenock; Baunr. 99

2123 BRT / 1000 tdw / 97,80 m Länge ü.a. / 12,02 m Breite / Eine Zwillingsdampfmaschine; Caird / 2 Kessel / 1300 PSi / 1 Schraube / 11 kn / Pass.: 80 I., 120 II., 525 ZwD / Bes.: 93

6.4.**1863** Stapellauf / 1.8.**1863** Ablieferung / 23.8.**1863** Jungfernreise Hamburg–New York / 16.4.**1868** mit der holländischen Bark **PAULINE CONSTANCE ELEONORE** kollidiert, die untergeht / 7.8.**1869** im Nebel auf der felsigen Küste vor Cape Race gestrandet. Besatzung und Passagiere können sich in den Booten an Land retten.

Die Strandung der GERMANIA kostete zum Glück keine Menschenleben, für den Dampfer selbst gab es jedoch keine Rettung.

20 ss ALLEMANNIA (1)
C. A. Day & Co., Southampton; Baunr. 23

2665 BRT / 2400 tdw / 97,50 m reg. Länge / 12,20 m Breite / Eine Zwillingsdampfmaschine; Day / 2 Kessel / 1200 PSi / 1 Schraube / 11 kn / Pass.: 60 I., 100 II., 600 ZwD / Bes.: 120

11.5.**1865** Stapellauf / 4.9.**1865** Ablieferung / 17.9.**1865** Jungfernreise Hamburg–New York / **1872** Maschine bei der Reiherstiegwerft auf Compoundsystem umgebaut. 6 Kessel, 4,2 at / 22.5.**1873** erste Reise Hamburg–Westindien / 11.4.**1880** wieder Hamburg–New York / 2.**1881** OXENHOLME, W. Hunter & Co., Liverpool / **1894** an A. Chapman, Liverpool / 6.6.**1894** auf der Reise Liverpool–Südamerika bei Santa Catharina, Brasilien, gestrandet.

22 ss HAMMONIA (2)
Caird & Co., Greenock; Baunr. 135

3035 BRT / 2661 tdw / 100,71 m reg. Länge / 12,22 m Breite / Eine Zwillingsdampfmaschine; Caird / 4 Kessel, 2,0 at / 1500 PSi / 1 Schraube / 11 kn / Pass.: 58 I., 120 II., 500 ZwD / Bes.: 125

8.12.**1866** Stapellauf / 15.2.**1867** Ablieferung / 4.3.**1867** Jungfernreise Hamburg–New York / 6.6.**1878** MOSKVA, als Hilfskreuzer an die Russische Marine verkauft / 15.7.**1878** in Kronstadt in Dienst gestellt / 4.8.**1878** an die Kaiserliche Gesellschaft zur Förderung der Handelsschiffahrt, St. Petersburg, die sich ab Mai **1879** Russische Freiwillige Flotte nannte / 11.**1880** bis **1881** erneut Hilfskreuzer / 6.6.**1882** 25 sm vor Cap Guardafui im Golf von Aden gestrandet.

23 ss CIMBRIA
Caird & Co., Greenock; Baunr. 136

3025 BRT / 2661 tdw / 100,93 m reg. Länge / 12,10 m Breite / Eine Zwillingsdampfmaschine; Caird / 4 Kessel, 2,0 at / 1500 PSi / 1 Schraube / 11 kn / Pass.: 58 I., 120 II., 500 ZwD / Bes.: 125

21.1.**1867** Stapellauf / 29.3.**1867** Ablieferung / 13.4.**1867** Jungfernreise Hamburg–New York / **1877** Von Frühjahr bis Herbst an die Russische Marine verchartert. U.a. werden die künftigen Besatzungen für drei bei Cramp in Philadelphia in Bau befindliche Hilfskreuzer von Baltischport nach Philadelphia gebracht. Außerdem testet man offenbar das Schiff auf seine Eignung zum Hilfskreuzer, denn **1878** kauft die Russische Marine drei Schwesterschiffe der CIMBRIA als Hilfskreuzer an / 6.**1880** neue II-Exp.-Dampfmaschine von der Reiherstiegwerft. 2050 PSi, 4 Kessel, 4,9 at / 19.1.**1883** auf der Reise Hamburg–New York zwei Stunden nach Mitternacht 5 sm nordöstlich Borkum-Feuerschiff im Nebel mit dem britischen Frachter SULTAN zusammengestoßen. Der Zusammenstoß ist auf fehlerhafte Navigation beider Schiffe und auf unglückliche Umstände zurückzuführen. Die SULTAN reißt die Backbordseite der CIMBRIA auf und treibt dann achteraus. Kurz darauf bekommen die beiden Schiffe noch einmal Sichtkontakt, wobei man auf SULTAN sieht, daß auf der sinkenden CIMBRIA panisches Entsetzen herrscht. Die Mannschaft der SULTAN ist jedoch so mit dem eigenen schwerbeschädigten Schiff beschäftigt, daß sie die mögliche Hilfeleistung unterläßt. Auf der schnell sinkenden CIMBRIA gelingt es, die vier Steuerbordboote auszubringen, von denen zwei kentern. Die mit Frauen und Kindern vollbesetzten Backbordboote können wegen der Schlagseite nicht gefiert werden. Kurz darauf sinkt das Schiff und reißt 437 Menschen mit sich in die Tiefe. Lediglich 65 überleben. Die Bremer Bark DIAMANT übernimmt 17 Schiffbrüchige aus einem Boot, 39 aus zwei weiteren Booten rettet die britische Bark THETA, und neun Menschen gelangen in dem vierten Boot nach Borkum.

1974 beginnt das Vermessungsschiff WEGA des Deutschen Hydrographischen Instituts mit der Untersuchung des Wracks der CIMBRIA. Dabei wird die Schiffsglocke geborgen, die nach einem Intermezzo im Altonaer Museum ihren Platz in der Eingangshalle des Verwaltungsgebäudes der Hapag-Lloyd AG am Ballindamm erhält. Aus den Laderäumen unterhalb der zerstörten Passagierdecks birgt **2001** der Wracktaucher Keppler, der die Bergungsrechte von Hapag-Lloyd erworben hatte, nach 118 Jahren mit seinem Bergungsschiff JADE wertvolle Teile der Ladung.

Wegen der Seltenheit dieses Fotos der ALLEMANNIA – mir ist kein Foto eines älteren Hapag-Schiffs bekannt – soll hier über die Qualität hinweggesehen werden. Die ALLEMANNIA war übrigens das erste Hapag-Schiff mit fließendem Warmwasser in den Badezimmern.

Das Typschiff HAMMONIA der nach ihm benannten Klasse von elf Dampfern.

Der Moment des Zusammenstoßes der CIMBRIA mit der SULTAN im Januar 1883.

25 SS **HOLSATIA** (1)
Caird & Co., Greenock; Baunr. 143

3134 BRT / 2793 tdw / 103,45 m reg. Länge / 12,34 m Breite / Eine Zwillingsdampfmaschine; Caird / 4 Kessel, 2,0 at / 1500 PSi / 1 Schraube / 11 kn / Pass.: 90 I., 130 II., 520 ZwD / Bes.: 130

9.3.**1868** Stapellauf / 28.5.**1868** Ablieferung / 10.6.**1868** Jungfernreise Hamburg–New York / Winter **1877/78** Maschine auf Compoundsystem umgebaut. 2000 PSi, 12 kn / 6.6.**1878** ROSSIJA, als Hilfskreuzer an die Russische Marine verkauft / 15.7.**1878** in Kronstadt in Dienst gestellt / 1.8.**1878** an die Kaiserliche Gesellschaft zur Förderung der Handelsschiffahrt, St. Petersburg, übertragen, jedoch bis 13.11.**1894** weiter Hilfskreuzer der Russischen Marine / 8.12.**1894** DNESTR, Transporter und Schulschiff der Russischen Marine / 12.**1910** zur Hulk abgetakelt / **1912** umbenannt BLOKSHIF N 5 / 10.**1916** in Trapezunt als Landungsbrücke (Hafensperre?) versenkt.

26 SS **WESTPHALIA** (1)
Caird & Co., Greenock; Baunr. 144

3158 BRT / 2823 tdw / 103,70 m reg. Länge / 12,35 m Breite / Eine Zwillingsdampfmaschine; Caird / 4 Kessel, 2,0 at / 1500 PSi / 1 Schraube / 11 kn / Pass.: 90 I., 120 II., 520 ZwD / Bes.: 130

24.6.**1868** Stapellauf / 2.9.**1868** Ablieferung / 16.9.**1868** Jungfernreise Hamburg–New York / **1878/79** bei Blohm & Voss in Hamburg umgebaut. Zwei Schornsteine, eine II-Exp.-Dampfmaschine, 2100 PSi, 12 kn, 4 Kessel, 4,7 at / 13.11.**1882** im Englischen Kanal bei Nacht und stürmischem Wetter mit dem belgischen Dampfer **ADRIEN DAVID** kollidiert. Ehe ein von dem Hapag-Dampfer ausgesetztes Boot den Belgier erreicht, sinkt das in Brand geratene Schiff mit seiner 25köpfigen Besatzung / 2.**1887** bei der Werft Armstrong, Mitchell & Co. für die Neubauten **COLONIA** und **ASCANIA** in Zahlung gegeben / **1887** ATLANTICA, H. F. Swan, Newcastle / **1888** PROVINCIA DI SAO PAULO, Gazzo & Schiaffino, Genua / **1889** MENTANA, C. Schiaffino di Marcello, Genua / 7.3.**1889** erste Reise Genua–La Plata / **1890** SUD AMERICANA, La Veloce Navigazione Italiana, Genua / 14.1.**1891** erste Reise Genua–La Plata / **1901** in Genua abgewrackt.

Die HOLSATIA an den Duckdalben des Hamburger Niederhafens.

Die WESTPHALIA vor (rechts) und nach ihrem Maschinenumbau 1879 mit zwei Schornsteinen.

27 ss **SILESIA** (1)
Caird & Co., Greenock; Baunr. 150

3142 BRT / 2829 tdw / 103,62 m reg. Länge / 12,26 m Breite / Eine Zwillingsdampfmaschine; Caird / 4 Kessel, 2,0 at / 1500 PSi / 1 Schraube / 11 kn / Pass.: 90 I., 120 II., 520 ZwD / Bes.: 130

14.4.**1869** Stapellauf / 13.5.**1869** Ablieferung / 23.6.**1869** Jungfernreise Hamburg–New York / 10.**1877** Umbau der Maschine auf Compoundsystem bei der Reihersteigwerft in Hamburg. 2500 PSi, 6 Kessel, 6,0 at / 8.10.**1877** erste Reise Hamburg–Westindien / 19.3.**1879** wieder Hamburg–New York-Dienst / **1887** bei Armstrong, Mitchell & Co. für Schiffsneubauten in Zahlung gegeben. In Walker-on-Tyne mit einer III-Exp.-Dampfmaschine ausgerüstet / **1887** **PACIFICA**, H. F. Swan, Newcastle / **1888** an A. Albini, Genua / **1889** an Fratelli Lavarello, Genua / **1890 CITTA DI NAPOLI**, La Veloce Navigazione Italiana, Genua / 11.**1890** erste Reise Genua–Südamerika / **1891 MONTEVIDEO**, La Veloce Navigazione Italiana, Genua / 21.11.**1891** erste Reise Genua–La Plata / 2.12.**1899** im La Plata vor der Insel Lobos gestrandet.

29 ss **THURINGIA** (1)
Caird & Co., Greenock; Baunr. 154

3133 BRT / 2847 tdw / 106,74 m reg. Länge / 12,19 m Breite / Eine Zwillingsdampfmaschine; Caird / 4 Kessel, 2,0 at / 1500 PSi / 1 Schraube / 11 kn / Pass.: 102 I., 136 II., 620 ZwD / Bes.: 130

18.5.**1870** Stapellauf / 8.8.**1870** Ablieferung / 27.10.**1870** Jungfernreise Hamburg–New York / 6.**1875** in Hamburg aufgelegt / 5.**1878** in Kronstadt in Dienst gestellt / 6.6.**1878** als Hilfskreuzer **PETERSBURG** an die Russische Marine verkauft / 1.8.**1878** an die Kaiserliche Gesellschaft zur Förderung der Handelsschiffahrt, Kronstadt, die sich ab Mai **1879** Russische Freiwillige Flotte nannte / 13.5.**1893 BEREZAN**, Schulschiff, ab **1909** Transporter der Russischen Marine / 5.–11.**1918** deutsche Beute in Sewastopol / 24.4.**1919** englische Soldaten zerstören die Maschinen / 15.11.**1920** von den Sowjets übernommen / **1921** als U-Boot-Mutterschiff **SOVJETSKAJA ROSSIJA** (?) in Dienst / 1.10.**1921** Reserveschiff / Angeblich noch **1942** in Sewastopol vorhanden gewesen.

Die SILESIA hat vor den Hapag-Speichern am Jonas festgemacht und zeigt sich dem Betrachter mit vielen interessanten Einzelheiten.

Die SILESIA auf der Reede von Brunshausen bei der Übernahme von Reiseproviant.

Das Vorschiff der THURINGIA am Pier in Hoboken.

30 SS **GERMANIA** (2)

Caird & Co., Greenock; Baunr. 161

2876 BRT / 2876 tdw / 101,63 m reg. Länge / 11,93 m Breite / Eine II-Exp.-Dampfmaschine; Caird / 6 Kessel, 4,2 at / 1500 PSi / 1 Schraube / 11 kn / Pass.: 64 I. in 16 Außenkabinen, 60 II. in 14 Außenkabinen, 732 ZwD / Bes.: 93

24.12.**1870** Stapellauf / 3.**1871** Ablieferung / 4.5.**1871** Jungfernreise Hamburg–New York / 22.12.**1872** erste Reise Hamburg–Westindien / 10.8.**1876** auf einer Charterreise nach Südamerika vor Bahia gestrandet und gesunken.

31 SS **VANDALIA** (1) 1883 **KEHRWIEDER** 1894 **POLONIA**

Caird & Co., Greenock; Baunr. 162

2810 BRT / 2700 tdw / 100,80 m reg. Länge / 11,93 m Breite / Eine II-Exp.-Dampfmaschine; Caird / 6 Kessel, 4,2 at / 1500 PSi / 1 Schraube / 11 kn / Pass.: 64 I. in 16 Außenkabinen, 60 II. in 14 Außenkabinen, 732 ZwD / Bes.: 93

22.4.**1871** Stapellauf / 9.6.**1871** Ablieferung / 28.6.**1871** Jungfernreise Hamburg–New York / 25.11.**1871** erste Reise Hamburg–New Orleans / 4.5.**1872** wieder Hamburg–New York. In den Wintern **1872/73** und **1873/74** jeweils wieder nach New Orleans / 23.5.**1874** erste Reise Hamburg–Westindien / 19.11.**1875** erste Reise Hamburg–Rio de Janeiro / 27.9.**1876** wieder Westindien / 22.11.**1879** wieder Hamburg–New York / 7.4.**1880** wieder Hamburg–Westindien / 2.**1881** wieder Hamburg–New York; gelegentlich Hamburg–Westindien / 15.5.**1883** **KEHRWIEDER**, D.-R. Hansa, Hamburg. Hamburg–Montreal-Dienst / 18.6.**1892** Rückkauf durch die Hapag / 10.8.**1892** erste Reise Hamburg–Boston / 3.12.**1894** umbenannt **POLONIA** / 4.**1897** zum Abwracken nach La Spezia verkauft.

Der Hapag-Fahrplan für 1867.

Die GERMANIA, das erste Hapag-Schiff mit einer II-Exp.-Dampfmaschine. (Aquarell von Eduard Edler)

Die VANDALIA fuhr unter drei Namen für die Hapag. (Zeitgen. Darstellung)

33 SS **FRISIA** (1)
Caird & Co., Greenock; Baunr. 168

3256 BRT / 2847 tdw / 106,74 m reg. Länge / 12,19 m Breite / Eine II-Exp.-Dampfmaschine; Caird / 10 Kessel, 4,92 at / 2800 PSi / 1 Schraube / 13 kn / Pass.: 90 I., 130 II., 600 ZwD / Bes.: 130

Als **ALSATIA** geplant / 30.3.**1872** Stapellauf / 1.7.**1872** Ablieferung / 21.8.**1872** Jungfernreise Hamburg–New York / **1885** in Hamburg aufgelegt / 1.**1888** an L. Gillchrest & Co., London / **1889** **TEMERARIO**, l. Alessi, Genua / **1890 ARNO**, Banco di Genova, Genua / **1891** an Navigazione Generale Italiana, Genua / 4.12.**1891** erste Reise Genua–La Plata / **1898** als Kohlenfrachter eingesetzt / **1901** Kohlenhulk in Genua / **1902** in Italien abgewrackt.

38 SS **POMMERANIA**
Caird & Co., Greenock; Baunr. 175

3382 BRT / 2850 tdw / 109,94 m reg. Länge / 11,95 m Breite / Eine II-Exp.-Dampfmaschine; Caird / 10 Kessel, 4,92 at / 2800 PSi / 1 Schraube / 13 kn / Pass.: 100 I., 70 II., 600 ZwD / Bes.: 125

26.7.**1873** Stapellauf / 13.11.**1873** Ablieferung / 3.12.**1873** Jungfernreise Hamburg–New York / 26.11.**1878** auf der Reise New York–Hamburg im Englischen Kanal vor Dover mit der falsch manövrierenden britischen Bark **MOEL EILIAN** kollidiert, wobei die **POMMERANIA** steuerbord mittschiffs ein Riesenleck erhält. Während die Boote zu Wasser gelassen werden, eilen einige Passagiere unter Deck, um ihre Wertsachen zu holen. Sie kommen ums Leben, als das Schiff plötzlich versinkt. Die britischen Dampfer **GLENGARRY** und **CITY OF AMSTERDAM** nehmen die Überlebenden an Bord. 55 Menschen verlieren ihr Leben.

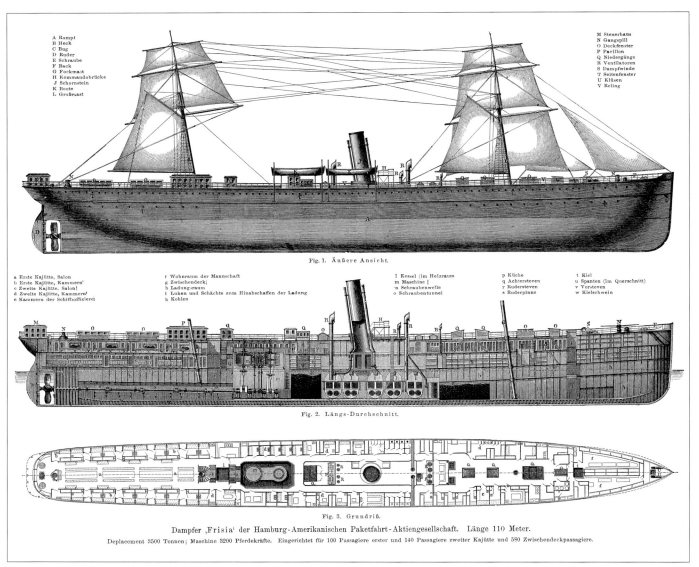

Seitenansicht, Längsschnitt und Kabinenplan der FRISIA.

Hier gewährt uns der Zeichner G. Theuerkauf einen Blick in den großen Salon der SILESIA, der – wie damals üblich – zwei Zwecken diente. Auf dem Bild als Gesellschaftssalon genutzt, wandelte er sich zur Tischzeit zum Speisesaal. Die Rückenlehnen klappte man dann zum Gang hinüber, um an der Tafel Platz nehmen zu können. Von den langen Gängen zweigten zwischen den Säulen die Flure zu den Kabinen ab, vgl. den Plan der FRISIA. Wohl aus Werbegründen hat der Zeichner die Raumhöhe stark übertrieben, tatsächlich war der Salon nur knapp 2,5 m hoch.

Als letztes Schiff der Klasse kam 1873 die POMMERANIA in Fahrt.

43 ss SUEVIA (1)
Caird & Co., Greenock; Baunr. 180

3609 BRT / 2700 tdw / 110,09 m reg. Länge / 12,59 m Breite / Eine II-Exp.-Dampfmaschine; Caird / 8 Kessel, 5,62 at / 2250 PSi / 1 Schraube / 12 kn / Pass.: 100 I., 70 II., 600 ZwD / Bes.: 109

1.6.**1874** Stapellauf / 10.10.**1874** Ablieferung / 21.10.**1874** Jungfernreise Hamburg–New York / 22.1.**1885** von dem im Sturm entmasteten und wrack geschlagenen Fischereischoner **CARL W. BAXTER** rettet die **SUEVIA** die elfköpfige Besatzung, die seit drei Tagen hilflos auf den Trümmern ihres Schiffes im Meer trieb / 13.4.**1889** beim Nantucket-Feuerschiff im dichten Nebel mit dem Lotsenschoner **COMMODORE BATEMAN** kollidiert, der mit zwei Mann sinkt / 11.4.**1894** erste Reise Neapel–New York / **1895** Teilnahme am feierlichen Eröffnungskorso im damaligen Kaiser-Wilhelm-Kanal / **1895** Umbau zum Luxuskreuzfahrtschiff geplant / 3.**1896** **QUATRE AMIS**, Schiaffino, Nyer & Sitges, Algier / Anfang 1.**1898** auf der Schelde gestrandet / 2.**1898** nach Bergung in Marseille abgewrackt.

Die SUEVIA, letztes Schiff ihrer Klasse.

Chronik 1864–1876

1864

Die Hapag gibt ihren Lagerplatz auf Steinwärder auf und verlegt die dortigen Abteilungen an den Jonas in St. Pauli, wo das Abfertigungsgebäude abgerissen und durch einen zweckmäßigen Neubau ersetzt wird, der dem stetig wachsenden Passagierverkehr gewachsen ist. Bis 1867 kommt zum vorhandenen noch ein zweiter Speicher hinzu.

1866

Am 1. Oktober eröffnet die BAVARIA die in den Wintermonaten betriebene Linie nach Havanna und New Orleans, die eine naheliegende Ergänzung des Nordatlantikdienstes darstellt.

1867

18. August: Unter der Führung Preußens bilden 18 deutsche Länder, darunter die Freien Hansestädte Hamburg, Bremen und Lübeck, den Norddeutschen Bund. Dessen Flagge, die schwarz-weiß-rot quergestreifte Trikolore, löst auf den Hapag-Schiffen die Hamburger Flagge als Nationalflagge ab.

1868

Januar: Die Hapag schließt mit der Post des Norddeutschen Bundes und der britischen Royal Mail einen Postvertrag ab und ändert den Vertrag mit der US Mail auf wöchentliche Abfahrten.

1869

Januar: Die Hapag bedient im New York-Dienst ausgehend statt Southampton Le Havre, wo es ein größeres Aufkommen an Kajütspassagieren gibt.

April: Nach Kündigung des Postvertrags mit der Royal Mail durch die Hapag werden im New York-Dienst heimkehrend Plymouth und bis Dezember auch Cherbourg angelaufen.

1870

18. März: Mit der Dockung des Dampfers ALLEMANNIA wird das Trockendock der Hapag auf dem Kleinen Grasbrook eingeweiht. Die Zustimmung zum Bau dieses Dry-Dock, wie die Hapag es in ihren Jahresberichten nannte, hatte die Direktion 1866 nach langjährigen Diskussionen mit den Aktionären durchgesetzt. Der Bau selbst dauerte noch einmal vier Jahre, da wegen des ungünstigen Untergrunds viele technische Schwierigkeiten zu überwinden waren. Die Notwendigkeit dieses Reparaturdocks ergab sich aus der mißlichen Tatsache, daß in Hamburg damals noch keine Werft ein Dock für die großen Abmessungen der Hapag-Schiffe besaß, diese also zu oft überhöhten Preisen die Docks in Southampton oder New York nutzen mußten.

April: Ankauf eines Verwaltungsgebäudes an der Deichstraße, das bis Oktober zum Firmensitz umgebaut wird.

1870 kaufte die Hapag ihr erstes großes Geschäftshaus an der Deichstraße in der Hamburger Innenstadt. Das Foto entstand erst in den 1890er Jahren nach dem Auszug der Hapag.

19. Juli: Der von Frankreich erklärte Deutsch-Französische Krieg – im Februar 1871 beendet – beeinträchtigt die Liniendienste der Hapag allein dadurch, daß die Schiffe statt durch den von französischen Kriegsschiffen bedrohten Englischen Kanal um die Orkney-Inseln herum in den Atlantik und zurück fahren müssen. Zwei Hapag-Dampfer sind bei Kriegsausbruch auf See: Die HOLSATIA unterbricht ihre Fahrt nach Hamburg in Plymouth, während die SILESIA um Schottland herum nach Leith beordert wird. Weitere in Übersee liegende Schiffe erhalten Anweisung, vorläufig in den Häfen zu bleiben. Die HAMMONIA war noch einen Tag nach der Kriegserklärung auf dem nördlichen Kurs nach New York abgegangen, wo sie am 30. Juli eintrifft.

Wegen eines in die Nordsee vorgedrungenen französischen Geschwaders werden danach alle Seezeichen eingezogen und die Leuchtfeuer gelöscht. Mitte August erklärt Frankreich die Blockade der deutschen Nordseehäfen, die aber schon einen Monat später offiziell aufgehoben wird. Die Hapag nimmt daraufhin ihre Liniendienste, wenn auch eingeschränkt, wieder auf. Am 5. Oktober 1870 läuft die SILESIA um Schottland herum nach New York aus, nachdem seit dem 20. Juli 1870 der gesamte Schiffsverkehr unterbrochen gewesen war. Danach sorgten vereinzelte Meldungen über vermeintlich oder tatsächlich in der Nordsee gesichtete französische Kriegsschiffe noch einmal kurzzeitig für Aufregung. Als

Hamburg-Amerikan. Packetfahrt-Actien-Gesellschaft.

NACH Erlass unserer Bekanntmachung von gestern Abend ging uns auf telegraphischem Wege noch die Meldung zu, dass die französische Regierung der Versegelung der „**Holsatia**" von Plymouth nach Hâvre zugestimmt und einen Geleitschein von dort auf hier versprochen habe. Da aber inzwischen die per „**Holsatia**" angebrachte französische Post, so wie die Passagiere schon anderweitig ab Plymouth befördert worden waren, auch nur unbedeutend Ladung für Hâvre am Bord ist, der Geleitschein indess höchst wahrscheinlich nur in der Voraussetzung bewilligt wurde, dass Post, Passagiere und Ladung noch Alles intact am Bord sei, so beschlossen wir, die „**Holsatia**" dennoch in Plymouth zu belassen, wovon wir die Herren Ladungsempfänger unter Hinweis auf unsere gestrige Bekanntmachung hiedurch in Kenntniss setzen.

Hamburg, den 26. Juli 1870. **Die Direction.**

Hamburg-American. Packetfahrt-Actien-Gesellschaft.

WIR machen hiedurch bekannt, dass nun auch das letzte unserer noch auf der Reise von New York auf hier begriffenen Dampfschiffe, die „**Silesia**", gestern Vormittag wohlbehalten an der schottischen Ostküste in **Leith** angekommen ist, so wie, dass unser Agent daselbst, Herr ***Donald R. MacGregor***, angewiesen ist, denjenigen Herren Ladungsempfängern, welche ihre Waaren in Leith abzunehmen wünschen, solche gegen Einlieferung der indossirten Connoissemente und Zahlung der Fracht verabfolgen zu lassen.

Es sind Schritte geschehen, um die Eigner der sonst regelmässig auf hier fahrenden englischen Dampfschiffe in Leith zu veranlassen diese, sofern genügend Ladung vorhanden, zeitweilig wieder in Fahrt treten zu lassen und erlauben wir uns darauf hinzuweisen, wie eine ungesäumte und möglichst gleichzeitige Anmeldung der an hier zu dirigirenden Güter diese Schritte wesentlich fördern würde.

Die pr. „**Silesia**" überbrachten Posten und Passagiere werden, in Uebereinstimmung mit den im Voraus nach Leith ertheilten Instructionen, sogleich bei Ankunft weiter nach ihrer Bestimmung befördert worden sein.

Hamburg, den 30. Juli 1870. **Die Direction.**

Das in den Jahren 1866–1870 unter großen Schwierigkeiten erbaute Trockendock der Hapag auf dem Kleinen Grasbrook war damals das größte Reparaturdock Hamburgs. Auf dem Foto wird ein namentlich nicht bekannter britischer Dampfer repariert.

Kriegsbedingte Bekanntmachungen.

deswegen Ende November erneut alle deutschen Leuchtfeuer gelöscht und Seezeichen eingezogen worden waren, strandete die HAMMONIA prompt auf dem Großen Vogelsand und zog sich erhebliche Schäden am Ruder und dem Hintersteven zu.

Am Ende des Krieges kann eine glimpfliche Bilanz gezogen werden. Statt der 64 Rundreisen im Jahr 1869 machten Hapag-Dampfer 1870 nur 42 Reisen, davon zehn im Krieg. 1871 waren es bis zum Friedensschluß am 26. Februar ganze vier Reisen. Das hatte natürlich Mindereinnahmen zur Folge, die durch den Einsatz der Seebäderdampfer CUXHAVEN und HELGOLAND als Wachschiffe, der TEUTONIA als Kriegsgefangenenlager oder verschiedener Seeleichter als Truppen- bzw. Kriegsmaterialtransporter nicht ausgeglichen werden konnten. Von größeren Schäden war die Hapag aber verschont geblieben.

1871

26. März: Eröffnung des monatlichen Dienstes Hamburg–Westindien durch die BAVARIA.

1871 geht die Hapag bei ihren Neubauten zur modernen II-Exp.-Dampfmaschine (auch Verbund- oder Compoundmaschine genannt) über und rüstet zudem die älteren Schiffe auf das neue System um. Gegenüber den herkömmlichen Zwillings-Gleichdruckmaschinen kommt die neue Technik mit 33 % weniger Brennstoff aus.

Dezember: Indienststellung des ersten Eisbrechers der Welt, der auf Initiative und unter maßgeblicher finanzieller Beteiligung der Hapag auf der Reiherstiegwerft gebauten EISBRECHER I, der das Fahrwasser der Elbe auch in längeren Eisperioden freihalten soll.

1872

Nach Fertigstellung der Schuppen am Kaiserkai des Sandtorhafens werden die Frachtladungen des Westindiendienstes hauptsächlich dort geladen bzw. gelöscht.

1873

20. November: Erste Ausreise der LOTHARINGIA nach St. Thomas, von dort eröffnet sie den sog. Interkolonialdienst, die Zubringerlinie für die Hauptlinie Hamburg–St. Thomas. Die Hapag hatte hier eine geeignete Kaianlage gepachtet und dort ihre Zentralstation für Westindien eingerichtet.

1874

Mai: Die Linie nach Havanna und New Orleans wird wegen der unzureichenden Wassertiefe auf der Barre des Mississippi und Zollproblemen in Santander und Havanna eingestellt.

Schiffe für den Westindien-Dienst

Für den nach Ansicht des Direktoriums gründlich vorbereiteten Liniendienst in das neue Fahrtgebiet Westindien wurde eine ganze Reihe neuer Schiffe bestellt, die sich dann fast ausnahmslos als ungeeignet erweisen sollten. Das Passagieraufkommen z.B. war vollkommen falsch eingeschätzt worden, und auch die Routenfestlegung erwies sich als nicht optimal. Proteste aus den Reihen der Aktionäre gegen die immensen Verluste aus dem neuen Geschäftszweig führen schon 1879 zu einer gründlichen Revision der bisherigen Westindien-Geschäftspolitik.

Die beiden Kohlendampfer CYCLOP und VULCAN waren allerdings nur indirekt am Desaster beteiligt. Mit diesen Schiffen wollte die Hapag die Transportkosten der bisher auf britischen Schiffen angelieferten englischen Kohle mindern, was aber dadurch konterkariert wurde, daß man nach der Reichsgründung zunehmend westfälische Kohle verwendete, die mit der Venloer Bahn billig nach Hamburg zu transportieren war.

35 SS **VULCAN**
J. Laing, Sunderland

1029 BRT / 1200 tdw / 71,21 m reg. Länge / 9,20 m Breite / Eine II-Exp.-Dampfmaschine; Gilb. & Cooper / 2 Kessel, 4,92 at / 500 PSi / 1 Schraube / 9 kn / Bes.: 28

13.2.**1873** Stapellauf / 21.8.**1873** Ablieferung. Erstes reines Frachtschiff der Hapag / Kohlentransporte zwischen Cardiff und Hamburg / 18.10.**1877** an H. M. Gehrkens, Hamburg / **1878** an R. H. Neugebauer, Hamburg / 4.12.**1878** an H. A. F. Naumann, Hamburg / 29.11.**1882** an G.& H. Vogler, Hamburg / 20.1.**1887** an Sartori & Berger, Kiel / 28.10.**1890** auf der Themse bei Greenwich im Nebel mit dem britischen Dampfer **SALAMANCA** kollidiert und gesunken. Das britische Schiff hatte mit voller Fahrt die Themse überquert. Wrack gehoben und verschrottet.

36 SS **CYCLOP**
Reiherstieg Schiffswerfte, Hamburg; Baunr. 246

929 BRT / 1200 tdw / 70,21 m reg. Länge / 8,90 m Breite / Eine II-Exp.-Dampfmaschine; Werft / 2 Kessel, 4,92 at / 440 PSi / 1 Schraube / 8 kn / Bes.: 26

15.7.**1873** Stapellauf / 6.10.**1873** Ablieferung / Kohlentransporte zwischen Cardiff und Hamburg / **1875** im westindischen Interkolonialdienst eingesetzt / 11.2.**1890** **ANNIE THERESE**, Rederi A/B Nordstjernan, Stockholm / 8.**1920** **BEATRICE**, schwedische Eigner / 11.**1920** **BIZKOR**, Cia. Naviera Bizkor, San Sebastian / **1925** **GOBELAS**, C. de Zabala, Bilbao / **1928** **MANUEL**, Sucesor de Vda. Illueca, Valencia / 10.11.**1936** im Golf von Lion von einem nationalspanischen Kriegsschiff versenkt / 4.**1937** nach Bergung und Reparatur wieder in Dienst / **1940** in Lloyd's Register gestrichen.

Die Kohlentransportdampfer VULCAN (oben) und CYCLOP.

37 SS **LOTHARINGIA**
Norddeutsche Schiffbau AG, Kiel; Baunr. 51

1160 BRT / 1100 tdw / 73,39 m reg. Länge / 9,11 m Breite / Eine II-Exp.-Dampfmaschine; Schweffel & Howaldt / 4 Kessel, 5,25 at / 1000 PSi / 1 Schraube / 9 kn / Pass.: 30 l., 60 ZwD / Bes.: 35

26.7.**1873** Stapellauf / 9.11.**1873** Ablieferung als erster in Deutschland gebauter Überseedampfer / 20.11.**1873** Jungfernreise Hamburg–Westindien / 5.**1879** Eröffnung des Dienstes St. Thomas–Mexiko / 9.**1881** neue II-Exp.-Dampfmaschine von Blohm & Voss. 700 PSi. Passagiereinrichtung ausgebaut / 24.10.**1882** letzte Ausfahrt Hamburg–Westindien, seither verschollen.

41 SS **ALSATIA**
Reiherstieg Schiffswerfte, Hamburg; Baunr. 243

1186 BRT / 1000 tdw / 73,15 m reg. Länge / 9,14 m Breite / Eine II-Exp.-Dampfmaschine; Werft / 4 Kessel, 4,2 at / 700 PSi / 1 Schraube / 9 kn / Pass.: 30 l., 60 ZwD / Bes.: 44

1.11.**1873** Stapellauf / 29.3.**1874** Ablieferung / 8.4.**1874** Jungfernreise Hamburg–Westindien / Danach Dienst St. Thomas–Haiti / 26.7.**1874** beim nächtlichen Einlaufen vor Puerto Plata gestrandet / 2.9.**1874** auseinandergebrochen.

– SS **MARACAIBO** (1)
Wm. Hamilton, Port Glasgow

596 BRT / 900 tdw / 51,99 m reg. Länge / 7,04 m Breite / Eine II-Exp.-Dampfmaschine; Young / Kessel, 4,55 at / 300 PSi / 1 Schraube / 8 kn / Pass.: 20 l., 60 ZwD / Bes.: 40

4.**1873** Stapellauf, bei dem das Schiff kentert / 9.5.**1873** wieder aufgerichtet / 7.**1873** Probefahrt, bei der sich herausstellt, daß der zu große Tiefgang den vorgesehenen Inter-Inseldienst in Westindien unmöglich macht. Die Hapag nimmt deshalb das Schiff nicht ab / 9.**1873** **RAJAH**, Burmah S.S. Co., Glasgow / **1874** an Khoo Boo An, Penang / **1879** **RAJAH KONGSIE ATJEH**, Thio Tauw Siat & Co., Ohlehle (Sumatra) / **1900** **RAJAH**, Thio Saiun Kong, Penang / **1904** **ASCENSION**, J. Rodriguez, Manila / **1909** an J. P. Wilson, Manila / **1913** **MELY**, E. Bayona, Manila / **1914** **APARI**, El Varadero de Maila, Manila / **1914** **ISLA DE LEYTE**, Limpangco Sons & Co., Manila / **1921** in Lloyd's Register gestrichen.

30 SS **MARACAIBO** (2)
H. Murray & Co., Port Glasgow

252 BRT / 500 tdw / 44,13 m reg. Länge / 6,52 m Breite / Eine II-Exp.-Dampfmaschine; Kemp & Hume / 250 PSi / 1 Schraube / 8 kn / Pass.: 20 l., 60 ZwD / Bes.: 44

9.10.**1873** Stapellauf als **GRESFORD** für britische Rechnung / 12.**1873** von der Hapag als Ersatz für die erste **MARACAIBO** angekauft / 8.12.**1873** Ablieferung / 1.**1874** in Kiel Passagiereinrichtungen eingebaut / 8.4.**1874** Überführungsreise Hamburg–Westindien, danach in den Zubringerdienst zwischen Maracaibo und Caracas eingestellt, der allerdings nach Differenzen mit der venezolanischen Regierung aufgegeben werden mußte / 2.**1875** nach Caracas verkauft / **1879** an H. L. Boulton, Trinidad / **1887** als **BERMUDEZ** nach Venezuela verkauft / 12.**1888** nach einer Kollision auf dem Orinoco gesunken.

Die 1873 in Kiel gebaute LOTHARINGIA war der erste in Deutschland für den Überseedienst gebaute Fracht- und Passagierdampfer.

Nach wenigen Monaten im Dienst St. Thomas–Mexiko ging die ALSATIA durch Strandung verloren. (Gouache von Eduard Edler)

Die MARACAIBO (1) gab die Hapag wegen zu großen Tiefgangs an die Werft zurück. (Gouache von Eduard Edler)

40 SS **FRANCONIA**

Caird & Co., Greenock; Baunr. 174

3098 BRT / 2000 tdw / 106,98 m reg. Länge / 11,98 m Breite / Eine II-Exp.-Dampfmaschine; Caird / 6 Kessel, 4,92 at / 1600 PSi / 1 Schraube / 11 kn / Pass.: 50 I. in 12 Kab., davon 8 außen; 100 II. in 24 Kab., davon 20 außen; 412 ZwD / Bes.: 75

22.9.**1873** Stapellauf / 22.1.**1874** Ablieferung / 8.3.**1874** Jungfernreise Hamburg–Westindien / 17.2.**1876** Vor Dover begegnet die **FRANCONIA** dem 1255 BRT großen britischen Dampfer **STRATHCLYDE**, leitet ein unkorrektes Ausweichmanöver ein und rammt dabei den Briten, der schnell zu sinken beginnt. Von den zwei zu Wasser gelassenen Booten der **STRATHCLYDE** kentert eins. Der Unfall kostet 38 Menschen das Leben / 12.4.**1878 OLINDE RODRIGUES**, Cie. Générale Transatlantique, Le Havre. Nach Umbau Pass.: 80 I., 100 II., 500 ZwD, Bes.: 85. St. Nazaire–Westindien–Vera Cruz-Dienst / 8.12.**1883** erste von vier Rundreisen Le Havre–New York, die letzte fand im Juni **1885** statt, dazwischen und danach im Westindien-Dienst gefahren / 25.8.**1905** zum Abwracken nach Cherbourg verkauft.

42 SS **RHENANIA** (1)

Caird & Co., Greenock; Baunr. 179

3091 BRT / 2000 tdw / 106,98 m reg. Länge / 11,98 m Breite / Eine II-Exp.-Dampfmaschine; Caird / 6 Kessel, 4,92 at / 1600 PSi / 1 Schraube / 11 kn / Pass.: 50 I. in 12 Kab., 100 II. in 24 Kabinen, 412 ZwD / Bes.: 75

18.4.**1874** Stapellauf / 1.7.**1874** Ablieferung / 8.8.**1874** Jungfernreise Hamburg–Westindien / 5.**1878 SAINT SIMON**, Cie. Générale Transatlantique, Le Havre. Nach Umbau Pass.: 80 I., 100 II., 500 ZwD. Le Havre–Colon-Dienst / 29.8.**1905** zum Abwracken nach Genua verkauft.

Als viel zu groß für den Westindiendienst erwies sich die Passagiereinrichtung der FRANCONIA, die wie ihr Schwesterschiff RHENANIA nach wenigen Jahren verkauft wurde. (Gouache von Eduard Edler)

Die RHENANIA läuft als französische SAINT SIMON nach erheblichen Umbauten in Le Havre ein.

Übernahme der Adler-Linie

Nach einem überaus heftig geführten Konkurrenzkampf mit der 1872 in Hamburg für den Hamburg–New York-Dienst gegründeten Deutschen Transatlantischen Dampfschifffahrts-Gesellschaft, kurz Adler-Linie genannt, kaufte die Hapag am 23. April 1875 die Adler-Linie mit ihren sieben erstklassigen Transatlantikdampfern, dem Tender HOBOKEN sowie sechs Leichtern. Die Hapag brachte sich damit unnötigerweise in Schwierigkeiten, da ein Konkurs der Adler-Linie unmittelbar bevorgestanden hatte. Hapag-Chef Godeffroy fürchtete jedoch, daß das Potential der Adler-Linie von anderer Seite aufgekauft und zu einem neuen Konkurrenzkampf gegen die Hapag genutzt werden könnte. So stand die Hapag jetzt mit zuvielen und zudem nicht kostendeckend verkaufbaren Schiffen sowie einem Schuldenberg da.

Am 7. Mai 1875, dem vereinbarten Übergabetag des Unternehmens an die Hapag, zerschellte zu allem Überfluß der Adler-Dampfer SCHILLER im Sturm unter großen Menschenverlusten vor den Scilly-Inseln.

Die Adler-Linie hatte ihre Schiffe bei drei britischen Werften bestellt, von denen Napier seine Neubauten GOETHE und SCHILLER sowie Thomson die KLOPSTOCK als Zweischornsteiner bauten.

HERDER, noch als Adler-Schiff mit der schwarz-weiß-roten Schornsteinmarke, hat am New Yorker Terminal der Adler-Linie festgemacht.

44 SS **GELLERT**

A. Stephen & Sons, Glasgow; Baunr. 173

3465 BRT / 2300 tdw / 114,39 m reg. Länge / 12,19 m Breite / Eine II-Exp.-Dampfmaschine; Stephen / 8 Kessel, 4,0 at / 3000 PSi / 1 Schraube / 13 kn / Pass.: 90 I., 100 II., 800 ZwD / Bes.: 120

25.11.**1874** Stapellauf für die Adler-Linie, Hamburg / 10.2.**1875** Ablieferung, jedoch nicht mehr für Adler in Fahrt / 28.4.**1875** Übernahme durch die Hapag / 26.5.**1875** Jungfernreise Hamburg–New York / 11.**1881** bei der Reiherstiegwerft umgebaut. 8 neue Kessel, jetzt zwei Schornsteine / 9.5.**1895** an P. A. Lieder, Hamburg / 23.7.**1896** zum Abwracken an R. H. Neugebauer, Hamburg.

45 SS **HERDER**

A. Stephen & Sons, Glasgow; Baunr. 169

3493 BRT / 2300 tdw / 114,15 m reg. Länge / 12,20 m Breite / Eine II-Exp.-Dampfmaschine; Stephen / 8 Kessel, 4,0 at / 3000 PSi / 1 Schraube / 13 kn / Pass.: 90 I., 100 II., 800 ZwD / Bes.: 120

22.10.**1873** Stapellauf / 18.12.**1873** Ablieferung an die Adler-Linie, Hamburg / 8.1.**1874** Jungfernreise Hamburg–New York / 30.4.**1875** an die Hapag / 9.6.**1875** erste Hapag-Reise nach New York / 29.6.**1881** vor Terschelling überrennt die **HERDER** das britische Fischerboot **EDUARD & CHARLOTTE**, ein Toter / 5.**1882** bei der Reiherstiegwerft umgebaut. 8 neue Kessel, jetzt zwei Schornsteine / 9.10.**1882** auf der Heimreise von New York 3 sm westlich Cape Race gestrandet.

47 SS **KLOPSTOCK**

J. & G. Thomson, Glasgow; Baunr. 131

3659 BRT / 2400 tdw / 115,00 m reg. Länge / 12,26 m Breite / Eine II-Exp.-Dampfmaschine; Werft / 6 Kessel, 4,0 at / 3000 PSi / 1 Schraube / 13 kn / Pass.: 90 I., 100 II., 800 ZwD / Bes.: 120

30.6.**1874** Stapellauf / 15.10.**1874** Ablieferung an die Adler-Linie, Hamburg / 18.11.**1874** Jungfernreise Hamburg–New York / 4.5.**1875** an die Hapag / 23.6.**1875** erste Hapag-Reise nach New York / 1.5.**1876** **SAINT GERMAIN**, Cie. Générale Transatlantique, Le Havre. Pass.: 154 I., 94 II., 477 ZwD / 3.6.**1876** erste Reise Le Havre–New York / 7.12.**1876** erste Reise St. Nazaire–Panama / 27.8.**1881** wieder Le Havre–New York / 8.6.**1886** wieder St. Nazaire–Panama / 3.4.**1900** erneut Le Havre–New York / 11.**1907** zum Abwracken nach Glasgow.

Dampfer GELLERT nach dem Umbau zum Zweischornsteindampfer 1881.

Die KLOPSTOCK 1876 als SAINT GERMAIN der Cie. Gén. Transatlantique.

48 ss **GOETHE**
R. Napier & Sons, Glasgow; Baunr. 322

3494 BRT / 2300 tdw / 114,31 m reg. Länge / 12,19 m Breite / Eine II-Exp.-Dampfmaschine; Werft / 4 Kessel, 4,0 at / 3000 PSi / 1 Schraube / 13 kn / Pass.: 90 I., 100 II., 800 ZwD / Bes.: 120

28.4.**1873** Stapellauf / 2.8.**1873** Ablieferung an die Adler-Linie, Hamburg / 12.9.**1873** Jungfernreise Hamburg–New York / 18.5.**1875** an die Hapag / 27.1.**1876** erste Reise Hamburg–Westindien / 19.11.**1876** erste Reise Hamburg–Brasilien–La Plata in Hamburg-Süd-Charter / 23.12.**1876** auf der Insel Lobos im La Plata gestrandet.

49 ss **LESSING**
A. Stephen & Sons, Glasgow; Baunr. 170

3460 BRT / 2350 tdw / 114,16 m reg. Länge / 12,05 m Breite / Eine II-Exp.-Dampfmaschine; Stephen / 8 Kessel, 4,0 at / 3000 PSi / 1 Schraube / 13 kn / Pass.: 90 I., 100 II., 800 ZwD / Bes.: 120

20.2.**1874** Stapellauf / 13.4.**1874** Ablieferung an die Adler-Linie, Hamburg / 28.5.**1874** Jungfernreise Hamburg–New York / 29.5.**1875** an die Hapag / 1.3.**1876** erste Hapag-Reise nach New York / 9.**1883** bei J. Howden in Glasgow umgebaut. 4 Kessel, 5,72 at. Jetzt 2 Schornsteine / 7.**1888** **NERTHE**, Messageries Maritimes, Marseille. 3718 BRT. Pass.: 180 I., 300 ZwD / 20.8.**1888** erste Reise Marseille–La Plata / **1893** Nach Umbau in La Ciotat London–Marseille–Konstantinopel-Dienst. Pass.: 118 I. Klasse / **1894** Marseille–Ostafrika-Dienst / **1897** in Marseille zum Abwracken verkauft.

50 ss **WIELAND**
A. Stephen & Sons, Glasgow; Baunr. 171

3439 BRT / 2350 tdw / 114,24 m reg. Länge / 12,22 m Breite / Eine II-Exp.-Dampfmaschine; Stephen / 8 Kessel, 4,0 at / 3000 PSi / 1 Schraube / 13 kn / Pass.: 90 I., 100 II., 800 ZwD / Bes.: 120

16.6.**1874** Stapellauf / 15.7.**1874** Ablieferung an die Adler-Linie, Hamburg. Nicht für Adler gefahren / 25.6.**1875** an die Hapag / 7.7.**1875** Jungfernreise Hamburg–New York / 11.**1882** bei der Reiherstiegwerft umgebaut. 4 neue Kessel, 5,62 at. Jetzt zwei Schornsteine / 20.3.**1885** im Atlantik mit der britischen Bark **CORNWALLIS** kollidiert, auf der zwei Mann ums Leben kommen. **WIELAND** läuft schwerbeschädigt nach New York zurück, die **CORNWALLIS** muß drei Tage später aufgegeben werden / 6.10.**1894** erste Reise Neapel–New York / 30.1.**1895** an P. A. Lieder, Hamburg. Zum Einsatz als Wohnschiff nach Shanghai überführt / 16.10.**1895** während der Umbauarbeiten für diese Verwendung in Shanghai ausgebrannt / 3.1.**1896** zum Abwracken nach Singapur verkauft.

GOETHE als Adler-Schiff im Hamburger Hafen.

Die LESSING vor ihrem Umbau zum Zweischornsteiner.

Dampfer WIELAND vor dem Gaswerk auf dem Grasbrook im Hamburger Hafen. (Foto: Johann Hamann)

S2 SS SCHILLER

R. Napier & Sons, Glasgow; Baunr. 323

3421 BRT / 2300 tdw / 115,96 m reg. Länge / 12,22 m Breite / Eine II-Exp.-Dampfmaschine; Napier / 4 Kessel, 4,0 at / 3000 PSi / 1 Schraube / 13 kn / Pass.: 90 I., 100 II., 800 ZwD / Bes.: 120

26.8.**1873** Stapellauf / 22.12.**1873** Ablieferung an die Adler-Linie, Hamburg/ 5.2.**1874** Jungfernreise Hamburg–New York / Am 7. Mai **1875** wird die Übernahme der Adler-Linie durch die Hapag rechtskräftig. Am selben Tag läuft die **SCHILLER** auf der Heimreise von New York bei schwerer See und dichtem Nebel – seit drei Tagen ohne genaue Standortbestimmung – mit halber Fahrt auf den Englischen Kanal zu. Abends um 22.30 Uhr passiert das Schiff den Leuchtturm Bishop Rock, ohne daß man ihn auf der Brücke zu sehen bekommt oder seine Glocke hört. Wenig später strandet die **SCHILLER** auf den Klippen der Scilly-Inseln. Mit unbarmherziger Gewalt beginnt die See den Dampfer zu zerschlagen. Als sich das Wetter am Morgen des 8. Mai etwas beruhigt und der Dampfer **LADY OF THE ISLES** sich dem Wrack nähern kann, finden die Retter nur noch 41 Überlebende. 312 Menschen waren in der Nacht von den Brechern über Bord gerissen worden; allein 200 um 2 Uhr nachts, als das Deckshaus von einem Riesenbrecher zerschmettert worden war.

Hapag-Fahrplan mit Schiffen der Adler-Linie und der SAXONIA-Klasse in einer Anzeige von 1881.

Wenige Tage vor ihrer Übernahme durch die Hapag strandete die SCHILLER auf den Scilly-Inseln.

Chronik 1877–1879

1877

1. Februar: Nach Fertigstellung der Infrastruktur am staatlichen Hamburger Grasbrookhafen, dessen Wassertiefe und Schuppengröße man speziell auf die großen Überseedampfer zugeschnitten hatte, werden jetzt alle Hapag-Dampfer in diesem Hafenbecken am Dalmannkai beladen und gelöscht. Hierdurch wird ein Teil der großen Leichterflotte nicht mehr benötigt.

1878

6. Juni 1878 kauft die Russische Marine mit Geldern der Kaiserlichen Gesellschaft zur Förderung der Handelsschiffahrt in St. Petersburg, die sich ab Mai 1879 Russische Freiwillige Flotte nennen wird, drei Schwesterschiffe der CIMBRIA als Hilfskreuzer an, nämlich die HOLSATIA, HAMMONIA und THURINGIA, die damit als erste Hilfskreuzer der Welt in Dienst gestellt werden. Hintergrund ist die sich im russisch-türkischen Krieg 1877 erweisende zahlenmäßige Unterlegenheit der russischen Flotte gegenüber unerwartet intervenierenden britischen und österreichisch-ungarischen Flottenverbänden.

30. März 1878: In der Aktionärsversammlung kommt großer Unmut über die Geschäftsführung zur Sprache. Auslöser war die nach wie vor defizitäre Entwicklung in der 1871 aufgenommenen Westindienfahrt, die jetzt den Austausch sämtlicher dort eingesetzten Schiffe durch teure Neubauten nötig macht. Dies erscheint einigen Aktionären angesichts der Tatsache eines gleichzeitigen Überflusses an Passagierschiffen durch die umstrittene Übernahme der Adler-Linie paradox. Auch die 1879 wegen der Entwicklung im Westindiendienst und durch den Ankauf der Adler-Linie durchgeführte Herabsetzung des Stammkapitals von 22,5 auf 15 Mio. Mark sorgt noch immer für Unmut.

1879

7. Februar: Die neue BORUSSIA eröffnet den reorganisierten Dienst nach Westindien.

Mai: Mit der LOTHARINGIA beginnt ein monatlicher Zweigpostdienst von St. Thomas über Havanna nach dem Golf von Mexiko, der Anfang 1881 eingestellt und durch die Linie Hamburg–St. Thomas–Mexiko ersetzt wird.

Die Schuppen 13–15 am Dalmannkai des Hamburger Grasbrookhafens nutzten die Hapag-Dampfer von 1877–1888. (Foto: Kofahl & Schmidt, um 1905)

Die SAXONIA-Klasse für den Westindien-Dienst

Der Bau dieser Schiffsklasse war nach der Fahrplan-Revision sozusagen der zweite Teil der Antwort des Direktoriums auf die bereits erwähnte Aktionärskritik am defizitären Westindien-Dienst. Immerhin entsprachen diese Frachter mit nur kleiner Einrichtung für Kajütspassagiere und dem weitgehenden Verzicht auf Zwischendeckquartiere jetzt genau den Anforderungen in diesem Fahrtgebiet. Nur drei dieser Schiffe waren für Zwischendecker eingerichtet.

51 SS **SAXONIA** (2)
Caird & Co., Greenock; Baunr. 212

1746 BRT / 2175 tdw / 82,07 m reg. Länge / 10,30 m Breite / Eine II-Exp.-Dampfmaschine; Caird / 2 Kessel, 4,92 at / 800 PSi / 1 Schraube / 10 kn / Pass.: 10 l. / Bes.: 33

10.12.**1878** Stapellauf / 16.1.**1879** Ablieferung / 7.3.**1879** Jungfernreise Hamburg–Westindien / Auf ihrer am 25. 11.**1882** angetretenen Rückreise von St. Thomas rettet die **SAXONIA** in schwerer See die 13köpfige Besatzung der sinkenden norwegischen Bark **ARGONAUT** und einige Tage später die 11köpfige Besatzung des ebenfalls sinkenden britischen Vollschiffs **GLIDING STAR** / 2.**1897** **ADOLF DEPPE**, Armement Deppe, Antwerpen / **1901 PAX**, Cie. Générale des Philippines, Antwerpen / **1903 MINAS DE BATAAN**, Minas de Carbon de Bataan, Manila / **1908** Rigel, Pujalte & Co., Manila / **1918 DON JOSE**, Madrigal & Co., Manila / 17.11.**1925** auf der Reise Keelung–Manila 15 sm östlich Keelung gestrandet.

52 SS **BORUSSIA** (2)
Reiherstieg Schiffswerfte, Hamburg; Baunr. 314

1777 BRT / 2500 tdw / 82,60 m reg. Länge / 10,30 m Breite / Eine II-Exp.-Dampfmaschine; Werft / 2 Kessel, 4,92 at / 800 PSi / 1 Schraube / 10 kn / Pass.: 10 l. / Bes.: 30

9.12.**1878** Stapellauf / 1.2.**1879** Ablieferung / 7.2.**1879** Jungfernreise Hamburg–Westindien / 31.10.**1895** an Wilh. Kunstmann, Swinemünde / 10.12.**1901** seit dem Verlassen von Bilbao mit Kurs Stettin verschollen.

53 SS **TEUTONIA** (2)
Caird & Co., Greenock; Baunr. 213

1746 BRT / 2510 tdw / 82,20 m reg. Länge / 10,26 m Breite / Eine II-Exp.-Dampfmaschine; Caird / 2 Kessel, 4,92 at / 800 PSi / 1 Schraube / 10 kn / Pass.: 10 l. / Bes.: 33

29.12.**1878** Stapellauf / 28.2.**1879** Ablieferung / 21.3.**1879** Jungfernreise Hamburg–Westindien / 28.1.**1897 SPEZIA**, Rob. M. Sloman & Co., Hamburg / 5.8.**1904** auf der Reise von Hamburg ins Mittelmeer durch Schuld des Lotsen auf der Reede von Santa Eugenia, Spanien, gestrandet / 22.9.**1904** zum Abwracken verkauft.

54 SS **BAVARIA** (2)
Flensburger Schiffsbau-Gesellschaft; Baunr. 20

1748 BRT / 1931 tdw / 83,51 m reg. Länge / 10,35 m Breite / Eine II-Exp.-Dampfmaschine; FSG / 2 Kessel, 4,92 at / 800 PSi / 1 Schraube / 10 kn / Pass.: 10 l. / Bes.: 30

11.1.**1879** Stapellauf / 29.3.**1879** Ablieferung / 21.4.**1879** Jungfernreise Hamburg–Westindien / 8.11.**1895** an Rob. M. Sloman & Co., Hamburg / 1.**1896** umbenannt **SIRACUSA** / 4.3.**1896** auf der Reise von Newport ins Mittelmeer vor Cornwall vor dem Bristol-Kanal unweit Newquay im Sturm gesunken. 24 Tote.

Die SAXONIA und ihr Schwesterschiff BORUSSIA, hier im neuen Trockendock der Hapag, kamen Anfang 1879 als erste Einheiten einer Klasse von zehn Schiffen in Fahrt.

Die Westindien-Dampfer TEUTONIA (oben) und BAVARIA. (Gouachen von Eduard Edler)

55 ss HOLSATIA (2)
Reiherstieg Schiffswerfte, Hamburg; Baunr. 321

1877 BRT / 2450 tdw / 85,62 m reg. Länge / 10,45 m Breite / Eine II-Exp.-Dampfmaschine; Werft / 2 Kessel, 4,92 at / 800 PSi / 1 Schraube / 10 kn / Pass.: 10 I. / Bes.: 30

1879 in Bau befindlich angekauft / 23.10.**1879** Stapellauf / 11.1.**1880** Ablieferung / 21.1.**1880** Jungfernreise Hamburg–Westindien / 9.6.**1897** an Wilh. Kunstmann, Swinemünde / 3.8. – 4.11.**1914** Kohlenschiff 24 der Kaiserlichen Marine / 8.12. – 20.12.**1918** Marine-Transporter der Seetransportstelle Warnemünde / 9.10.**1919** von Lettland beschlagnahmt / 4.5.**1920** an The Shipping Controller (Burdick & Cook), London, abgeliefert / **1921** bei T. Young abgewrackt.

56 ss THURINGIA (2)
Reiherstieg Schiffswerfte, Hamburg; Baunr. 331

1964 BRT / 2550 tdw / 87,60 m reg. Länge / 10,57 m Breite / Eine II-Exp.-Dampfmaschine; Werft / 2 Kessel, 5,27 at / 900 PSi / 1 Schraube / 10 kn / Pass.: 10 I. / Bes.: 35

1879 in Bau befindlich angekauft / 31.7.**1880** Stapellauf / 16.9.**1880** Ablieferung / 7.10.**1880** Jungfernreise Hamburg–Westindien / 16.12.**1896** vor der Südküste Curaçaos gestrandet / 1.2.**1897** Wrack abgeborgen und nach Besichtigung in Newport News kondemniert / **1897** an W. P. Clyde & Co., New York / **1898** nach Reparatur als **NAVAHOE** in Fahrt / **1915** an R. L. Smith & Co., später Transoceanic Shipping Co., New York / **1922** **ERYSSOS**, S.A. Ionienne de Navigation à Vapeur Yannoulatos, Piräus / 12.**1927** zum Abwracken nach Genua.

57 ss RHENANIA (2)
Dobie & Co., Glasgow; Baunr. 110

1845 BRT / 2600 tdw / 87,19 m reg. Länge / 10,52 m Breite / Eine II-Exp.-Dampfmaschine; Howden / 2 Kessel, 4,7 at / 850 PSi / 1 Schraube / 10 kn / Pass.: 20 I., 300 ZwD / Bes.: 35

2.12.**1880** Stapellauf / 22.1.**1881** Ablieferung / 5.2.**1881** Jungfernreise Hamburg–Mexiko / 24.10.**1881** erste von drei Rundreisen Hamburg–New York / 16.2.**1889** eine Rundreise Hamburg–Baltimore / 4.**1889** Hamburg–Mexiko / 12.7.**1890** erste von zwei Rundreisen Hamburg–Philadelphia / 12.**1903** an Gläcke & Hennings, Hamburg / 3.**1904** **SICILY**, Furness Gulf Line, West Hartlepool / **1907 LOURDES**, Fratelli Degregori, Palermo **1907 EGEO**, Nationale di Servizi Marittima, Palermo / **1913** an Marittima Italiana, Palermo / 31.3.**1916** im Golf von Tarent 20 sm vor Punta Alice von **U 39** durch Geschützfeuer versenkt.

Frachtdampfer HOLSATIA.

Die THURINGIA zur Reparatur in einem nicht bezeichneten Trockendock, das offenbar nur nach dem Passieren einer Brücke erreichbar war, wie die heruntergefierten Maststengen vermuten lassen.

Diese achterliche Ansicht der RHENANIA läßt das Deckshaus für die Kajütspassagiere erkennen.

58 ss **ALBINGIA** (1)
Dobie & Co., Glasgow; Baunr. 112

1848 BRT / 2600 tdw / 87,17 m reg. Länge / 10,47 m Breite / Eine II-Exp.-Dampfmaschine; Howden / 2 Kessel, 4,7 at / 850 PSi / 1 Schraube / 10 kn / Pass.: 20 I., 300 ZwD / Bes.: 35

7.3.**1881** Stapellauf / 9.4.**1881** Ablieferung / 21.4.**1881** Jungfernreise Hamburg–Westindien / 26.3.**1882** erste von drei Rundreisen Hamburg–New York / 27.8.**1882** erste Reise Hamburg–Mexiko / 21.11.**1882** wieder Hamburg–Westindien, nur von je einer Reise / **1884** nach Mexiko unterbrochen / 13.7.**1892** eine Rundreise Hamburg–New York / 7.11.**1894** an P. A. Lieder, Shanghai / 27.9.**1897** an die Nihon KK, Tokio / **1897 TOTO MARU**, Nippon Shosen KK, Nishinomiya / **1914** an M. Ojira, Nishinomiya / **1919** an Y. K. Gomei K., Tokio / **1924** an O. Yeikichi, Tokio / 9.2.**1927** an der Westküste von Kamtschatka gestrandet.

59 ss **ALLEMANNIA** (2)
Dobie & Co., Glasgow; Baunr. 113

1841 BRT / 2600 tdw / 87,02 m reg. Länge / 10,47 m Breite / Eine II-Exp.-Dampfmaschine; Howden / 2 Kessel, 4,7 at / 850 PSi / 1 Schraube / 10 kn / Pass.: 20 I., 420 ZwD / Bes.: 35

27.5.**1881** Stapellauf / 12.8.**1881** Ablieferung / 21.8.**1881** Jungfernreise Hamburg–New York / 21.5.**1882** erste Reise Hamburg–Westinden / 22.10.**1882** eine Reise Hamburg–New York, dann wieder Westindien / 27.8.**1883** erste Reise Hamburg–Mexiko; danach wechselnd Mexiko und Westindien / 3.**1904** an J. Bryde, Tönsberg / **1905** an Lee S. Pang, Hongkong / 25.7.**1905** an Bodo von Fischer, Hamburg (Shanghai) / 5.**1907 MIKADO MARU**, M. Kanazawa, Hamadera / **1913** an C. Tanaka, Hamadera / **1920** an Kamaishi Kozan K.K., Hamadera / **1932** an A. Noasaburo, Hamadera / 14.2.**1937** an der japanischen Küste vor Hokkashamoru gestrandet.

Die ALBINGIA hier vor dem Jonas in Hamburg. Die Perspektive ermöglicht interessante Detailstudien.

Dampfer ALBINGIA in Le Havre.

Die ALLEMANNIA auf der Elbe. (Foto: Strumper & Co., 1900)

Chronik 1880–1885

1880

1. Juli: Adolph Godeffroy gibt nach 33 erfolgreichen Jahren den Vorsitz im Direktorium an Oscar Ruperti ab. Stellvertreter und bald auch Rupertis Nachfolger wird William Henry O'Swald. Beide Männer besaßen bei aller Integrität leider nicht Godeffroys Format. Sie betrachteten offensichtlich ihre Aufgaben bei der Hapag als Nebenbeschäftigung, was sich in den Folgejahren durchaus negativ auswirkte.

Eröffnung der Linie Hamburg–Venezuela via St. Thomas.

27. Dezember: Die **THURINGIA** eröffnet einen direkten Dienst von Hamburg nach Mexiko via Haiti; damit gibt es drei monatliche Abfahrten nach Westindien.

1881

16. April: In Hamburg werden die ersten Fernsprechanschlüsse freigeschaltet. Die Hapag ist mit zwei Anschlüssen dabei, einer für die Direktion an der Deichstraße Nr. 7, der zweite für die Schiffsabfertigung am Jonas an der Hafenstraße Nr. 17.

1883

15. Februar: Eröffnung der neuen Pieranlage in Hoboken, deren Errichtung erforderlich geworden war, weil der Norddeutsche Lloyd die seit 1863 von der Hapag mitbenutzte Anlage an anderer Stelle in Hoboken für sich allein benötigte.

30. März: Durch Änderung der Statuten wird die Führungsstruktur der Hapag neu geregelt, es gibt jetzt neben dem Vorstand einen Verwaltungsrat und den Aufsichtsrat. Der bisherige Bürochef John Meyer wird als Direktor in den Vorstand berufen.

Die 1883 eröffneten neuen Pieranlagen der Hapag am Hudson in Hoboken gegenüber von New York.

Oskar Ruperti (1836–1924) und danach William Henry O'Swald (1832–1923) führten die Hapag von 1880–1885.
(Aus: Percy Ernst Schramm: Hamburg, Deutschland und die Welt)

Hapag-Direktor John Meyer († 1902) wurde im Januar 1885 zum geschäftsführenden Vorstand ernannt.

1884

Mai: Mit dem Verkauf der CUXHAVEN stellt die Hapag den seit 1868 regelmäßig betriebenen Seebäderdienst Hamburg – Cuxhaven – Helgoland ein.

1885

1. Januar: Die Hapag übernimmt das bisher von Aug. Bolten wahrgenommene Passagegeschäft in eigene Regie.

10. Januar und 4. Februar: In außerordentlichen Generalversammlungen wird beschlossen, daß die Führung der Geschäfte künftig nur noch durch Aufsichtsrat und Vorstand erfolgen soll. Unter Woldemar Nissen konstituiert sich ein neuer Aufsichtsrat, und John Meyer wird Vorstandsvorsitzender. Die Herren Ruperti und O'Swald gehören diesen Gremien nicht mehr an. Auslöser dieser Revirements war die Untätigkeit der bisherigen Führung bei der Lösung wichtigster Existenzfragen. So hatte die Hapag seit 1881 den ruinösen Wettbewerb mit Edward Carr ohne rechte Gegenwehr hingenommen, und auch in der Schnelldampferfrage hatte man – trotz des hier vom Lloyd erzielten Vorsprungs – nur ungenügend und halbherzig reagiert.

Gerade in diesem letzten Punkt hatte sich die Hapag selbst in die Zweitrangigkeit manövriert.

1. Juli: Die sog. Kölner Konferenz tritt in Kraft, eine Interessengemeinschaft von Hapag, NDL, der belgischen Red Star Line und der Holland-Amerika Lijn zur Vermeidung von Ratenkämpfen, speziell im Auswandererverkehr.

Flottenausbau 1880–1886

Die hier aufgeführten Zugänge zur Flotte bestätigen die eben kritisierte Zaghaftigkeit. RUGIA und RHAETIA waren als erste auf deutschen Werften gebaute Übersee-Passagierschiffe zwar durchaus bemerkenswert, aber angesicht der direkten Konkurrenz der Lloyd-Schnelldampfer nicht das, was die Hapag hätte bauen müssen. Auch die HAMMONIA blieb weit hinter der vom Lloyd gesetzten Marke zurück.

Die beiden Dampfer BOHEMIA und MORAVIA hatten ausschließlich Zwischendeck-Passagiereinrichtungen, die in anderen Büchern – auch von mir – genannte I. Klasse hat es hier nicht gegeben.

60 ss **BOHEMIA** (1)
A. & J. Inglis, Glasgow; Baunr. 162

3408 BRT / 4500 tdw / 106,93 m reg. Länge / 12,36 m Breite / Eine II-Exp.-Dampfmaschine; Inglis / 2 Kessel, 5,97 at / 1600 PSi / 1 Schraube / 12 kn / Pass.: 1200 ZwD / Bes.: 68

25.8.**1881** Stapellauf als **BENGORE HEAD** für Ulster S.S. Co., Belfast / 30.9.**1881** Ankauf durch die Hapag / 18.10.**1881** Ablieferung / 30.10.**1881** Jungfernreise Hamburg–New York / 16.2.**1892** eine Reise Hamburg–New York–Baltimore / 17.5.**1893** erste Reise Stettin–Hälsingborg–Göteborg–Christiansand–New York / 11.6.**1897** erste Reise Hamburg–Philadelphia–Baltimore / 6.1.**1899** an Rob. M. Sloman & Co., Hamburg / 24.4.**1899** umbenannt **POMPEJI** / 26.4.**1899** erste Reise Hamburg–New York / 9.**1899** **POMPEI**, G. Lavarello, Genua / **1900** Heimathafen La Spezia / **1905** in La Spezia abgewrackt.

65 ss **MORAVIA**
A. & J. Inglis, Glasgow; Baunr. 176

3690 BRT / 4500 tdw / 110,40 m reg. Länge / 12,45 m Breite / Eine II-Exp.-Dampfmaschine; Inglis / 2 Kessel, 5,97 at / 2000 PSi / 1 Schraube / 12 kn / Pass.: 1200 ZwD / Bes.: 80

1883 Baubeginn als **BENGORE HEAD** für Ulster S.S. Co., Belfast / 5.2.**1883** Ankauf durch die Hapag / 4.8.**1883** Stapellauf / 27.10.**1883** Ablieferung / 18.11.**1883** Jungfernreise Hamburg–New York / 1.7.**1886** erste Reise Stettin–Hamburg / 6.1.**1899** an Rob. M. Sloman & Co., Hamburg / 12.2.**1899** vor der geplanten Umbenennung in **PARMA** strandet das Schiff auf der Reise Hamburg–Portland, Maine, auf Sable Island.

Auf diesem zeitgen. Gemälde der MORAVIA ist sehr gut der in den 1880er Jahren aufgekommene Trend zu erkennen, die Aufbauten deutlich über die Höhe der durchlaufenden Decks zu erheben; hier in der sog. Drei-Insel-Form zu sehen: vorn die Back, in der Mitte das hohe Deckshaus und achtern die Poop.

Zeitgen. Darstellung der BOHEMIA (1).

63 ss **HAMMONIA** (3)

J. & G. Thomson, Glasgow; Baunr. 188

3969 BRT / 2400 tdw / 107,20 m reg. Länge / 13,08 m Breite / Eine dreizyl. II-Exp.-Dampfmaschine; Thomson / 4 Kessel, 5,62 at / 4350 PSi / 1 Schraube / 14,5 (15,2) kn / Pass.: 150 I., 100 II., 700 ZwD / Bes.: 125

13.9.**1882** Stapellauf / 26.1.**1883** Ablieferung. Erster deutscher Dampfer mit elektrischer Beleuchtung der Passagiersalons / 28.2.**1883** Jungfernreise Hamburg–New York / 12.**1889 VERSAILLES**, Cie. Générale Transatlantique, Le Havre. 2. Mast entfernt. 4336 BRT. St. Nazaire–Vera Cruz-Dienst, später Bordeaux–Casablanca / **1895** neue Kessel und höhere Schornsteine. 4294 BRT / **1914** in Genua abgewrackt.

Das Flaggschiff HAMMONIA (3) am neuen Hoboken-Pier der Hapag. Das als Antwort auf die Lloyd-Schnelldampfer der Flüsse-Klasse gedachte Schiff blieb in Größe, Schnelligkeit und Komfort deutlich hinter der Konkurrenz zurück. (Foto: Gubelman)

Eine Seitenansicht der auslaufenden HAMMONIA auf der Elbe. (Foto: Hermann Priestmann)

Der Große Salon in der I. Klasse der HAMMONIA. (Foto: Gubelman)

62 ss **RUGIA** (1)
A.G. Vulcan, Stettin; Baunr. 114

3467 BRT / 4200 tdw / 107,20 m reg. Länge / 13,08 m Breite / Eine II-Exp.-Dampfmaschine; Werft / 3 Kessel, 5,6 at / 2350 (2750) PSi / 1 Schraube / 13 kn / Pass.: 96 I. in 27 Kab., davon 23 außen, 1100 ZwD / Bes.: 90

29.7.**1882** Stapellauf / 16.10.**1882** Ablieferung / 22.11.**1882** Jungfernreise Hamburg–New York / 8.9.**1894** erste Reise Neapel–New York / 9.**1895** bei Harland & Wolff für die **PENNSYLVANIA** in Zahlung gegeben / **1895 PATRIA**, Cyprien Fabre, Marseille. 4053 BRT / 28.11.**1895** erste Reise Marseille–Neapel–New York / 24.1.**1903** nach einem Unfall von den Azoren nach Marseille geschleppt und dort auf die Soc. Ital. di Transport Marittima „La Patria" in Neapel übertragen. 4437 BRT / 17.2.**1903** erste Reise Marseille–Neapel–New York / 12.**1905** Ankunft zum Abwracken in Marseille.

64 ss **RHAETIA** (1)
Reiherstieg Schiffswerfte, Hamburg; Baunr. 341

3535 BRT / 4200 tdw / 107,11 m reg. Länge / 13,07 m Breite / Eine II-Exp.-Dampfmaschine; Werft / 3 Kessel, 5,6 at / 2200 (2600) PSi / 1 Schraube / 13 kn / Pass.: 96 I. in 27 Kab., davon 23 außen, 1100 ZwD / Bes.: 90

23.11.**1882** Stapellauf / 26.3.**1883** Ablieferung / 4.4.**1883** Jungfernreise Hamburg–New York / 27.6.**1884** Die **RHAETIA** rettet in schwerem Wetter die elfköpfige Besatzung der wracken Stralsunder Bark **ATLANTIC** / **1895** bei Harland & Wolff für die **PENNSYLVANIA** in Zahlung gegeben / 28.11.**1895** an J. H. Bögel, Hamburg / 24.5.**1898 CASSIUS**, US Navy, Norfolk. Kohlendampfer / **1899** zum Truppentransporter umgebaut / 16.9.**1899 SUMNER**, US Army / 11.12.**1916** auf Barnegat Shoals, New Jersey, gestrandet.

Die RUGIA, 1882 als erster in Deutschland für den transatlantischen Passagierdienst gebauter Passagierdampfer in Dienst gestellt.

Die RHAETIA (1) 1895 bei den Eröffnungsfeierlichkeiten für den Kaiser-Wilhelm-Kanal. (Foto: Thomas Backens)

Die Hapag-Anlagen am Jonas 1857–1890

Die Anlagen am Jonas um 1862. Die beiden Speicher bildeten die Wasserfront des Grundstücks. Rechts vom Eingangsportal das Abfertigungs- und Werkstattgebäude. Vor den Speichern der Stauraum für eines der damals wichtigsten Transportmittel, die zweirädrige Schott'sche Handkarre.

Blick auf die Anlagen vom Stintfang aus. Links ist der Schiffsanleger mit einem Dampfer der HAMMONIA-Klasse Mitte der 1870er Jahre erkennbar. Vor den Speichern zwei neue Schuppen. Das Gebäude rechts vom Eingang wurde inzwischen mit Beamtenwohnungen aufgestockt. Das weiße Gebäude oben rechts ist Wiezels Hotel.

Der ganze Komplex Mitte der 1880er Jahre in seiner größten Ausdehnung. Am Anleger die HAMMONIA (3) von 1883, rechts davon ein älteres Hapag-Schiff direkt am Speicher. Die Zahl der Schuppen hat sich vermehrt, und rechts unterhalb der Auffahrt zur heutigen Bernhard-Nocht-Straße sind weitere Anbauten entstanden. Die Brückenbogen links führen zum westlichsten Ponton der alten St.-Pauli-Landungsbrücken hinunter. Die Gleise unten rechts biegen in die Sylter Allee ein.

Zur Orientierung ein Blick vom Stintfang aus den 1930er Jahren. Von allen auf dem Bild links sichtbaren Gebäuden stand jetzt nur noch Wiezels Hotel, rechts zwischen den Bäumen erkennbar. Die beiden Hapag-Speicher standen dort, wo sich heute das Eingangsgebäude zum Elbtunnel befindet. (Foto: Hans Hartz. Deutsches Schiffahrtsmuseum)

Die Hapag-Anlagen am Jonas von der Wasserseite, um 1880. Rechts von der HAMMONIA (3) die beiden großen Speicher. Rechts unten der westliche Punkt der St.-Pauli-Landungsbrücken. (Zeitgen. Zeichnung von C. Schildt)

Ladebetrieb vor dem Jonas um 1890. (Zeitgen. Zeichnung von C. Schildt)

Die HUNGARIA-Klasse

Die sechs Dampfer der HUNGARIA-Klasse waren eine Weiterentwicklung des SAXONIA-Typs und sollten den Bedarf des sich immer noch ausdehnenden Liniennetzes nach Mittelamerika decken.

66 ss HUNGARIA

Reiherstieg Schiffswerfte, Hamburg; Baunr. 351

2008 BRT / 3018 tdw / 87,78 m reg. Länge / 11,06 m Breite / Eine II-Exp.-Dampfmaschine; Werft / 2 Kessel, 6,3 at / 1000 PSi / 1 Schraube / 10 kn / Pass.: 6 I., 100 ZwD / Bes.: 48

7.6.**1884** Stapellauf / 3.8.**1884** Ablieferung / 20.8.**1884** Jungfernreise Hamburg–New York / 6.1.**1885** erste Reise Hamburg–Westindien / 15.9.**1886** erste von zwei Reisen Stettin–Göteborg–New York, danach wechselnd USA- oder Westindien-Dienst / **1906** an Furness, Withy & Co., West Hartlepool / **1907** Rückkauf durch die Hapag / 15.2.**1910** **SIEGFRIED**, Zentralverein deutscher Reeder, Hamburg. Als Wohn- und Depotschiff in Hamburg genutzt / 19.6.**1917** **ADMIRAL**, Paulsen & Ivers, Kiel / **1919** in Stettin neue III-Exp.-Dampfmaschine und Kessel eingebaut. 850 PSi, 13,5 at / 1.**1930** **CETVRTI**, Orvo Dalmatinsko Trgovacho Drustvo, Dubrownik / **1940** an Parobrodarsko Drustvo Marovic, Dubrownik / 11.**1940** auf der Reise Thorshavn–Bilbao von deutschem Flugzeug angegriffen / 4.12.**1940** vom irischen Kriegsschiff **FORT RANNOCK** an der irischen Südwestküste verlassen treibend vorgefunden und nach Valentia geschleppt / 11.1.**1941** zur Reparatur in Dublin angekommen / 14.5.**1941** **IRISH BEECH**, Irish Shipping, Dublin / 19.1.**1948** bei Hammond Lane Foundry in Dublin abgewrackt.

Die HUNGARIA im Hamburger Segelschiffhafen. (Foto: Strumper & Co.)

67 ss **FRANCIA**
Reiherstieg Schiffswerfte, Hamburg; Baunr. 359

2138 BRT / 3020 tdw / 88,88 m reg. Länge / 11,00 m Breite / Eine III-Exp.-Dampfmaschine; Werft / 2 Kessel, 10,5 at / 1000 PSi / 1 Schraube / 9,5 kn / Pass.: 10 I., 70 ZwD / Bes.: 34

13.4.**1886** Stapellauf / 27.6.**1886** Ablieferung. Erster Hapag-Neubau mit einer Dreifach-Expansionsmaschine / 6.7.**1886** Jungfernreise Hamburg–Westindien / 15.2.**1889** Die **FRANCIA** eröffnet den Hamburg–Baltimore-Dienst / 22.2.**1902** auf der Heimreise St. Thomas–Hamburg 700 sm südwestlich Fayal wegen eines Lecks im Wellentunnel aufgegeben, das man mehrere Stunden lang vergeblich abzudichten versucht hatte. Der norwegische Dreimastschoner **STANLEY** übernimmt Passagiere und Besatzung des sinkenden Dampfers und bringt sie nach den Azoren.

70 ss **ASCANIA**
Armstrong, Mitchell & Co., Newcastle; Baunr. 508

2082 BRT / 3000 tdw / 88,38 m reg. Länge / 11,10 m Breite / Eine III-Exp.-Dampfmaschine; Wallsend / 2 Kessel, 10,5 at / 1100 PSi / 10 kn / Pass.: 12 I., 97 ZwD / Bes.: 34

7.9.**1887** Stapellauf. Als **WESTPHALIA** geplant / 13.10.**1887** Ablieferung / 4.11.**1887** Jungfernreise Hamburg–Westindien / **1907** bei Furness, Withy & Co. für die **FRANKENWALD** in Zahlung gegeben / 26.9.**1907** an D. Görtz, Hamburg / 21.7.**1914** an die Lübecker Werft von H. Koch / 3.**1915** in **LISA** umbenannt, Heimathafen Lübeck / 21.5.**1915 INGEBORG**, Nicolaus A. Nihlen, Landskrona / **1920 CORONA**, Grönroos, Karlström & Heikold, Abo / **1923** an Viktor Schuppe, Stettin / 13.3.**1924** auf der Reise Hull–Stockholm bei Almagrund gestrandet.

71 ss **COLONIA**
Armstrong, Mitchell & Co., Newcastle; Baunr. 509

2069 BRT / 3000 tdw / 88,40 m reg. Länge / 11,10 m Breite / Eine III-Exp.-Dampfmaschine; Wallsend / 2 Kessel, 10,5 at / 1100 PSi / 10 kn / Pass.: 10 I., 95 ZwD / Bes.: 35

5.10.**1887** Stapellauf. Als **SILESIA** geplant / 11.11.**1887** Ablieferung / 1.12.**1887** Jungfernreise Hamburg–Westindien / 15.8.**1894** vor der Hafeneinfahrt von Puerto Plata, Santo Domingo, gestrandet.

76 ss **FLANDRIA**
Reiherstieg Schiffswerfte, Hamburg; Baunr. 370

2098 BRT / 2896 tdw / 89,12 m reg. Länge / 11,10 m Breite / Eine III-Exp.-Dampfmaschine; Werft / 2 Kessel, 11,5 at / 1200 PSi / 1 Schraube / 9,5 kn / Pass.: 10 I., 95 ZwD / Bes.: 34

16.10.**1888** Stapellauf / 20.12.**1888** Ablieferung / 27.12.**1888** Jungfernreise Hamburg–Westindien / **1906** bei Furness, Withy & Co. für einen Neubau in Zahlung gegeben und zurückgechartert / 21.3.**1908 HEDJIN**, H. I. Mani Zade, Konstantinopel / 13.11.**1909** im Schwarzen Meer bei Karaburnu leckgeschlagen und gesunken.

Die FRANCIA am Petersenkai im Baakenhafen. (Foto: Strumper & Co.)

ASCANIA (Foto) und COLONIA waren die beiden in England gebauten Einheiten der Klasse. (Sammlung Henry Albrecht)

Mit der weiß-roten Schornsteinmarke des Atlas-Dienstes der Hapag zwischen New York und der Karibik liegt die FLANDRIA hier in einem mittelamerikanischen Hafen vor Anker.

78 SS **CROATIA**

Blohm & Voss, Hamburg; Baunr. 60

2052 BRT / 2916 tdw / 88,90 m reg. Länge / 11,10 m Breite / Eine III-Exp.-Dampfmaschine; B&V / 2 Kessel, 11,2 at / 1000 PSi / 1 Schraube / 10 kn / Pass.: 12 I., 102 ZwD / Bes.: 34

3.11.**1888** Stapellauf / 21.2.**1889** Ablieferung / 2.3.**1889** Jungfernreise Hamburg–Westindien / **1906** an Furness, Withy & Co., West Hartlepool, in Zahlung gegeben, jedoch von Hapag gechartert / **1907** Rückkauf durch Hapag. Westindien-Dienst / 25.1.**1911** an Emil R. Retzlaff, Stettin / **1912** an die Dampferreederei Merkur, Stettin / 3.8.**1914** in Antwerpen beschlagnahmt / 14.10.**1914** nach der deutschen Eroberung Antwerpens wieder an Hapag, weiter in Antwerpen / 3.**1918 MARGA HEMSOTH**, Wilh. Hemsoth, Dortmund / 11.**1918** in den neutralen Niederlanden interniert / **1919** als **ALPHA**, unbekannter Eigner, zur Ablieferung an The Shipping Controller nach Hamburg überführt, dort aufgelegt / 3.**1922** Rückkauf durch Wilh. Hemsoth, Hamburg, wieder **MARGA HEMSOTH** / 8.**1923** Heimathafen Bremen / 3.**1924 DUMLUPINAR** (in Lloyd's Register bis 1928 als **DOUMLOU-POUNAR** transliteriert), Sadikzade Biraderler, Istanbul / 1.**1933** an Vapurculuc Soc., Istanbul / **1936** an Devlet Denizyollari, Istanbul / **1952** an Denizcilik Bankasi, Istanbul / **1959** in Istanbul aufgelegt / 29.11.**1961** Ankunft zum Abwracken in Savona.

Siebzig aktive Dienstjahre erreicht kaum ein Ozeandampfer, die CROATIA, erster Hapag-Neubau der Werft Blohm & Voss, schaffte sogar 72 Jahre.

Die CROATIA um 1912.

MARGA HEMSOTH ex CROATIA.

Vom Passage-Agenten der Hapag C. B. Richard herausgegebene Zeitschrift für amerikanische Europa-Touristen.

Die New Yorker Passage-Agentur der Hapag.

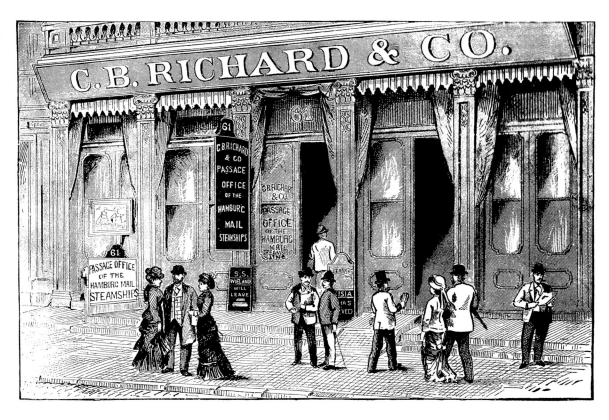

Zwischendecker tanzen an Deck eines Hapag-Dampfers zur Musik eines Leierkastens.

Chronik 1886–1889

1886

22. Mai: Die Hapag beendet den seit 1881 mit der Carr-Linie ausgetragenen Ratenkampf im Zwischendecksverkehr nach New York durch den Abschluß eines Poolvertrags, der die Anteile der Kontrahenten im Verhältnis 3:2 zwischen Hapag und Union-Linie aufteilt; Edward Carr hatte sich Anfang des Jahres mit seinem Neffen Robert M. Sloman zur Union-Linie zusammengetan. Albert Ballin, Passageagent der Carr- bzw. Union-Linie, tritt als Leiter der Abteilung Passage in die Hapag ein.

Mai: Ankauf des zahlungsunfähigen Stettiner Lloyd, dessen Stettin–New York-Dienst von Hapag-Schiffen mit einer monatlichen Abfahrt fortgesetzt wird.

1. Juli: Die MORAVIA eröffnet den neuen Stettin–New York-Dienst.

1887

Als Folge des Eintritts Hamburgs in den Zollverein müssen die Hapag-Anlagen am Jonas aufgegeben werden. Sie werden an den Hamburger Staat verkauft, aber bis zur Fertigstellung von Ersatzanlagen weitergenutzt.

26. Oktober: Albert Ballin wird zum Direktor ernannt.

1888

15. Oktober: Am Amerika-Kai im Segelschiffhafen eröffnet die Hapag einen eigenen Kaibetrieb, der an den Schuppen 38 und 39 sowie dem wenig später gebauten Schuppen 40 abgewickelt wird.

1889

15. Februar: Die FRANCIA eröffnet die Linie nach Baltimore.

März: Am Alten Hafen in Cuxhaven beginnt die Unterelbe'sche Eisenbahn mit dem Bau einer Abfertigungshalle und eines Bahnperrons für den Schnelldampfer-Passagierverkehr der Hapag, die ihre Kajütsfahrgäste künftig in Cuxhaven ein- und ausschiffen möchte.

6. Mai: Zum ersten Mal wird das damals zu Hamburg gehörende Cuxhaven im Rahmen des Nordatlantik-Passagierdienstes der Hapag angelaufen. Die HAMMONIA ankert vor Cuxhaven auf Reede, wo der Hapag-Tender BLANKENESE die Fahrgäste der I. und II. Klasse mit ihrem Gepäck übernimmt und sie im Alten Hafen vor der neuen Abfertigungshalle an Land setzt. Wenig später fährt der Extrazug der Unterelbe'schen Eisenbahn nach Hamburg ab. In umgekehrter Richtung nimmt die HAMMONIA am 12. Mai in gleicher Weise die Fahrgäste für New York auf. Die Zwischendeckpassagiere werden wie gewohnt in Brunshausen mit Tendern an bzw. von Bord gebracht. Nach diesen Probemanövern läuft der Schnelldampfer AUGUSTA VICTORIA am 1. Juni erstmals regelmäßig Cuxhaven an.

Der nachmalige Generaldirektor der Hapag, Albert Ballin, trat 1886 als Passageleiter in das Unternehmen ein, das er innerhalb weniger Jahre zur größten Reederei der Welt ausbaute. (Foto: van Bosch)

Hapag-Plakat um 1882 mit einem fiktiven Dampfer.

Die Hapag-Schuppen 38 und 39 am Amerikakai im Segelschiffhafen, vom Zeichner C. Schildt 1888 ohne Kräne dargestellt, dafür aber schon vor ihrer Fertigstellung mit der AUGUSTA VICTORIA unter ihrem geplanten Namen NORMANNIA.

Für die Luxuskreuzfahrten mit ihren Schnelldampfern machte die Hapag von Anfang an international Werbung.

Ausgabe No. 7. September 1887.

Hamburg-Amerikanische Packetfahrt-Actien-Gesellschaft

Hamburg.

Telegramm-Adresse:
Packetfahrt
Hamburg.

Directions- und Passage-Bureau:
Deichstrasse 7.

Auskunft wegen Fracht ertheilt:
Herr **August Bolten,** Wm. Miller's Nachfolger
Admiralitätstrasse 33/34.

Wegen Passage und Abschluss von Ueberfahrts-Verträgen wende man sich an die Passage-Abtheilung der Gesellschaft
Deichstrasse 7 und Bahnhofstrasse 6.

Die Direction.

Druck von H. O. Persiehl, Hamburg.

Alter Fahrplan pr

Hamburg-Amerikanische Packetfahrt-Actien-Gesellschaft.

Zwischen HAMBURG und WESTINDIEN

auf der Ausreise und Rückreise **Havre** anlaufend,

ausserdem in Hauptlinie IV. auf der Ausreise **Grimsby** anlaufend:

nach **St. Thomas, La Guayra, Puerto Cabello, Curaçao, Colon, Sabanilla, Cartagena, Port au Prince, Gonaives, Cap Hayti, Jacmel, Aux Cayes, St. Domingo City, Samaná** und **Puerto Plata**, mit Anschlüssen von **Colon** via **Panama** nach allen Häfen des Stillen Oceans; ab **Curaçao** Anschluss nach **Maracaibo**; ferner von **St. Thomas** im Anschluss an die unter spanischer Flagge fahrenden **Vapores Intercoloniales de Puerto Rico** nach **San Juan de Puerto Rico, Aguadilla, Mayaguez** und **Ponce** (nur am 6. und 21. von **Hamburg**).

Nächste Abgangstage nach nebenstehenden Fahrplänen II. bis IV. wie folgt:

Dampfer:	Capitain:	von Hamburg:	Grimsby:	Havre:	Colon:	St. Thomas:
II. ALBINGIA,	Landerer,	6. Septbr.	—	9. Septbr.	8. Octbr.	22. Octbr.
III. THURINGIA,	Böcke,	21. »	—	24. »	—	8. Novbr.
IV. RHENANIA,	Schmidt,	24. »	27. Septbr.	29. »	25. »	5. »

Zwischen HAMBURG und MEXICO

auf der Ausreise und Rückreise **Havre** anlaufend,

nach **Vera Cruz, Tampico** und **Progreso**:

Nächste Abgangstage nach nebenstehendem Fahrplan I. wie folgt:

Dampfer:	Capitain:	von Hamburg:	Havre:	Vera Cruz:	St. Thomas:
I. BAVARIA,	Reessing,	2. Septbr.	5. Septbr.	1. October	21. October

Hinsichtlich aller näheren Bedingungen, sowie der Frachtraten verweisen wir auf die für die **westindisch-mexicanischen Linien** ausgegebenen Tarife.

Güter von Bremen, Copenhagen, Gothenburg, Amsterdam, Rotterdam, Antwerpen, Paris, Bordeaux und **Grimsby** etc., werden in **Durchfracht** angenommen.

NB. Die Gesellschaft haftet nicht für Feuersgefahr. Feuergefährliche, explodirende, sowie sonstige die übrige Ladung gefährdende Gegenstände dürfen überall nicht verladen werden.

Neuer, am 1. October 1887 in Kr

o September 1887.

Fahrplan
der
Westindisch-Mexicanischen Linien.
Abweichungen vorbehalten.

Haupt-Linie I.
Von Hamburg......... 2.
» Havre............. 5.
in Veracruz..........28.
von Veracruz......... 1.
» Tampico........... 4.
» Progreso.......... 8.
» Port au Prince.....14.
» Gonaives..........16.
» Cap Hayti.........18.
» St. Thomas........21.
in Havre............. 7.
» Hamburg..........10.

Haupt-Linie II.
Von Hamburg......... 6.
» Havre............. 9.
in St. Thomas........25.
von St. Thomas.......26.
» La Guayra........29.
» Puerto Cabello.... 1.
in Colon............. 5.
von Colon............ 8.
in Sabanilla.........10.
von Sabanilla........12.
» Puerto Cabello....16.
» La Guayra........18.
in St. Thomas........21.
von St. Thomas.......22.
in Havre............. 8.
» Hamburg..........11.

Anschluss an Haupt-Linie II.
Februar-Mai, beide inclusive
Von St. Thomas.......26.
» Puerto Plata......29.
» Cap Hayti........30.
» Port au Prince... 2.
» Gonaives   ) nur f. Rück- 3.
» Cap Hayti) frachten 5.
in St. Thomas........ 8.

Juni-Januar, beide inclusive
Von St. Thomas ......26.
» Puerto Plata......29.
» Cap Hayti........30.
» Port au Prince... 2.
» PetitGoâve) nur f.Rück- 3.
» Jérémie   ) frachten 4.
in St. Thomas........ 8.

Haupt-Linie III.
Von Hamburg.........21.
» Havre............24.
in St. Thomas........10.
von St. Thomas.......11.
» St. Domingo City..14.
» La Guayra........17.
» Puerto Cabello....18.
» Curaçao..........19.
in Sabanilla.........22.
von Sabanilla........24.
» Cartagena........26.
» Curaçao..........30.
» Puerto Cabello... 1.
» La Guayra........ 2.
» Mayaguez......... 6.
» Ponce............ 7.
in St. Thomas........ 8.
von St. Thomas....... 8.
in Havre............24.
» Hamburg..........27.

Anschluss an Haupt-Linie III.
Von St. Thomas.......11.
» Samaná...........13.
» Puerto Plata.....14.
» Aux Cayes........17.
» Jacmel...........19.
in St. Thomas........22.

Haupt-Linie IV.
Von Hamburg.........24.
» Grimsby..........27.
» Havre............29.
» Cap Hayti........17.
» Gonaives.........18.
» Port au Prince...20.
in Colon............23.

Februar-Mai, beide inclusive
Von Colon...........29.
» St. Thomas....... 5.
in Havre............21.
» Hamburg..........24.

Juni-Januar, beide inclusive
Von Colon...........25.
» Gonaives.........30.
» Cap Hayti........ 2.
» St. Thomas....... 5.
in Havre............21.
» Hamburg..........24.

Durchfrachtenverkehr via St. Thomas nach San Juan de Puerto Rico, Aguadilla, Mayaguez und Ponce in Verbindung mit den unter spanischer Flagge fahrenden „Vapores Intercoloniales de Puerto Rico."

Unsere Agenten ertheilen nähere Auskunft über Fracht-Engagements und über die besonderen zu beobachtenden Formalitäten.

ft tretender Fahrplan umstehend.

Neuer Fahrplan vom
Hamburg-Amerikanische Packetfahrt-Actien-Gesellschaft.

Zwischen HAMBURG und WESTINDIEN

auf der Ausreise und Rückreise **Havre** anlaufend,
ausserdem in Hauptlinie V. auf der Ausreise **Grimsby** anlaufend:

nach **St. Thomas, La Guayra, Puerto Cabello, Curaçao, Colon, Sabanilla, Cartagena, Port Limon, Port au Prince, Gonaives, Cap Hayti, Jacmel, Aux Cayes, St. Domingo City, Samaná, Sanchez** und **Puerto Plata**, mit Anschlüssen von **Colon** via **Panama** nach **allen Häfen des Stillen Oceans;** ab **Curaçao** Anschluss nach **Maracaibo**, ab (**Hamburg** am 12. und 26.); ferner von **St. Thomas** im Anschluss an die unter spanischer Flagge fahrenden **Vapores Intercoloniales de Puerto Rico** nach **San Juan de Puerto Rico, Aguadilla, Mayaguez** und **Ponce** (ab **Hamburg** am 12. und 26.).

Nächste Abgangstage nach nebenstehenden Fahrplänen II. bis V. wie folgt:

Dampfer:	Capitain:	von Hamburg:	Grimsby:	Havre:	Colon:	St. Thomas:
IV. DRACHENFELS,	Taree,	5. Octbr.	—	8. Octbr.	7. Novbr.	18. Novbr.
II. TEUTONIA,	Metzenthin,	12. »	—	15. »	—	26. »
V. BORUSSIA,	Magin,	19. »	22. Octbr.	24. »	24. »	5. Decbr.
III. HOLSATIA,	Droescher,	26. »	—	29. »	—	11. »
IV. ASCANIA,	Kördell,	5. Novbr.	—	8. Novbr.	7. Decbr.	18. »
II. HUNGARIA,	Leithäuser	12. »	—	15. »	—	26. »
V. FRANCIA,	Kopff,	19. »	22. Novbr.	24. »	24. »	5. Januar
III. BAVARIA,	Reessing,	26. »	—	29. »	—	11. »
IV. COLONIA,	Schröder,	5. Decbr.	—	8. Decbr.	7. Januar	18. »
II. SAXONIA,	Reuter,	12. »	—	15. »	—	26. »
V. RHENANIA,	Schmidt,	19. »	22. Decbr.	24. »	24. »	5. Febr.
III. THURINGIA,	Böcke,	26. »	—	29. »	—	11. »

Zwischen HAMBURG und MEXICO

auf der Ausreise und Rückreise **Havre** anlaufend,
nach **Vera Cruz, Tampico** und **Progreso**:

Nächste Abgangstage nach nebenstehendem Fahrplan I. wie folgt:

Dampfer:	Capitain:	von Hamburg:	Havre:	Vera Cruz:	St. Thomas:
I. SAXONIA,	Reuter,	1. Octbr.	4. Octbr.	30. Octbr.	16. Novbr.
I. ALLEMANNIA,	Busch,	1. Novbr.	4. Novbr.	30. Novbr.	16. Decbr.
I. ALBINGIA,	Landerer,	1. Decbr.	4. Decbr.	30. Decbr.	16. Januar.

Hinsichtlich aller näheren Bedingungen, sowie der Frachtraten verweisen wir auf die für die **westindisch-mexicanischen Linien** ausgegebenen Tarife.

Güter von **Bremen, Copenhagen, Gothenburg, Amsterdam, Rotterdam, Antwerpen, Paris, Bordeaux** und **Grimsby** etc., werden in **Durchfracht** angenommen.

NB. Die Gesellschaft haftet nicht für Feuersgefahr. Feuergefährliche, explodirende, sowie sonstige, die übrige Ladung gefährdende Gegenstände dürfen überall nicht verladen werden.

1. October 1887 ab.
Neuer Fahrplan
der
Westindisch-Mexicanischen Linien.
Abweichungen vorbehalten.

Directe Anschlüsse nach und von der Westküste Amerikas mit den am 5. und 19. jeden Monats von Hamburg abgehenden Dampfern.

Güterbeförderung in Durchfracht nach Maracaibo via Curaçao mit den am 12. und 26. jeden Monats von Hamburg abgehenden Dampfern.

Haupt-Linie I.
Von	Hamburg	1.
»	Havre	4.
in	**Vera Cruz**	27.
von	**Vera Cruz**	30.
»	Tampico	3.
»	Progreso	7.
»	Cap Hayti	13.
»	St. Thomas	16.
in	Havre	2.
»	Hamburg	5.

Haupt-Linie IV.
Von	Hamburg	5.
»	Havre	8.
»	Cap Hayti	26.
»	Port au Prince	28.
»	Port Limon	3.
in	**Colon**	4.
von	**Colon**	7.
»	Port au Prince	13.
»	Gonaives	15.
»	St. Thomas	18.
in	Havre	4.
»	Hamburg	7.

Haupt-Linie V.
Von	Hamburg	19.
»	Grimsby	22.
»	Havre	24.
»	Cap Hayti	12.
»	Gonaives	13.
»	Port au Prince	15.
»	Aux Cayes	17.
in	**Colon**	21.
von	**Colon**	24.
»	Port au Prince	29.
»	Gonaives	30.
»	Cap Hayti	2.
»	St. Thomas	5.
in	Havre	21.
»	Hamburg	24.

Haupt-Linie II.
Von	Hamburg	12.
»	Havre	15.
in	St. Thomas	1.
von	St. Thomas	2.
»	La Guayra	5.
»	Puerto Cabello	7.
»	Curaçao	8.
in	**Sabanilla**	11.
von	**Sabanilla**	13.
»	Curaçao	16.
»	Puerto Cabello	18.
»	La Guayra	19.
»	Ponce	22.
»	Mayaguez	23.
»	Aguadilla	24.
»	San Juan	25.
»	St. Thomas	26.
in	Havre	12.
»	Hamburg	15.

Haupt-Linie III.
Von	Hamburg	26.
»	Havre	29.
in	St. Thomas	15.
von	St. Thomas	16.
»	St. Domingo City	19.
»	La Guayra	22.
»	Puerto Cabello	24.
»	Curaçao	25.
in	Sabanilla	27.
von	Sabanilla	29.
»	**Cartagena**	1.
»	Puerto Cabello	5.
»	La Guayra	6.
»	Mayaguez	9.
»	Ponce	10.
»	St. Thomas	11.
in	Havre	27.
»	Hamburg	30.

Anschluss an Haupt-Linie II.
Von	St. Thomas	1.
»	Samaná	3.
»	Sanchez	5.
»	Puerto Plata	8.
in	St. Thomas	11.

Anschluss an Haupt-Linie III.
Von	St. Thomas	15.
»	Puerto Plata	17.
»	Aux Cayes	20.
»	Jacmel	21.
in	St. Thomas	24.

Durchfrachtverkehr via St. Thomas nach San Juan de Puerto Rico, Aguadilla, Mayaguez und Ponce (event. auch nach anderen Häfen Puerto Rico's) in Verbindung mit den unter spanischer Flagge fahrenden Vapores intercoloniales de Puerto Rico, von Hamburg am 12. und 26. jeden Monats.

Unsere Agenten ertheilen nähere Auskunft über Fracht-Engagements und über die besonderen zu beobachtenden Formalitäten.

Hamburg-Amerikanische Packetfahrt-Actien-Gesellschaft.

Directe Post-Dampfschiffahrt
zwischen HAMBURG und NEW-YORK

Nächste **Abgangstage:**

			von HAMBURG: Morgens: (mit der deutschen Post)	HAVRE: (m. d. letzt. Post via Verviers)	NEWYORK: (mit der amerikanischen Post)
D.	RHAETIA,	Capt. Vogelgesang,	—	—	1. September
»	GELLERT,	» Kühlewein,	—	—	8. »
»	SUEVIA,	» Ludwig,	—	—	10. »
»	LESSING,	» Barends,	—	—	15. »
»	HAMMONIA,	» Hebich,	4. September	6. September	22. »
»	RUGIA,	» Kördell	8. »	—	24. »
»	WIELAND,	» Albers,	11. »	13. »	29. »
»	RHAETIA,	» Vogelgesang,	18. »	20. »	6. October
»	GELLERT,	» Kühlewein,	25. »	27. »	13. »
»	MORAVIA,	» Pezoldt,	2. October	4. October	22. »
»	LESSING,	» Barends,	5. »	7. »	20. »
»	HAMMONIA,	» Hebich,	9. »	11. »	27. »
»	SUEVIA,	» Ludwig,	16. »	18. »	3. Novbr.
»	RUGIA,	» Albers,	23. »	25. »	10. »
»	BOHEMIA,	» Karlowa,	27. »	—	12. »
»	RHAETIA,	» Vogelgesang,	30. »	1. Novbr.	17. »
»	LESSING,	» Barends,	6. Novbr.	8. »	24. »
»	MORAVIA,	» Pezoldt,	13. »	15. »	1. Decbr.
»	SUEVIA,	» Ludwig,	20. »	22. »	8. »
»	RUGIA,	» Albers,	27. »	29. »	15. »
»	BOHEMIA,	» Karlowa,	4. Decbr.	6. Decbr.	22. »
»	RHAETIA,	» Vogelgesang,	11. »	13. »	29. »
»	LESSING,	» Barends,	18. »	20. »	5. Jan. 1888
»	MORAVIA,	» Pezoldt,	25. »	27. »	12. »

Nur die Sonntags von Hamburg abgehenden Dampfer laufen auf der Ausreise HAVRE an.

Die Donnerstags von NEW-YORK abgehenden Dampfer laufen auf der Heimreise PLYMOUTH und CHERBOURG an.

☞ Ein Special-Durchfrachten-Tarif nach den westlichen Staaten von Nordamerika und West-Canada ist bei Herrn AUGUST BOLTEN entgegen zu nehmen.

Für Güter an Ordre muss die Fracht hier bezahlt werden. Unter Gold $ 3.— wird kein Connossement gezeichnet. Nur die Nachnahme wirklicher Spesen ist statthaft.

Zwischen STETTIN und NEW-YORK

eventuell auf der Ausreise und Rückreise Copenhagen anlaufend.

Nächste **Abgangstage** wie folgt:

			von Stettin:	von Newyork: Sonnabends
D.	SLAVONIA,	Capt. Schmidt,	1. September	24. September
»	GOTHIA,	» Bauer,	1. October	29. October
»	SLAVONIA,	» Schmidt	1. November	26. November
»	GOTHIA,	» Bauer,	1. December	24. December
»	SLAVONIA,	» Schmidt,	3. Januar 1888	28. Januar 1888

und weiter regelmässig ein Mal monatlich.

Auskunft wegen Fracht und Passage für diese Linie ertheilen die Vertreter der Gesellschaft in **Stettin**:

Johannsen & Mügge, Unterwiek 7.

Schiffsankäufe 1886–1889

Für ihren ständig steigenden Tonnagebedarf nutzte die Hapag immer öfter günstige Second-Hand-Angebote. Zwei Jahre nach dem Pool-Abkommen mit der Union-Linie kauft sie deren Schiffe und beteiligt sich mit 50 % an der weiterhin bestehenden Union-Linie.

68 ss GOTHIA

R. Dixon & Co., Middlesbrough; Baunr. 225

2423 BRT / 3500 tdw / 95,74 m reg. Länge / 11,58 m Breite / Eine III-Exp.-Dampfmaschine; Richardson / 2 Kessel, 10,0 at / 1200 PSi / 12 kn / Pass.: 20 I., 550 ZwD / Bes.: 50

13.3.**1884** Stapellauf als **JACATRA** für die Stoomboot My. Insulinde, Amsterdam / **1884** Ablieferung. Amsterdam–Niederländisch-Indien-Dienst / 30.6.**1886** GOTHIA, Hapag / 2.8.**1886** erste Reise Stettin–Göteborg–New York / **1889** erste Reise Hamburg–Baltimore / 26.3.**1891** erste Reise Hamburg–New York / 23.7.**1892** wieder Stettin–New York / 3.**1898** LIPSOS, Deutsche Levante-Linie, Hamburg / 10.11.**1913** ANNA STROWIG, Wm. Eisenach, Stettin / 2.**1914** RUDOLF, Emil R. Retzlaff, Stettin / 8.**1914** in Barcelona interniert / 9.5.**1919** an die französische Regierung abgeliefert / **1922** MAGUYLA, Lalande, Lefvebre & Co., Dünkirchen / 5.**1923** zum Abwracken.

69 ss SLAVONIA (1)

R. Dixon & Co., Middlesbrough; Baunr. 216

2274 BRT / 3500 tdw / 95,69 m reg. Länge / 11,26 m Breite / Eine II-Exp.-Dampfmaschine; Hawthorn / 2 Kessel, 5,6 at / 1100 PSi / 10 kn / Pass.: 20 I., 550 ZwD / Bes.: 50

24.5.**1883** Stapellauf als **MACASSAR** für die Stoomboot My. Insulinde, Amsterdam / **1884** Ablieferung. Amsterdam–Niederländisch-Indien-Dienst / 16.8.**1886** SLAVONIA, Hapag / 2.9.**1886** erste Reise Stettin–Göteborg–New York / 16.4.**1890** erste Reise Hamburg–New York / 21.3.**1894** wieder Stettin–New York / 19.7.**1898** LEROS, Deutsche Levante-Linie, Hamburg / 29.5.**1906** vor Alderney gestrandet / **1907** geborgen und abgewrackt.

72 ss POLYNESIA (1)

C. Mitchell & Co., Newcastle; Baunr. 430

2208 BRT / 3078 tdw / 92,07 m reg. Länge / 11,00 m Breite / Eine II-Exp.-Dampfmaschine; Wallsend / 2 Kessel, 5,6 at / 1100 PSi / 1 Schraube / 10 kn / Pass.: 1100 ZwD / Bes.: 38

5.11.**1881** Stapellauf für Edward Carr, Hamburg / 12.**1881** Ablieferung / 27.12.**1881** Jungfernreise Hamburg–New York / 25.5.**1888** an die Hapag. 2196 BRT / 31.5.**1888** erste Hapag-Reise Hamburg–New York / 27.4.**1889** erste Reise Stettin–New York / 13.7.**1892** wieder Hamburg–New York, auch nach Baltimore / **1902** in der Schelde gestrandet und durchgebrochen. Repariert / **1903** an Gläfcke & Hennings, Hamburg / **1904** an Antonio & Bernardo de Gregori, Genua / 28.8.**1921** vor Reggio auf eine Mine gelaufen und gesunken.

Die 1886 aus Amsterdam angekaufte GOTHIA.

Dampfer SLAVONIA auf der Schelde vor Antwerpen.

Mit dem Ende des Konkurrenzkampfes mit der Carr-Linie gingen die meisten Carr-Dampfer auf die Hapag über, hier die POLYNESIA.

73 SS **POLARIA** (1)

C. Mitchell & Co., Newcastle; Baunr. 431

2639 BRT / 3881 tdw / 91,33 m reg. Länge / 11,75 m Breite / Eine II-Exp.-Dampfmaschine; Wallsend / 2 Kessel, 5,6 at / 1200 PSi / 1 Schraube / 10 kn / Pass.: 1100 ZwD / Bes.: 40

21.2.**1882** Stapellauf für Edward Carr, Hamburg / 4.**1882** Ablieferung / 27.4.**1882** Jungfernreise Hamburg–New York / 25.5.**1888** an die Hapag. 2673 BRT / 16.6.**1888** erste Hapag-Reise Hamburg–New York / 22.9.**1889** erste Reise Stettin–New York / **1895** wieder Hamburg–New York, auch nach Baltimore und Philadelphia / **1903** an Gläfcke & Hennings, Hamburg / 8.**1904** in Hamburg zum Abwracken verkauft.

74 SS **AUSTRALIA**

C. Mitchell & Co., Newcastle; Baunr. 417

2165 BRT / 3250 tdw / 90,82 m reg. Länge / 11,28 m Breite / Eine II-Exp.-Dampfmaschine; Blair / 2 Kessel, 5,6 at / 1000 PSi / 1 Schraube / 9,5 kn / Pass.: 600 ZwD / Bes.: 36

16.4.**1881** Stapellauf für Edward Carr, Hamburg / 6.**1881** Ablieferung / 9.6.**1881** Jungfernreise Hamburg–New York / 25.5.**1888** an die Hapag / 3.7.**1888** erste Hapag-Reise Hamburg–New York / 14.6.**1889** eine Reise Stettin–New York, dann wieder Hamburg–New York, auch nach Baltimore / 3.**1896** Hamburg–Westindien-Dienst / 26.1.**1902** auf der Ausreise nach Westindien durch Schuld des Lotsen in der Schelde gestrandet und am nächsten Tag in zwei Teile zerbrochen.

Auswandererschiff POLARIA.

Auch die AUSTRALIA stammte aus der Carr-Flotte.

75 SS **CALIFORNIA** (1)
C. Mitchell & Co., Newcastle; Baunr. 450

2690 BRT / 3880 tdw / 91,62 m reg. Länge / 11,84 m Breite / Eine II-Exp.-Dampfmaschine; Blair / 2 Kessel, 6,3 at / 1550 PSi / 1 Schraube / 10 kn / Pass.: 1250 ZwD / Bes.: 45

27.12.**1882** Stapellauf für Edward Carr, Hamburg / 21.2.**1883** Ablieferung / 15.3.**1883** Jungfernreise Hamburg–New York / 25.5.**1888** an die Hapag / 13.7.**1888** erste Hapag-Reise Hamburg–New York / 14.6.**1889** erste Reise Stettin–New York / 25.11.**1896** erste Reise Hamburg–Genua / **1897** Hamburg-Baltimore-Dienst / 20.12.**1897** an Wilh. Kunstmann, Swinemünde / 30.1.**1898** auf einer Reise Bremerhaven–Reval bei Rönne durch Schuld der Schiffsführung gestrandet, danach aufgegeben / **1898 WINELAND**, A. Christensen, Kopenhagen / 27.4.**1904 NISSHIN MARU**, T. Akazako, Uwosaki, später Kobe / **1910** in Osaka abgewrackt.

77 SS **HELVETIA**
Tyne Iron Shipbuilding Co., Newcastle; Baunr. 68

2849 BRT / 4303 tdw / 96,00 m reg. Länge / 12,00 m Breite / Eine III-Exp.-Dampfmaschine; Wallsend / 2 Kessel, 11,24 at / 1400 PSi / 1 Schraube / 10 kn / Pass.: 4 II. / Bes.: 36

1888 in Bau befindlich angekauft / 12.**1888** Stapellauf / 12.1.**1889** Ablieferung / 1.**1889** Jungfernreise Hamburg–Westindien / 4.1.**1907 HERMERSBERG**, Seetransport Gesellschaft, Hamburg / 23.12.**1909** an die Rhederei Vereinigung, Hamburg / 4.3.**1911** an Emil R. Retzlaff, Stettin / 1.8.**1914** in Genua interniert / 5.**1915** beschlagnahmt, von den Italienischen Staatsbahnen bereedert / 30.5.**1916** vor Bougie von **U 39** versenkt.

80 SS **ITALIA**
Armstrong, Mitchell & Co., Newcastle; Baunr. 520

3722 BRT / 5075 tdw / 104,90 m reg. Länge / 12,70 m Breite / Eine III-Exp.-Dampfmaschine; Wallsend / 2 Kessel, 11,3 at / 1900 (2240) PSi / 1 Schraube / 11 kn / Pass.: 1400 ZwD / Bes.: 72

3.**1889** auf dem Helgen angekauft / 2.4.**1889** Stapellauf / 21.5.**1889** Ablieferung / 6.6.**1889** Jungfernreise Hamburg–New York / 25.6.**1890** erste Reise Stettin–New York / 7.3.**1894** erste Reise Hamburg–Boston–Baltimore / 25.10.**1896** erste Reise Genua–La Plata / 6.11.**1898** und 1.**1899** je eine Charterreise Antwerpen–Philadelphia für die Red Star Line / 3.**1899** eine Charterreise Liverpool–Philadelphia für die American Line / 4.10.**1899 MILANO**, Rob. M. Sloman & Co., Hamburg / 29.3.**1900**–5.6.**1903** Hamburg–New York-Dienst in Hapag-Charter / 3.7.**1903 TENEDOS**, Deutsche Levante-Linie, Hamburg / 8.**1914** in Konstantinopel an die Türkische Seetransport Division verchartert / 12.**1914** an die Türkische Marine verkauft / 28.8.**1915** vor Akbash durch das britische U-Boot **E 19** torpediert.

82 SS **GALICIA** (1)
J. Laing, Sunderland; Baunr. 326

2921 BRT / 4221 tdw / 97,50 m reg. Länge / 12,48 m Breite / Eine III-Exp.-Dampfmaschine; 2 Kessel, 10,5 at / 1250 PSi / 1 Schraube / 10,5 kn / Pass.: 4 II. / Bes.: 35

1888 auf dem Helgen angekauft / 18.5.**1889** Stapellauf / 10.7.**1889** Ablieferung / 5.11.**1889** Jungfernreise Hamburg–New York–Philadelphia / 7.**1907** erste Reise Hamburg–Persischer Golf / 14.5.**1911** an Emil R. Retzlaff, Stettin / 16.1.**1912** auf der Reise von Sulina nach Southampton vor Vigo nach Übergehen der Ladung im Sturm gesunken.

Die CALIFORNIA, hier noch mit der auch von Carr genutzten Sloman-Schornsteinmarke.

Der Frachter HELVETIA für den Westindiendienst.

Die in Bau befindlich angekaufte ITALIA.

Dampfer GALICIA in Westindien.

Das Hapag-Office in St. Thomas Anfang der 1880er Jahre.

**HAMBURG-AMERIKANISCHE
PACKETFAHRT-ACTIEN-GESELLSCHAFT.**
Abtheilung Passage.

Telegramm-Adresse:
Hapag, Hamburg.

No. 66.

HAMBURG, April 1889.
Deichstrasse No. 7.

P. P.

Die im **Mai** und **Juni** dieses Jahres erfolgende Infahrtstellung unserer neuen Doppelschrauben-Schnelldampfer „**Augusta-Victoria**" und „**Columbia**" wird einen bedeutend grösseren Verkehr von Cajütspassagieren **über Hamburg** zur Folge haben, was sich durch zahlreiche Anfragen und Belegungen von Cabinen schon jetzt zu erkennen giebt.

Um Sie nun in den Stand zu setzen, auf alle an Sie ergehenden Anfragen nach jeder Richtung hin sachgemässe Auskunft ertheilen zu können, überreichen wir Ihnen in der Anlage unsere eigens für den Cajütsverkehr ausgearbeiteten Ueberfahrtsbedingungen. Wir fügen denselben einige Cajütspläne unseres Schnelldampfers „**Augusta-Victoria**" bei und bemerken, dass diejenigen auf dickem Papier für Ihren eigenen Gebrauch, diejenigen auf dünnem zur Vertheilung und zum Versand an anfragende Reisende bestimmt sind. Pläne unserer übrigen Dampfer stehen Ihnen bei Bedarf ebenfalls gern zu Diensten.

Unter Bezugnahme auf unser Circulair No. 65 machen wir hierdurch nochmals darauf aufmerksam, dass nur unsere

Doppelschrauben-Schnelldampfer „**Augusta Victoria**" und
„ „ „**Columbia**" sowie unser
Schnelldampfer „**Hammonia**"

zur Aufnahme von Passagieren **erster und zweiter** Cajüte eingerichtet sind, während unsere

Postdampfer	**Wieland**	Postdampfer	**Rugia**
»	**Gellert**	»	**Moravia**
»	**Suevia**	»	**Bohemia**
»	**Rhaetia**		

nur eine, nämlich **erste** Cajüte führen.

Anmeldungen von Cajütspassagieren können auf unsern gewöhnlichen graugrünen Annahmescheinen erfolgen, wovon wir Ihnen auf Verlangen gern einige Bücher zustellen lassen werden. Ihre Provision für den Abschluss von Cajütspassagen beträgt 5% vom Ueberfahrtspreise.

Hochachtend,

**Hamburg-Amerikanische
Packetfahrt-Actien-Gesellschaft.**
Abtheilung Passage.

Circulair No. 66 an die Passage-Agenten.

Ankauf der Australia-Sloman-Schiffe

Am 17. Mai 1888 unterzeichnete die Hapag einen Kaufvertrag mit der Reederei Australia-Sloman-Linie über deren vier Dampfer AMALFI, MARSALA, SORRENTO und TAORMINA. Diese Schiffe waren seit 1886 für die von Sloman mit Edward Carr gebildete Union-Linie gelaufen, die ihren Auswandererdienst Hamburg–New York in Fahrplangemeinschaft mit der Hapag betrieb. Aus nicht mehr zu klärenden Gründen wollte Sloman plötzlich die Schiffe noch bis Ende 1888 selber nutzen. Die Hapag akzeptierte das unter dem Vorbehalt, bis Ende Dezember 1888 von dem Ankauf zurücktreten zu dürfen, was Sloman am 17. Mai 1888 anerkannte.

Nachdem sich Sloman und die Hapag im November 1888 vertraglich auf eine gemeinsame Fortführung der Union-Linie geeinigt hatten, wurde der Kaufvertrag allerdings storniert. Die Schiffe waren also offiziell nie für den Eigner Hapag registriert.

— SS **AMALFI**
M. Pearse & Co., Stockton; Baunr. 185

2353 BRT / 3500 tdw / 91,55 m reg. Länge / 11,02 m Breite / Eine II-Exp.-Dampfmaschine; Blair / 2 Kessel, 5,5 at / 1000 PSi / 1 Schraube / 10 kn / Pass.: 600 ZwD / Bes.: 34

7.5.**1881** Stapellauf / 5.7.**1881** Ablieferung an Rob. M. Sloman & Co., Hamburg / Hamburg–Kapstadt–Sydney-Dienst / 3.3.**1882** an die Australia-Sloman-Linie, Hamburg; gleicher Dienst / **1886** an die Union-Linie, Hamburg. Einbau der Zwischendeckeinrichtungen / 19.5.**1886** erste Reise Hamburg–New York in Fahrplangemeinschaft mit der Hapag / 17.5.**1888** Ankauf durch die Hapag, nicht übernommen, aber weiter Hamburg–New York-Dienst / 11.**1888** Kaufvertrag storniert / 28.12.**1888** für Rob. M. Sloman & Co. in Hamburg eingetragen, Passagiereinrichtung ausgebaut. Hamburg–Mittelmeer-Dienst / 18.1.**1901** an Rob. M. Sloman jr., Hamburg / 12.10.**1911** ADA, J. E. Sandström, Göteborg / **1915** an F. Möller, Stockholm / 9.6.**1917** auf der Reise Göteborg–Hull 20 sm östlich Aberdeen von **U 61** torpediert.

— SS **MARSALA**
A. Stephen & Sons, Glasgow; Baunr. 265

2406 BRT / 3500 tdw / 97,42 m reg. Länge / 11,02 m Breite / Eine II-Exp.-Dampfmaschine; Blair / 2 Kessel, 5,62 at / 1140 PSi / 1 Schraube / 10 kn / Pass.: 600 ZwD / Bes.: 34

3.5.**1882** Stapellauf / 31.5.**1882** Ablieferung an Australia-Sloman-Linie, Hamburg. Hamburg–Kapstadt–Sydney-Dienst / **1886** an die Union-Linie, Hamburg. Einbau der Zwischendeckeinrichtungen / 2.9.**1886** erste Reise Hamburg–New York in Fahrplangemeinschaft mit der Hapag / 17.5.**1888** Ankauf durch die Hapag, nicht übernommen, aber weiter Hamburg–New York-Dienst / 11.**1888** Kaufvertrag storniert / 22.12.**1888** für Rob. M. Sloman & Co. in Hamburg eingetragen. 2397 BRT. Passagiereinrichtung ausgebaut. Hamburg–Mittelmeer-Dienst / 18.1.**1901** an Rob. M. Sloman jr., Hamburg. 2276 BRT / 12.10.**1911** an Beraldo e Devoto, Genua / 1913 an C. Devoto fu G. Beraldo, Genua / 2.7.**1913** auf der Reise Sfax–Santa Liberata mit dem italienischen Dampfer **CAMPIDANO** zusammengestoßen und vor Gianutri gesunken.

— SS **SORRENTO**
A. Stephen & Sons, Glasgow; Baunr. 260

2364 BRT / 3500 tdw / 97,49 m reg. Länge / 10,98 m Breite / Eine II-Exp.-Dampfmaschine; Stephen / 2 Kessel, 5,62 at / 1120 PSi / 1 Schraube / 10 kn / Pass.: 600 ZwD / Bes.: 38

21.12.**1881** Stapellauf / 31.12.**1881** Ablieferung an Rob. M. Sloman & Co., Hamburg / Hamburg–Kapstadt–Sydney-Dienst / 3.3.**1882** an die Australia-Sloman-Linie, Hamburg / **1886** an die Union-Linie, Hamburg. Einbau der Zwischendeckeinrichtungen / 24.4.**1886** erste Reise Hamburg–New York in Fahrplangemeinschaft mit der Hapag / 17.5.**1888** Ankauf durch die Hapag, nicht übernommen, aber weiter Hamburg–New York-Dienst / 11.**1888** Kaufvertrag storniert / 28.12.**1888** für Rob. M. Sloman & Co. in Hamburg eingetragen. 2397 BRT. Passagiereinrichtung ausgebaut. Hamburg–Mittelmeer-Dienst / 18.1.**1901** an Rob. M. Sloman jr., Hamburg / 10.11.**1902** auf der Reise Lissabon–Hamburg bei Cap Finisterre gestrandet.

— SS **TAORMINA**
A. Stephen & Sons, Glasgow; Baunr. 283

2528 BRT / 3200 tdw / 97,55 m reg. Länge / 11,82 m Breite / Eine II-Exp.-Dampfmaschine; Stephen / 2 Kessel, 5,62 at / 1140 PSi / 1 Schraube / 10 kn / Pass.: 600 ZwD / Bes.: 39

12.3.**1884** Stapellauf / 4.**1884** Ablieferung an Australia-Sloman-Linie, Hamburg. Hamburg–Kapstadt–Sydney-Dienst / **1886** an die Union-Linie, Hamburg. Einbau der Zwischendeckeinrichtungen / 14.7.**1886** erste Reise Hamburg–New York in Fahrplangemeinschaft mit der Hapag / 17.5.**1888** Ankauf durch die Hapag, nicht übernommen, aber weiter Hamburg–New York-Dienst / 11.**1888** Kaufvertrag storniert / 28.12.**1888** für Rob. M. Sloman & Co. in Hamburg eingetragen. Passagiereinrichtung ausgebaut. Hamburg–Mittelmeer-Dienst / 18.1.**1901** an Rob. M. Sloman jr., Hamburg / 17.1.**1911** an L. E. Conti fu Agostino, Genua / **1911** TAORMIN, F. Cerruti fu Alessandro, Genua / **1912** an L. Pittaluga, Genua / 18.1.**1917** auf der Reise Huelva–Newport 60 sm vor Cap Lizard von **UC 16** torpediert.

UNION
Rob. M. Sloman & Co.
in Verbindung mit der
Hamburg-Amerika-Linie.
Regelmässige directe Dampfschifffahrt
zwischen
Hamburg u. New-York.

D. Bohemia* Cpt.	Petersen	15. Juli.
„ Albano „	Koch	22. Juli.
„ Hispania* „	Dempwolf	29. Juli.
„ Sorrento „	Jürgensen	5. Aug.
„ Moravia* „	Schmidt	12. Aug.
„ Taormina „	Fendt	19. Aug.
„ Italia* „	Martens	26. Aug.

Die mit * bezeichneten Dampfer gehören der Hamburg-Amerika-Linie.

Näheres wegen Fracht bei
Rob. M. Sloman jr., Steinhöft 20 I,
und wegen Passage in den Bureaux der Hamb Amerika-Linie. **Dovenfleth 18-21.**

Zwei der vier gleichartigen Sloman-Schiffe, die trotz Ankaufs durch die Hapag schließlich nicht übernommen wurden: die TAORMINA (links) und die SORRENTO.

Die AUGUSTA VICTORIA-Klasse

Das Typschiff dieser Klasse, die AUGUSTA VICTORIA, war der erste auf einer deutschen Werft gebaute Schnelldampfer und lief 1888 als zweiter Doppelschrauben-Schnelldampfer der Welt vom Stapel – nur wenige Monate nach der CITY OF NEW YORK, dem ersten Schiff dieser Art. Mit diesen Schiffen war die Hapag zum ersten Mal in die Spitzengruppe der internationalen Nordatlantik-Reedereien eingetreten, wie die folgende Tabelle belegt.

Die Spitzenschiffe auf dem Nordatlantik 1891 im Vergleich

Name	Reederei	Nationalität	Erste Reise	BRT	kn*	Passagiere*** I.	II.	ZwD
AMERICA	National	britisch	1884, 28. Mai	5 528	17	300	–	700
OREGON	Guion	britisch	1884, 7. Juni	7 374	18	340	90	1110
UMBRIA	Cunard	britisch	1884, 1. November	7 718	19	550	–	800
LA GASCOGNE	C.G.T.	französisch	1886, 18. September	7 395	17	390	65	600
LAHN	NDL	deutsch	1888, 1. Februar	5 661	18	225	105	600
CITY OF NEW YORK**	Inman	britisch	1888, 1. August	10 499	20	540	200	1000
CITY OF PARIS**	Inman	britisch	1889, 3. April	10 449	20	540	200	1000
AUGUSTA VICTORIA**	Hapag	deutsch	1889, 10. Mai	7 661	18	400	120	580
COLUMBIA**	Hapag	deutsch	1889, 18. Juli	7 578	18	400	120	580
TEUTONIC**	White Star	britisch	1889, 7. August	9 984	19	300	190	1000
MAJESTIC**	White Star	britisch	1890, 2. April	9 965	19	300	190	1000
NORMANNIA**	Hapag	deutsch	1890, 22. Mai	8 716	19	420	172	700
SPREE	NDL	deutsch	1890, 10. November	6 963	18,5	275	150	400
HAVEL	NDL	deutsch	1891, 5. Februar	6 963	18,5	275	150	400
FÜRST BISMARCK**	Hapag	deutsch	1891, 8. Mai	8 874	19	420	170	700

* Knoten Dienstgeschwindigkeit, ** Zweischrauben-Schnelldampfer, *** abgerundete Ziffern

Die Schiffe der französischen C.G.T. und der Hapag aus Hamburg liefen in direkter Konkurrenz zum Norddeutschen Lloyd auf der Kanalroute, während die britischen Dampfer ab Liverpool nach New York fuhren.

Um diese Schiffsklasse wurden bis in die jüngste Zeit immer wieder Legenden gewoben. So werden Prinz Wilhelm, nachmals Kaiser Wilhelm II., und Reichskanzler Bismarck quasi als Initiatoren genannt, die auch den Bau des Schiffes auf der Stettiner Vulcan-Werft protegiert hätten. Tatsache ist aber, daß Hapag-Direktor John Meyer bereits 1884 eine Denkschrift zum Bau von Zweischrauben-Schnelldampfern als Reaktion auf die Flüsse-Klasse des NDL ausgearbeitet hatte.[1] Weiter wird der vierte dieser Schnelldampfer, die FÜRST BISMARCK, als erstes mit dem Blauen Band für die schnellste Nordatlantiküberquerung ausgezeichnetes deutsches Schiff genannt, was nicht zutrifft.[2]

Die NORMANNIA war übrigens am 21. Oktober 1895 von der Kaiserlichen Marine als erster deutscher Hilfskreuzer in Dienst gestellt worden. Zuvor hatte man das Schiff mit acht Geschützen vom Kaliber 15 cm, vier mit 12,7 cm, zwei mit 9 cm und sechs mit 3,7 cm ausgerüstet; dazu kamen zwei Torpedobarkassen mit je einem 45-cm-Torpedorohr. In einem 15tägigen Flottenmanöver testete die Marine das Schiff auf seine Eignung für diesen Verwendungszweck. Der Hintergrund dieses Versuchs war folgender: Die britische Royal Navy hatte bereits im Juli 1889 den ersten Hilfskreuzer dieser Art in Dienst gestellt. Der fast 10 000 BRT große Schnelldampfer TEUTONIC der White Star Line nahm damals in voller Bewaffnung an der großen Naval Review vor Spithead teil. Die internationalen Gäste der Flottenparade, unter ihnen der junge, marinebegeisterte deutsche Kaiser Wilhelm II., waren ebenso beeindruckt wie die Beobachter der anderen großen Seemächte. Thomas Henry Ismay, Chef der White Star Line, ließ es sich nicht nehmen, am 4. August 1889 den deutschen Kaiser persönlich über das Schiff zu führen. Derart inspiriert, hatte der Kaiser seine Admirale seit 1889 von den Vorzügen dieser Neuerung überzeugt.[3]

Die Namen dieser vier Schnelldampfer sind untrennbar mit den Anfängen der deutschen Kreuzfahrt verbunden. Ihre mehrwöchigen Exkursionen – wie man die Kreuzfahrten damals nannte – gelten seit 1891 international als Beginn der Luxuskreuzfahrten im heutigen Sinne.[4]

---

1 Vorstandsprotokolle der Hapag. 6. Oktober 1884. Zitiert in Arnold Kludas und Herbert Bischoff: Die Schiffe der Hamburg-Amerika Linie 1847–1906, S. 12.
Den Komplex des Ursprungs der Legenden schildert ausführlich Hans-Joachim Rook: Der erste deutsche Doppelschraubenschnelldampfer „AUGUSTA VICTORIA". Hintergründe der Auftragserteilung an die Stettiner Vulcan-Werft. In: Deutsches Schiffahrtsarchiv (= Wissenschaftliche Zeitschrift des Deutschen Schiffahrtsmuseums, Bremerhaven) 14.1991, S. 139–156. Hamburg 1991.

2 Vgl. hierzu Arnold Kludas: Die deutschen Schnelldampfer. Teil II: Die AUGUSTA-VICTORIA-Klasse, Deutsches Schiffahrtsarchiv 4.1981. In: Deutsches Schiffahrtsarchiv (= Wissenschaftliche Zeitschrift des Deutschen Schiffahrtsmuseums, Bremerhaven). Oldenburg-München-Hamburg 1981. – Arnold Kludas: Das Blaue Band des Nordatlantiks. Hamburg 1999.

3 Vgl. Arnold Kludas: Passagierdampfer als Hilfskreuzer. Kurze Geschichte der Entwicklung einer Schiffsgattung. In: Deutsches Schiffahrtsarchiv (= Wissenschaftliche Zeitschrift des Deutschen Schiffahrtsmuseums, Bremerhaven) 18.1995, S. 151–162. Oldenburg-München-Hamburg 1995.

4 Ausführlich hierzu: Arnold Kludas: Vergnügungsfahrten zur See. Eine Geschichte der deutschen Kreuzfahrt. Bd. 1: 1889–1939 (= Schriften des Deutschen Schiffahrtsmuseums, Bremerhaven, Bd. 55).

79 SS AUGUSTA VICTORIA 1897 AUGUSTE VICTORIA
AG Vulcan, Stettin; Baunr. 183

7661 BRT / 4000 tdw / 144,80 m Länge ü.a. / 16,62 m Breite / Zwei III-Exp.-Dampfmaschinen; Vulcan / 8 Kessel, 10,5 at / 12 000 (14 110) PSi / 2 Schrauben / 18 (19) kn / Pass.: 184+184 I. in 92 Kab., 140 II. in 35 Kab.; 580 ZwD in 25 Schlafsälen. Auf Kreuzfahrt 255 Pass. in 127 Kab., davon 69 außen / Bes.: 245

Kiellegung als **NORMANNIA** / 1.12.**1888** Stapellauf / 24.4.**1889** Ablieferung. Erstes deutsches Zweischraubenschiff und erster auf einer deutschen Werft gebauter Schnelldampfer / 10.5.**1889** Jungfernreise Hamburg–New York / 22.1.**1891** erste Mittelmeer–Orient-Kreuzfahrt; danach bis **1904** für insgesamt 20 Kreuzfahrten eingesetzt / **1894** wurden die Schlafsäle auf dem Hauptdeck zu zehn Vierbettkabinen II. Klasse umgebaut: jetzt 180 Pass. II. in 45 Kab.; 498 ZwD in 19 Schlafsälen. Auf Kreuzfahrt 275 Pass. in 137 Kab., 74 außen / 15.3.**1894** erste Reise Genua–New York; auch in den folgenden Jahren jeweils im Winter Mittelmeer–New York-Reisen / 5.**1897** nach Umbau und Verlängerung bei Harland & Wolff in Belfast mit korrigiertem Namen **AUGUSTE VICTORIA** in Fahrt. Daten nach dem Umbau: 8479 BRT, 4978 tdw, 163,42 m Länge ü.a.; 43 neue I.-Kl.-Kab., so daß diese Klasse 270 (450) Passagiere aufnehmen konnte. Auf Kreuzfahrt jetzt 384 Pass. in 180 Kab., davon 197 außen / 11.5.**1904** an die Russische Marine / 26.7.**1904** nach Umbau als Hilfskreuzer **KUBAN** in Dienst / 1.12.**1906** aufgelegt / 5.**1907** Ankunft zum Abwracken in Stettin.

Anzeige aus den „Fliegenden Blättern" vom 19. Mai 1889.

Dieses Exlibris zierte die Bände der Hapag-Schiffsbibliotheken.

Die Metamorphosen der AUGUSTA VICTORIA

Schnelldampfer AUGUSTA VICTORIA in seiner ersten Form mit der niedrigen Kommandobrücke.

Die zweite Form der AUGUSTA VICTORIA mit der 1890 erhöhten Brücke. Diese Maßnahme wurde gleichzeitig auch auf dem Schwesterschiff COLUMBIA ausgeführt.

Bis Mitte der 1890er Jahre setzte man bei AUGUSTA VICTORIA und COLUMBIA die Rettungsboote ein Deck höher auf das Brückendeck, das bei dieser Gelegenheit auf die ganze Schiffsbreite ausgedehnt wurde. NORMANNIA und FÜRST BISMARCK hatten von Anfang an die erhöhte Brücke, und auch die Boote standen bereits in Höhe des Brückendecks.

1897 schließlich verlängerte man die AUGUSTA VICTORIA, indem man zwischen Brücke und vorderen Schornstein eine 20 m lange Sektion einbaute. Der dritte Mast wurde ausgebaut, und gleichzeitig änderte bzw. korrigierte man den Schiffsnamen in AUGUSTE VICTORIA. (Foto: Johann Hamann)

81 ss **COLUMBIA** (1)
Laird Bros., Birkenhead; Baunr. 564

7578 BRT / 3901 tdw / 145,00 m Länge ü.a. / 16,48 m Breite / Zwei III-Exp.-Dampfmaschinen; Laird / 9 Kessel, 10,4 at / 13 700 PSi / 2 Schrauben / 18 (19,5) kn / Pass.: 184+184 I. in 92 Kab., 140 II. in 35 Kab.; 580 ZwD in 25 Schlafsälen. Auf Kreuzfahrt 275 Pass. in 137 Kab., davon 74 außen / Bes.: 245

27.2.**1889** Stapellauf / 25.6.**1889** Ablieferung / 18.7.**1889** Jungfernreise Hamburg–New York / 19.12.**1893** erste Reise Genua–New York, auch in den folgenden Jahren jeweils im Winter Genua–New York-Reisen / **1894** wurden die Schlafsäle auf dem Hauptdeck zu zehn Vierbettkabinen II. Klasse umgebaut: jetzt 180 Pass. II. in 45 Kab.; 498 ZwD in 19 Schlafsälen. 20.7.**1895** erste Kreuzfahrt Hamburg–Nordkap–Cuxhaven; bis **1897** für drei weitere Kreuzfahrten eingesetzt / 3.**1898** **RAPIDO**, Hilfskreuzer der spanischen Marine im spanisch-amerikanischen Krieg, jedoch nicht mehr zum Einsatz gekommen / 6.7.**1899** Rückkauf durch die Hapag, wieder **COLUMBIA**, Hamburg–New York-Dienst / **1902** nur noch im Genua–New York-Dienst / **1904** **TEREK**, Hilfskreuzer der Russischen Marine / **1907** Ankunft zum Abwracken in Preston.

87 ss **NORMANNIA**
Fairfield Shipb. and Eng. Co., Glasgow; Baunr. 343

8716 BRT / 4700 tdw / 159,00 m Länge ü.a. / 17,50 m Breite / Zwei III-Exp.-Dampfmaschinen; Fairfield / 9 Kessel, 11,2 at / 14 840 (16 240) PSi / 2 Schrauben / 19 (20,5) kn / Pass.: 220+200 I. in 110 Kab., 170+71 II. in 69 Kab.; 722 ZwD in 29 Schlafsälen. Auf Kreuzfahrt 250 Pass. in 138 Kab., davon 84 außen / Bes.: 280

9.2.**1890** Stapellauf / 3.5.**1890** Ablieferung / 22.5.**1890** Jungfernreise Hamburg–New York / **1895** Die **NORMANNIA** nimmt schwer bewaffnet als erster deutscher Hilfskreuzer an Flottenmanövern teil / 4.1.**1895** erste Reise Genua–Neapel–New York; auch in den folgenden Jahren jeweils in den Wintermonaten Mittelmeer–New York-Reisen; hierbei wenigstens einmal eine New York–Mittelmeer-Kreuzfahrt / **1896** ersetzte man vier Schlafsäle durch 20 Kab. II. Kl., dadurch 219 Pass. II., 540 ZwD in 25 Schlafsälen. Auf Kreuzfahrt jetzt: 340 Pass. in 179 Kab., davon 90 außen / 3.**1898** **PATRIOTA**, Hilfskreuzer der Spanischen Marine im spanisch-amerikanischen Krieg, jedoch nicht mehr eingesetzt / 11.**1899** **L'AQUITAINE**, Cie. Générale Transatlantique, Le Havre. 8816 BRT. Als Ersatz für die gesunkene **LA BOURGOGNE** angekauft / 9.12.**1899** erste Reise Le Havre–New York / 9.**1905** in Le Havre aufgelegt / **1906** in Bo'ness abgewrackt.

Die COLUMBIA kam 1889 als zweites Schiff der Klasse in Fahrt.

Schnelldampfer NORMANNIA mit Volldampf voraus.

Seitenansicht der NORMANNIA.

92 SS **FÜRST BISMARCK** (1)

AG Vulcan, Stettin; Baunr. 197

8874 BRT / 4745 tdw / 159,90 m Länge ü.a. / 17,00 m Breite / Zwei III-Exp.-Dampfmaschinen; Vulcan / 9 Kessel, 11 at / 16 400 PSi / 2 Schrauben / 19 (20,6) kn / Pass.: 242+236 I. in 119 Kab., 72 II. in 72 Kab.; 722 ZwD in 29 Schlafsälen. Auf Kreuzfahrt 300 Pass. in 159 Kab., davon 85 außen / Bes.: 280

Kiellegung als **VENETIA** / 29.11.**1890** Stapellauf / 25.4.**1891** Ablieferung / 8.5.**1891** Jungfernreise Hamburg–New York / 29.6.**1891** Helgolandfahrt mit Kaiser Wilhelm II., Prinz Heinrich und Gemahlinnen; die hohen Gäste gehen anschließend in Wilhelmshaven von Bord / 4.2.**1893** erste Kreuzfahrt New York–Mittelmeer, der bis **1897** zwei weitere Kreuzfahrten folgen / 27.3.**1894** erste Reise Genua–Neapel–New York; auch in den Wintermonaten der Folgejahre Genua–New York-Dienst / **1896** ersetzte man vier Schlafsäle durch 20 Kab. II. Klasse, dadurch jetzt 219 Pass. II., 540 ZwD in 25 Schlafsälen. Auf Kreuzfahrt jetzt: 340 Pass. in 179 Kab., davon 90 außen / 4.**1904** DON, Hilfskreuzer der Russischen Marine / 10.**1906** MOSKVA, Russische Freiwillige Flotte, St. Petersburg* / 8.**1909** GÄA, Österreichisch-Ungarische Marine / 15.5.**1910** nach Umbau zum U-Boot-Begleitschiff in Dienst / 11.**1918** von Italien beschlagnahmt / **1919 SAN GIUSTO**, Cosulich Soc. Triestina die Nav., Triest / 22.1.**1921** erste Reise Triest–Neapel–New York / **1923** Ankunft zum Abwracken in Triest.

* Die MOSKVA war 1906 möglicherweise – wie die AUGUSTE VICTORIA – nach Stettin verkauft, dort möglicherweise sogar registriert und bis 1909 aufgelegt worden; diese Frage konnte bis Redaktionsschluß nicht geklärt werden.

Die FÜRST BISMARCK, das letzte und größte Schiff der Klasse.

FÜRST BISMARCK in voller Fahrt.

Zeitgenössische russische Postkarte der DON ex FÜRST BISMARCK.

Interieurs der Hapag-Schnelldampfer

Der Speisesaal der AUGUSTA VICTORIA diente nach dem Dinner als Gesellschaftssalon.

Musik- und Gesellschaftszimmer.

Damensalon der COLUMBIA.

Treppenhaus.

Rauchsalon.

Die bekanntesten Hapag-Kapitäne im Jahr 1891.

Die SCANDIA-Klasse

Beim Bau dieser speziell für die Auswandererbeförderung gedachten und auf allen Nordatlantikrouten einsetzbaren Dampfer setzte die Hapag ihre neue Baupolitik fort, Aufträge für mehrere Schiffe einer Klasse auf deutsche und britische Werften zu verteilen und dadurch einen Know-how-Transfer hin zu den deutschen Werften zu fördern.

83 ss **SCANDIA** (1)
AG Vulcan, Stettin; Baunr. 188

4375 BRT / 4500 tdw / 113,67 m reg. Länge / 13,20 m Breite / Eine III-Exp.-Dampfmaschine; Vulcan / 3 Kessel, 11,0 at / 3100 (3460) PSi / 1 Schraube / 13 kn / Pass.: 30 I., 1400 ZwD / Bes.: 75

24.8.**1889** Stapellauf. Geplant als **SCANDINAVIA** / 19.10.**1889** Ablieferung / 5.11.**1889** Jungfernreise Hamburg–New York–Philadelphia / 4.3.**1893** erste Reise Helsingborg–New York / 12.11.**1896** erste Reise Genua–La Plata / 9.**1898 WARREN**, US Army-Transporter / **1924** an Philippine Chinese S.S. Co., Manila / **1924** in Manila ausgebrannt und gekentert. Nach Bergung verschrottet.

84 ss **RUSSIA**
Laird Bros., Birkenhead; Baunr. 571

4188 BRT / 4250 tdw / 113,70 m reg. Länge / 13,64 m Breite / Eine III-Exp.-Dampfmaschine; Laird / 3 Kessel, 10,3 at / 3300 (3500) PSi / 1 Schraube / 13 kn / Pass.: 30 I., 1400 ZwD / Bes.: 78

28.8.**1889** Stapellauf / 23.11.**1889** Ablieferung / 3.12.**1889** Jungfernreise Hamburg–New York / **1895 SANTA BARBARA**, Cia. Trasatlantica, Barcelona. Truppentransporter wegen der Revolution auf Kuba / 8.**1896** wieder **RUSSIA**, Hapag / 25.8.**1896** wieder Hamburg–New York-Dienst / 5.10.**1896** erste Reise Genua–La Plata / 30.3.**1898** eine Reise Genua–Neapel–New York / 1.**1899** zwei Reisen Liverpool–Philadelphia in Charter der American Line / 4.**1899 ODESSA**, Russian Steam Navigation & Trading Co., Odessa / **1927** in Marseille abgewrackt.

Die in Stettin gebaute SCANDIA.

85 ss DANIA (1)

AG Vulcan, Stettin; Baunr. 189

4379 BRT / 4500 tdw / 113,65 m reg. Länge / 13,20 m Breite / Eine III-Exp.-Dampfmaschine; Vulcan / 3 Kessel, 11,0 at / 3100 (3460) PSi / 1 Schraube / 13 kn / Pass.: 30 I., 1400 ZwD / Bes.: 78

12.10.**1889** Stapellauf / 3.12.**1889** Ablieferung / 16.12.**1889** Jungfernreise Hamburg–New York / **1895** **MONTSERRAT**, Cia. Trasatlantica, Barcelona. Truppentransporter wegen der Revolution auf Kuba / 8.**1896** wieder **DANIA**, Hapag / 25.8.**1896** wieder Hamburg–New York-Dienst / **1897** erneut **MONTSERRAT**, Cia. Trasatlantica, Barcelona. Lazarettschiff im spanisch-amerikanischen Krieg; danach Umbau für den Barcelona–Mittelamerika-Dienst. 4076 BRT. Pass.: 121 I., 36 II. und 1000 ZwD / 30.11.**1920** in New York nach Kollision mit dem amerikanischen Dampfer **SAN MARCOS** gesunken. Später gehoben und repariert / 29.8.**1926** in Cadiz aufgelegt / **1927** abgewrackt.

Die RUSSIA wurde von Laird in Birkenhead geliefert.

Die DANIA mit den ursprünglichen, Mitte der 1890er Jahre entfernten Rahen. Auch RUSSIA und SCANDIA waren anfangs so getakelt gewesen.

Chronik 1890–1896

1890

12. März: Die RHENANIA eröffnet den gemeinsam mit Sloman betriebenen Dienst nach Philadelphia.

15. April: Eröffnung der Auswandererhallen am Strandkai zwischen der Gasanstalt und dem Schuppen 21, die hier als Ersatz für die entsprechenden Hapag-Anlagen am Jonas gebaut worden waren. Nachdem die Frachtabfertigung schon 1888 an den Amerikakai im Segelschiffhafen umgezogen war, endete jetzt die Nutzung des Jonas durch die Hapag.

1. Juni: Das neue Verwaltungsgebäude am Dovenfleth wird bezogen.

Die Hapag übernimmt die Passagebuchung für die Hamburg-Süd, die D.R. Hansa und die Deutsche Ost-Afrika-Linie.

1891

22. Januar: Die AUGUSTA VICTORIA verläßt mit 241 Passagieren aus elf Nationen Cuxhaven zur ersten großen Mittelmeer–Orient-Kreuzfahrt und eröffnet damit international das Zeitalter der Luxuskreuzfahrten im heutigen Sinne. Mit an Bord Albert Ballin, der die mehrwöchige Reise initiiert und detailliert ausgearbeitet hatte.

1892

19. Januar: Unter der Bezeichnung Nordatlantischer Dampfer-Linien-Verband wird von den Mitgliedern der Kölner Konferenz ein Poolvertrag geschlossen, der die Verteilung der Zwischendeckspassagiere auf die einzelnen Reedereien nach vereinbarten Quoten regelt. Bei den Verhandlungen vertritt zunächst John Meyer die Hapag, überläßt dies aber bald Albert Ballin, der hier zum ersten Mal auch international sein überragendes Verhandlungsgeschick beweist. Das Abkommen wird Ausgangspunkt für alle künftigen Poolverträge der Nordatlantik-Reedereien.

Frühjahr: Auf Grund aus den USA gemeldeter Gerüchte über Cholerafälle unter jüdischen russischen Auswanderern sperrt Preußen seine Ostgrenze für diesen Personenkreis.

20. Juli: Eröffnung der am Amerikakai vorsorglich errichteten Auswandererhallen mit vorbildlichen sanitären und Quarantäneeinrichtungen.

18. August: In Hamburg treten erste Fälle von Cholera auf, und am 24. August wird der Ausbruch der Seuche amtlich festgestellt, die bis zu ihrem Erlöschen Ende Oktober des Jahres bei 16 956 Erkrankungen 8605 Todesopfer fordern wird. Die Hapag stellt den Zwischendecksverkehr in die USA ein. Über die Auswirkungen der Seuche auf den Betrieb der Hapag berichten die Zitate auf den Seiten 111–114.

Dezember: Unter der Bezeichnung Deutscher Mittelmeer-Dienst expedieren Hapag und Lloyd während der Wintermonate Schnelldampfer zwischen New York und Genua.

1893

20. Februar: Erste Reise mit Zwischendeck-Passagieren ab Hamburg nach der Cholera-Epidemie.

4. März: Unter der Bezeichnung Scandia-Linie eröffnet die VENETIA den um das Anlaufen der skandinavischen Häfen Helsingborg, Göteborg und Christiansand erweiterten Stettin–New York-Dienst.

1. Dezember: Die ständig wachsende Hapag-Flotte zwingt den Hafenbetrieb der Hapag zu einem erneuten Umzug. Der fast ein Kilometer lange Petersenkai im rechtelbischen Baakenhafen mit eigenem Kraftwerk, 52 Kaikränen und Bürogebäuden steht jetzt ausschließlich der Hapag zur Verfügung.

1894

Januar: Die Abteilung Passage – für die Organisation der Hapag-Passagierbeförderung zuständig – wird in Abteilung Personenverkehr umbenannt.

Im März 1894 gibt die Hapag in ihrem Jahresbericht für 1893 bekannt: *Der Umstand, dass unsere Firma, Hamburg-Amerikanische Packetfahrt-Actien-Gesellschaft, so lang ist und dass die Bezeichnung „Packetfahrt" ausserhalb Hamburgs vielfach zu falschen Vorstellungen über den Gegenstand unseres Unternehmens Anlass giebt, hat uns zwar nicht zu dem Entschlusse führen können, die altbewährte Firma zu ändern, wohl aber haben wir, wie so viele grosse Dampfschiffs-Gesellschaften es vor uns schon gethan haben, uns entschlossen im täglichen Verkehr sowie für Ankündigungen etc. unserer Gesellschaft so zu sagen einen Rufnamen beizulegen. Wir haben zu diesem Zwecke die Bezeichnung „Hamburg-Amerika Linie" gewählt.* Im Frühjahr 1894 tritt die Regelung in Kraft. Offenbar waren vor diesem Schritt auch andere Lösungen diskutiert und sogar praktiziert worden; so waren die Rundschreiben der Abteilung Personenverkehr ab Januar 1894 mit *Hamburg-Amerikanische Packetfahrt A.-G.* statt mit der voll ausgeschriebenen Gesellschaftsform überschrieben, ehe es dann ab April *Hamburg-Amerika Linie* hieß.

10. Juli: Die AUGUSTA VICTORIA tritt die erste Nordland-Kreuzfahrt der Hapag an.

Der Landeplatz in Hoboken wird um eine weitere Pier vergrößert.

1895

Die Hapag beteiligt sich am von Rob. M. Sloman & Co. betriebenen Dienst von New York nach Brasilien.

Albert Ballin gelingt eine Verlängerung des Poolabkommens der im Nordatlantischen Dampfer-Linien-Verband zusammengeschlossenen Reedereien unter Beitritt auch der britischen Reedereien, worauf die Hapag das Anlaufen skandinavischer Häfen aufgibt.

Links vom Gasometer, unter den Türmen von St. Nikolai und St. Katharinen, erkennt man die reichverzierten Gebäude der Passagierhallen am Strandkai. Unmittelbar rechts davon liegt heute Hamburgs Cruise Terminal. (Aus Bildmappe Der Hamburger Hafen, um 1905)

1896

8. Januar: Die COLUMBIA beginnt in Genua die erste Karibik-Kreuzfahrt der Hapag, die in 65 Tagen über New York und westindische Häfen wieder nach New York und dann nach Hamburg führt.

Die im Nordatlantischen Dampfer-Linien-Verband zusammengeschlossenen Reedereien dehnen ihre bisher nur das Zwischendeck umfassenden Pool-Vereinbarungen auf alle anderen Passagierklassen aus.

1. September: Eröffnung der Linie Hamburg–Galveston mit der SCOTIA.

5. Oktober: Eröffnung der Linie Genua–La Plata mit der RUSSIA.

6. Oktober: In ihrem *Circular No. 40* teilt die Hapag ihren Agenten mit: *Wir theilen Ihnen hierdurch mit, daß wir unsere Zwischendeckseinrichtungen dadurch noch zu vervollkommnen beschlossen haben, daß wir den Reisenden hinfort auch wollene Bettdecken und Messer und Gabeln unentgeltlich zur Verfügung stellen.*

Die Zwischendeckspassagiere finden also fortan an Bord vor: Matratzen, Keilkissen und Bettdecke, sämmtliches Eß-, Trink- und Waschgeschirr, Löffel, Messer und Gabeln.

5. Dezember: Das Kartell der Hamburger Gewerkschaften ruft den Generalstreik der Hamburger Hafenarbeiter aus. Vorangegangen waren schon im November Streiks unorganisierter Gruppen. Erreicht werden sollten mehr Lohn und verbesserte Arbeitsbedingungen. Der Streik war einer der härtesten und längsten im kaiserlichen Deutschland, endete jedoch am 6. Februar 1897 ohne greifbare Ergebnisse. Dennoch war er für die Arbeiter erfolgreich, denn unmittelbar danach war man im Senat und im Arbeitgeberlager zu Verhandlungen und Verbesserungen bereit. – Auch für die Hapag bedeutete der Streik erhebliche Einbußen und Behinderungen, die man durch Anheuern von auswärtigen Streikbrechern zu vermindern versuchte.

Der 1890 bezogene Verwaltungsneubau der Hapag am Dovenfleth.

Blick in den Baakenhafen mit dem Hapag-Dampfer PENNSYLVANIA und den Leichtern OST NORD OST und NORD NORD OST. (Zeitgen. Postkarte)

Nach Fertigstellung der neuen Passagierwartehallen am Strandkai beförderte die Hapag alle Auswanderer von hier aus mit Tendern – auf dem Bild die BLANKENESE – zu den vor Brunshausen ankernden Überseedampfern. (Zeichnung von C. Schildt)

Die auf den Seiten 111–114 abgedruckten Bilder und Berichte machen deutlich, welchen schrecklichen Eindruck der Ausbruch der Cholera 1892 auf die Menschen nicht nur in Hamburg machte. Fast 8600 Todesopfer forderte die Seuche allein in Hamburg.

Die Packetfahrt-Dampfer in der New-Yorker Quarantäne.

Die heute eingetroffene Post aus den Vereinigten Staaten hat die ersten ausführlichen Nachrichten über die Quarantäne der „Normannia" und „Rugia", die Ankunft des „Wieland" u. s. w. gebracht. Wir entnehmen den Nummern der „New-Yorker Staats-Zeitung" vom 8., 9. und 10. September nachstehende Einzelheiten, die gewiß das größte Interesse aller Leser in Hamburg erwecken dürften.

Bericht des Commodore Hebich von der „Normannia".

Wie absolut nothwendig die sofortige Transferirung der Kajüten-Passagiere der quaratänirten Dampfer ist, geht unwiderleglich aus dem officiellen Bericht des Capitäns Hebich von der „Normannia" hervor. Man wird nicht fehlgehen, wenn man annimmt, daß der Bericht, wenn überhaupt gefärbt, zu Gunsten der Hamburger Linie gehalten ist. Wenn trotzdem der Capitän zugiebt, daß es an Trinkwasser fehlt, daß der Dampfer, was bekanntlich von der Hamburger Linie in Abrede gestellt wurde, Elbwasser an Bord hatte, daß die Mannschaft seit drei Tagen auf Planken schlafen muß, weil ihnen die Matratzen fortgenommen und verbrannt wurden, daß sich Erkrankungsfälle unter den Stewards zeigen und die Gefahr der Ansteckung für die Kajüt-Passagiere mit jedem Tage zunimmt, so ist die Situation eine derartig gefahrdrohende, daß es ein Verbrechen wäre, die Passagiere noch länger auf dem Dampfer zu lassen.

Der officielle Bericht des Capitäns Hebich lautet:

Dampfschiff Normannia, 21. Reise.

Den 6. Sept. 92.

Rapport des Captitäns.

Rapport an die Packetfahrt ging heute per Lahn. Wir verließen die Needles um 2 Uhr 30 Minuten Nachmittags und erreichten Sandy Hook 3 Uhr 30 Minuten.

Reisedauer 6 Tage 18 Stunden.

Durchschnittsfahrt 18.95 Ml.

Distanzen: 414, 461, 482, 446, 486, 467 und 310 Meilen.

Am 31. gingen beide Maschinen 5½ Stunden langsam wegen Reparatur.

Während der Reise hatten wir 5 Todesfälle; andere ereigneten sich hier.

1. Kajüte: Jacob Hynemann an Diabetes, gestorben 31. August.

2. Kajüte: Carl Hegert, 56 Jahre, Cholera, krank gemeldet am 27. August, gestorben am 30. August.

Zwischendeck: Tilly Storm, 11½ Monate alt, Brechdurchfall, krank gemeldet am 26. August, gestorben am 30. August.

Willy Storm, 3½ Jahre alt, krank gemeldet am 30. August, gestorben am 1. September.

Franz A. Scholz, 1½ Jahre alt, krank gemeldet am 2. September, gestorben am 2. September.

Charlotte Hunger, 10 Monate alt, krank gemeldet am 1. September, gestorben am 3. September.

Marie Boumichsen, 61 Jahre alt, Herzlähmung, krank am 3. Sept., gest. 3. Sept.

Trimmer: Otto Engel, Cholerine, krank am 4. Sept., gestorben am 5. Sept.

Zwischendeck: Emma Storm, Cholerine, krank am 1. Sept., gestorben am 4. Sept.

Zwischendecksteward H. Lammers, Cholera, krank gemeldet am 4. Sept., gestorben während des Transports zum Hospital am 4. Sept.

Zum Hospital gesandt: Am 4. September vom Zwischendeck: E. Scholz, 8 Jahre; H. Storm, 4 Wochen; Heizer Farke – Börner – Majuvsko.

Am 5. September, Trimmer Ente – Quendt – Freitag.

2. Schlächter Zeymostjech – Aufwärter Baumbach.

Am 6. September: Trimmer C. Petersen – C. Ahrens – M. König – F. Böhm.

Die am 5. und 6. nach Hoffmann Island gesandten Kranken litten nur am Durchfall, hatten kein Erbrechen und wurden nur der Sicherheit wegen fortgeschickt.

In den Kajüten kam nach dem Tod des Herrn Hegert kein Fall von Erkrankung vor.

Sonntag wurden die Zwischendecks-Passagiere, Kranken und Leichen von Bord gebracht.

Am Montag wurden alle Compartments im Zwischendeck A, B und C unter Dampf gebracht und fünf Stunden bis zu 260 Grad Celsius erhitzt. Compartment E und F 14 Stunden unter Schwefeldampf gehalten, heute wird das ganze Zwischendeck mit Sublimat ausgewaschen. Gestern wurde die eine Hälfte der Mannschaft nach Hoffmann Island zur Desinficirung mit sämmtlichen Effekten befördert, heute die andere Hälfte. Während der Abwesenheit der Mannschaften von Bord wurden deren Wohnungsräume geschwefelt und mit Sublimat ausgewaschen.

Alle diese Desinfectionen wurden von mir angeordnet. Wasser, welches ich so gerne, anstatt des noch reichlich vorhandenen Elbwassers, von hier haben möchte, ist bis jetzt noch nicht gekommen, trotzdem ich dasselbe schon vorgestern bestellt habe.

Daß Unzufriedenheit unter den Kajüten-Passagieren herrscht, können Sie sich wohl denken. Man ist zwar bei Kleinem etwas ruhiger geworden, jedoch ist den Meisten die Furcht vor Ansteckung anzumerken. Eine Panik ist aber absolut nicht gewesen. Auf Anrathen verschiedener Kajüten-Passagiere ist an Bord eine strenge Diät angeordnet.

Wasser ist seit Hamburg nur in gekochtem Zustande an Zwischendecks-Passagiere und Mannschaft verabreicht, als Thee oder Wasser und Rothwein. Auch jetzt wird zum Waschen und Mundreinigen nur gekochtes Wasser verabreicht.

Ich glaube, daß von meiner Seite Alles gethan ist, um die Ausbreitung der Epidemie zu hemmen, und hoffe, daß die getroffenen Maßregeln zur absoluten Sicherheit der Kajüten-Passagiere führen werden.

In der Hoffnung, Ihnen bald nur Gutes berichten zu können, zeichne ich

Hochachtungsvoll

C. Hebich."

Bericht des Capitän Leithäuser von der „Rugia".

Der Bericht lautet wörtlich:

Dampfschiff „Rugia", 82. Reise.

Abgegangen von Havre, den 23. August 1892.

Angekommen in Newyork, den 3. September 1892.

Rapport des Capitäns.

Die „Rugia" verließ Hamburg Sonntag, den 21. August, mit 90 Kajüten-, 302 Zwischendeckern und Ladung an Bord. Anfangs ging Alles nach Wunsch, in der Nordsee und im Canal hatten wir schönes Wetter und ankerten am 23. früh auf Havre-Rhede; ein Durchfall-Patient in der Nordsee giebt jetzt mehr zu denken, wie damals, denn der junge Mann erholte sich schnell wieder; am Vormittag des 23. liefen wir in Havre ein, completirten Ladung, sowie Kohlen- und Wasservorrath und nahmen noch 10 Kajüten- und 135 Zwischendecks-Passagiere an Bord. Als wir Hamburg verließen, hatten wir keine Idee der Choleragefahr für die Stadt und unser Schiff, und meine Sorge war, Havre in gutem Gesundheitszustande zu finden; am Tage unseres Dortseins, dem 23. August, circulirten dort Choleragerüchte, in Folge dessen der dortige amerikanische Consul meinen von der Gesundheitsbehörde ausgestellten reinen Gesundheitspaß nicht attestiren wollte.

Selbigen Tag 10 Uhr Abends setzten wir unsere Reise fort; Anfangs hatten wir ziemlich frische Westbriese und hohe See, so daß ein gut Theil der Passagiere seekrank war, dann veränderliche Winde, auf den Bänken nebst Umgegend Nebel, am Ende der Reise unter der amerikanischen Küste glatte See und schönes Wetter.

Was den Ausbruch der Cholera betrifft, so ereigneten sich die ersten schweren Fälle am 29. bezw. 30. August, dem 6. und 7. Tage unserer Reise, und am 30. waren wir erst überzeugt, daß wir die bösartige Cholera an Bord hatten; sobald wir dies erkannt hatten, thaten wir Alles, um die aufgetauchten Fälle zu isoliren; wir richteten unsere Räumlichkeiten unter dem Achter-Turtle-Deck als Hospital ein, die Spardeckskammer, worin der Fall aufgetaucht war, wurde desinficirt und zugenagelt und die darin gewesenen Leute unter Observation gestellt. Wir hofften stark, daß unsere Isolirung gelungen, bis zur Nacht vor New-York, wo ich die Hoffnung verlor, die Krankheit unter Controle zu halten.

Wir erreichten Sandy Hook am 3. September 3 Uhr früh, langten um 4½ Uhr bei Staten Island an und wurden von Dr. Jenkins sofort nach der unteren Quarantäne zurückgeschickt.

Gestern, nachdem ich drei Tage im Hafen gelegen, sind mir zum ersten Mal die Kranken abgenommen, nachdem meine Hospitalplätze alle belegt waren, und wird entschieden von New-York aus nicht genug für uns gethan.

Der Gesundheitszustand meiner Zwischendecker ist schlecht und kann böser werden, wenn die Leute nicht bald abgeholt werden; Kajütspassagiere und Mannschaft bis jetzt nicht cholerakrank.

Ich bitte Sie, für uns zu thun, was Sie können, denn wir sind zur Zeit ja von Newyork und Ihrer Gnade abhängig.

Achtungsvoll

Leithäuser.

Rapporte nach Hamburg schickte Sonntag Mittag nach Dr. Jenkins an's Land. Hoffentlich hat er sie befördert.

Sandy Hook und Fire Island als Quarantäne-Stationen.

Sandy Hook, oder vielmehr der Theil davon, welcher der Bundesregierung gehört, würde reichlich Raum für Cajütspassagiere der „Normannia" bieten. An der äußersten Spitze von Sandy Hook befindet sich ein Leuchtthurm, dicht dabei der Thurm, von wo aus der Schiffsnachrichten-Reporter der „Western Union" die ankommenden Fahrzeuge meldet, und die Wälle des alten Forts, dessen Bau vor Ausbruch des Bürgerkrieges begonnen, aber nie vollendet wurde. Die Baulichkeiten werden jetzt als Pulvermagazin verwendet. Auf eine Strecke von 1000 Fuß liegen dann Geschütze, worauf eine Menge geborstene Kanonenrohre u.s.w. folgen, die bei Schießübungen zu Schaden kamen. Es folgen dann eine Anzahl Lagerräume und die Bureau-Räumlichkeiten für den Geschützdienst, in denen sich zugleich die verschiedenen elektrischen Apparate befinden und die Einträge über die Schießübungen gemacht werden.

Die großen Reparatur-Werkstätten liegen daneben und dann kommen die hübschen Quartiere der Officiere. Eine kurze Strecke von diesen erhebt sich ein förmliches Dorf von Soldaten-Quartieren, ein weiterer Leuchtthurm und eine Lebensrettungsstation, und dann folgt ein hübsches Wäldchen, in dem sich überhaupt keine menschlichen Wohnungen befinden, wo aber genügend Raum für ein ganz ansehnliches Dorf ist. Auch für prächtige Landungsfacilitäten ist in Sandy Hook gesorgt, so daß Alles in Allem ein besserer Platz für Quarantänirung der Cajütspassagiere kaum erdacht werden könnte.

Es wurde gestern der Vorschlag gemacht, wenn man die Regierungs-Reservation auf Sandy Hook für diesen Zweck bekommen könnte, einige Schlafwagen dorthin zu schaffen, wodurch man der Mühe und Arbeit der Errichtung von Baulichkeiten überhoben werden würde. Um Zelte dort aufzustellen für die Quarantänirten, sind die Nächte jetzt schon zu kühl, dagegen könnte man die Quartiere der Soldaten ganz gut verwenden. Es ist aber genügend leerer Raum vorhanden, um auch ohne Verwendung dieser Baulichkeiten eine große Menge Menschen recht bequem dort unterbringen zu können.

Generalarzt Dr. Hamilton erklärte sich ebenfalls für eine Transferirung nach Sandy Hook. Er sagte in Bezug hierauf, daß es höchst ungerecht sei, diese Passagiere an Bord der inficirten Dampfer zu lassen; dieselben sollten sofort nach einem anderen Platze gebracht werden und wenn man kein Fahrzeug für ihre Unterbringung erlangen könne, sollte man sie bei Sandy Hook einquartieren. Dort habe die Regierung Ländereien, so daß die Passagiere nicht unter die Controlle der Staatsbehörden von New-Jersey kämen. die Bundesregierung könne dem Staate New-York die Ländereien temporär überlassen, damit dieser Staat die Controle über die Passagiere nicht verliere.

Dagegen ist Dr. Jenkins nach reiflicher Ueberlegung auf Fire Island, als den geeignetsten Platz für die Passagiere, verfallen und hat bereits an den Schatzamtssecretär ein dahinzielendes Schreiben gerichtet, welches also lautet:

„Geehrter Herr! Ich halte es in Anbetracht der großen Wichtigkeit einer stricten Quarantäne gegen Cholera und des Umstandes, daß die Bundesregierung das Recht hat, Schiffe auf bestimmte Zeit unter Quarantäne zu stellen, für meine Pflicht, Ihre Aufmerksamkeit auf die Unannehmlichkeiten der Quarantänirung der Cajütenpassagiere auf überfüllten Fahrzeugen, welch' letztere entweder inficirt sind oder von inficirten Häfen kamen, zu lenken. Es ist meiner Ansicht nach sehr wichtig, daß sofort für die Unterbringung dieser Passagiere an passenden Orten, wo sie bequem verweilen können, ohne die öffentliche Gesundheit zu gefährden, Fürsorge getroffen werde. Nach gehöriger Ueberlegung bin ich zu der Ueberzeugung gekommen, daß der passendste Platz für solche Passagiere Fire Island wäre, woselbst über 1000 Personen in Hotels untergebracht und zahlreiche Zelte und temporäre Baracken errichtet werden können. Ich möchte deshalb um sofortige Uebernahme der Insel für den angeführten Zweck nachsuchen."

Wm. T. Jenkins, Sanitätsbeamter

Verhältnisse in den Quarantäne-Stationen.

Von der unteren Quarantäne liefen, da die telegraphische Verbindung mit Hoffmann- und Swinburne-Island noch nicht fertiggestellt war, sehr spärliche Nachrichten ein. Dr. Jenkins begab sich zusammen mit den Polizei-Commissären Martin und McClave, sowie mit Polizei-Superintendent Byrnes dorthin, wie man vermuthet, um weitere Einzelheiten betreffs des Polizeidienstes zu arrangiren. Die Polizeibeamten kamen nicht mit Dr. Jenkins zurück, sondern kehrten auf ihrem eigenen Dampfer nach New-York zurück.

Dr. Jenkins erklärte bei seiner Rückkunft von der unteren Quarantäne, daß er verhältnißmäßig günstige Nachrichten bringe. Es sei nämlich kein weiterer Todesfall zu verzeichnen, sondern im Gegentheil mache sich unter den auf Swinburne Island befindlichen Patienten eine entschiedene Besserung bemerkbar und unter den auf Hoffmann-Island zurückgehaltenen Leuten sei ebenfalls keine weitere Erkrankung zu vermerken und die Krankenwärterin Adelaide Merrier befinde sich auf dem Wege der Gesesung.

Betreffs der zwei als verdächtig auf Hoffmann-Island unter Observation gestellten Leute habe sich nun herausgestellt, daß sie nicht an der Cholera leiden, sondern an einer wahrscheinlich durch ein kaltes Bad herbeigeführten schweren Erkältung. Die Mitglieder der Mannschaft der „Normannia", welche vorher nach Hoffmann-Island gebracht worden seien, hätten dort ein ordentliches Bad genommen und ihre Kleider seien dann einer gründlichen Desinficirung unterworfen worden. Auch ihre Quartiere an Bord des Dampfers habe man einer gründlichen Reinigung und Desinficirung unterworfen, worauf sie an Bord zurückgebracht worden seien.

Dort seien später gegen alle Erwartung noch acht Mitglieder der Manschaft erkrankt, nämlich: Max Germann, 24 Jahre alt, Stanislaus Knaus, 26 Jahre alt, Richard Fischer, 24 Jahre alt, Franz Gent, 31 Jahre alt, Emil Petri, 21 Jahre alt, Julius Solurz, 30 Jahre alt, Wilhelm Rennendeg, 30 Jahre alt. Carl Borandt, 24 Jahre alt.

Auch auf der „Rugia" seien zwei Zwischendeckspassagiere erkrankt und zwar: Katharine Tesarowa, 22 Jahre alt, Orakil Kapoian, 28 Jahre alt.

Dr. Jenkins meinte, ob die erkrankten Mitglieder der Mannschaft der „Normannia" wirklich an der Cholera litten sei noch nicht festgestellt; er habe sie für alle Fälle nach Swinburne-Island bringen lassen, wo sie isolirt seien und unter Observation gehalten würden. Auch die erkrankten Zwischendeckspassagiere der „Rugia" seien nach Swinburne-Island geschafft worden.

THE MOB, HAVING REPULSED THE "NORMANNIA" PASSENGERS, DISPERSING—SURF HOTEL IN BACKGROUND.

THE IMPRISONED "NORMANNIA" PASSENGERS ON THE "CEPHEUS" OFF THE WHARF AT FIRE ISLAND.

NO VESSELS FROM HAMBURG TO BE LANDED AT HOBOKEN.

The residents of Hoboken have been made uneasy by a report that the *Normannia* was to be allowed to come up to the Hamburg dock. Barnard Campbell, President of the Board of Health of Hoboken, said to-day that when he visited Dr. Jenkins yesterday the latter assured him that neither the steamships *Normannia*, *Scandia*, *Moravia*, nor the *Rugia* of the Hamburg Line would be allowed to go up to Hoboken, but that their cargoes would be unloaded into lighters where the vessels now lie at anchor. The infected steamships, after being thoroughly fumigated, would then be supplied with coal and loaded in ballast and sent back to Hamburg.

The Hoboken Board of Health, to make sure that none of the infected steamships shall go to Hoboken, have issued orders to the police to allow no vessel to land at any of the Hoboken docks without a permit from the local Board of Health.

President Campbell said that the steamer *Stubbenhuk*, also of the Hamburg Line, had been allowed to come to her dock in Hoboken to unload her cargo on the recommendation of United States Sanitary Inspector W. T. Kudlich, but none of the crew had been allowed to come ashore.

NO MAIL ON THE COLUMBIA.

The Hamburg-American Packet's express steamer *Columbia* sailed this morning in ballast and without any passengers on board. She did not carry the mails as her company was under contract to do. She will go only to Southampton.

A Call for Names.

To the Editor of The Evening Post:

Sir: Can you not print the name of every one connected with the wicked and cruel rejection of the passengers by the *Cepheus* from the shores of Fire Island? The scroll of infamy might be hung up in public places and the individuals shunned by all as unfit to associate with civilized men. Better to die with cholera than to live the object of universal contempt and execration. A TURK.
WESTCHESTER, September 14.

The True Solution.

To the Editor of The Evening Post:

Sir: A simple ending to the disgraceful imprisonment of healthy passengers in our bay lies in the power of the Health Officer, viz., to release them and permit them to go to their homes. Quarantine measures are intended to prevent the introduction of infected persons or things; but when a passenger has proven, by maintenance of health after the expiration of the incubation period of the disease, that he is free from infection, he is no longer subject to them, nor should he—unless a criminal—be fettered by quibbling legal procedures instigated by the barbarians of the "South Bay."
I am, sir, A. L. C., M.D.
NEW YORK, September 13.

THE FIRE ISLAND INCIDENT.

In our last issue we expressed a preference for Fire Island as a place of detention for healthy persons taken from infected ships. It is not an ideal place of refuge, for it is difficult of access and it is surrounded by a population ready, as has been seen during the week, to proceed to violent and brutal methods in enforcing their preposterous objections to its use as a refuge. It has been taken by the State autorities, but, we are sorry to be obliged to say, its occupation could not be effected until a display of military force had been made. There was no actual bloodshed, but the conduct of the people of Islip and the neighborhood—in which, to the shame of our profession, it must be confessed, the local health officials including a physician, are understood to have taken part—was no less barbarous and devilish than one might expect to meet with in the wilds of Africa. It was a disgrace to our country. There is absolutely nothing to be said in mitigation of it.—[New York Medical Journal.

ATTEMPT TO KILL GOV. FLOWER

AN INFERNAL MACHINE SENT TO HIM.

It Was Heavily Charged with Giant Powder—No Clue Yet to the Sender.

The police are making every effort to discover the identity of the person who, they believe, attempted to kill Gov. Flower by means of an "infernal machine" last Wednesday night, but so far they have not succeeded in getting any tangible clue.

Nothing was known of the attempt on Gov. Flower's life until this morning when the story was made public. Last Wednesday afternoon Gov. Flower received a letter by special delivery warning him of a plot to kill him, and advising him not to open any parcel which might be sent to him. The letter, which was mailed from Station "G," was written by a person of education and evident refinement.

Col. Williams, the Governor's secretary, at once gave orders at the Windsor Hotel to send no bundles to the Governor's room. During the evening a parcel came for the Governor by mail. It was directed in lead-pencil and had been mailed from Station "O." Chief-Inspector Steers was notified. He sent a detective to the hotel, who took the mysterious parcel to Police Headquarters where it was placed in a pail of water. The next day it was examined. On opening the box a weight attached to a lever fell on some sulphur matches. The bottom of the box was covered with gun powder, and in one corner was a tin canister containing at least a pound of giant powder. If the box had been opened there would undoubtedly have been an explosion with serious results. In speaking of the matter to-day Gov. Flower said:

"This is the first time that anything of this sort has happened to me. I am not at all upset, however. I suppose I have made some enemies by calling out the militia, but I must do my duty, and the peace must be kept. I have done what I could, and all the infernal machines in the world would not make the slightest difference to me."

TEMESCAL TIN MINES SHUT DOWN.

Views of Jenkins and Islip.

To the Editor of The Evening Post:

Sir: I have been filled with great indignation at those Islip brutes who stopped the passengers of the *Cepheus*. Grapeshot would have been most appropriate. I feel ashamed and humiliated at this conduct of my own countrymen. F. D. W.
WATCH HILL, Ind., September 13.

To the Editor of The Evening Post:

Sir: I am fond of my country, but I think that for brutal indifference to human suffering, criminal want of foresight, and incompetence in dealing with facts, the story of the quarantine experience of the *Normannia's* passengers beats the record, and might give points to Dahomey. How Jenkins can face the judgment of the civilized portion of the community I don't see. C.
FISHKILL-ON-HUDSON, September 14.

As for the fumigations of ships and merchandise, they are well enough, although it is doubtful if any evidence exists that cholera has been communicated by any objects except the soiled clothing and bedding of victims of the disease, which, of course, it is always safest to burn. We believe that it has never been traced to importations of rags, although smallpox has repeatedly been introduced through this medium. If we are to have quarantine, let it begin when vessels leave the other side of the Atlantic; if necessary, let our health officers take charge of them and accompany them to this country, and upon their arrival let those passengers who have complied with hygienic regulations be set free. They will not contract the disease because their fellow-passengers have it, as is amply proved in the case of the *Normannia*, and it is time for the medical science of this country, reinforced by the experience of other nations, to put a stop to a system of quarantine intended only to calm the panic-stricken and placate the ignorant.

Herald

The following, written on the letter heading of C. B. Richard & Co., but unsigned, was received at the HERALD office yesterday:—

Taking last year's business as a basis and figuring on an interruption of traffic for the three months of September, October and November the estimated loss to the Hamburg-American Packet Company will be:—
7,000 cabin passengers at $100......................$700,000
28,000 steerage passengers at $25................. 700,000
5,000 prepaid passengers at $25................... 125,000
50 steamers, if lightered in lower bay, at $3,000.. 150,000
Freight diverted to other lines................... 200,000
Quarantined steamers and passengers' board, fumigation, &c............................... 125,000
Lawsuits... 100,000

Total..$2,100,000
—to say nothing of the individual loss which the company will have to stand for a year or two.

THE CHOLERA IN EUROPE.

No New Cases or Deaths in Hamburg.

HAMBURG, October 31.—There was not a single new case of cholera nor a death from the disease in this city yesterday.

Zitate aus der US-Presse im September 1892.

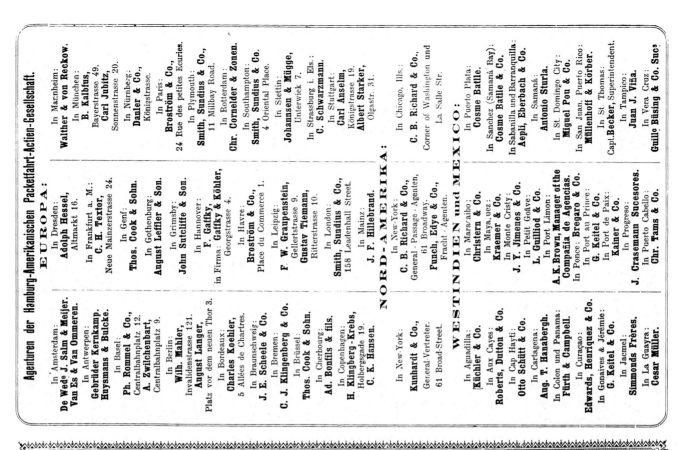

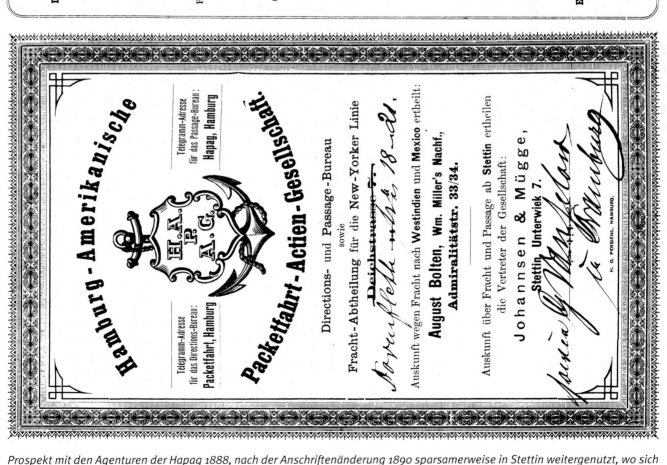

Prospekt mit den Agenturen der Hapag 1888, nach der Anschriftenänderung 1890 sparsamerweise in Stettin weitergenutzt, wo sich zudem ein weiterer Agent, G. Vanselow aus Dramburg, handschriftlich und mit Stempel auf der Rückseite eintrug.

Neubauten und Ankäufe 1890–1895

Um den ständig anwachsenden Tonnagededarf der expansiven Hapag befriedigen zu können, wurden nicht nur laufend Neubauaufträge vergeben. Auch der Schiffsverkaufsmarkt wurde ständig auf Angebote möglichst neuwertiger Tonnage beobachtet.

86 ss **VALESIA** (1)
Norddeutsche Schiffsbau AG, Kiel; Baunr. 7

2262 BRT / 3250 tdw / 91,91 m reg. Länge / 11,39 m Breite / Eine III-Exp.-Dampfmaschine; Märk.-Schles. / 2 Kessel, 5,6 at / 9,5 kn / Pass.: 8 II. in 4 Kab. / Bes.: 34

1.**1882** Stapellauf als **ETNA** für B. Wencke Söhne, Hamburg / 3.**1882** Ablieferung / 14.4.**1890** VALESIA, Hapag. 2333 BRT / 31.5.**1905** BORGA, C. Wächter & Co., St. Petersburg / **1905** an die Russische Regierung, Libau / **1925** abgewrackt.

88 ss **CHERUSKIA**
R. Stephenson & Co., Newcastle; Baunr. 18

3365 BRT / 4704 BRT / 103,55 m reg. Länge / 12,50 m Breite / Eine III-Exp.-Dampfmaschine; Werft / 2 Kessel, 11,25 at / 1470 PSi / 1 Schraube / 11 kn / Pass.: 4 II. in 2 Kab., 16 ZwD / Bes.: 35

17.5.**1890** Stapellauf als **GLEN-CALLED-TOWER** (**GLENCALADH TOWER**?) für F. Stumore & Co., London / 12.7.**1890** Ablieferung / 2.8.**1890** CHERUSKIA, Hapag. 3372 BRT / Hamburg–Westindien–Mittelamerika-Dienst / 8.**1906** erste Reise Hamburg–Persischer Golf / 28.10.**1910** Auf der Reise Persien–New York verliert das Schiff ca. 800 sm vor New York die Schraube. Der Kapitän läßt alle vorhandenen Segel setzen und nimmt Kurs auf den Westindien-Track, um dort ein Hapag-Schiff zu treffen. Das Schleppangebot des italienischen Dampfers **MIRA** wird abgelehnt. Der Royal Mail-Dampfer **CATALINA** nimmt die **CHERUSKIA** auf den Haken, läuft nach dem Bruch der Schlepptrosse nach Havanna weiter, wo man dem Hapag-Agenten Bescheid geben will. Am 11. November sichtet der US-Kreuzer **WHEELING** die **CHERUSKIA** und bittet ihren Kapitän an Bord. Als Schlepper kann die **WHEELING** nicht dienen, sie gibt aber den Deutschen Salzfleisch und Mehl ab und verspricht, auf den Bermudas den deutschen Konsul zu informieren. Tatsächlich erscheint am 25. November die **GRAECIA** der Hapag und schleppt den Havaristen bis zum 5. Dezember nach den Bermudas. Dort übernimmt der Schlepper **RESCUE** die **CHERUSKIA** und läuft mit ihr am 14. Dezember zur Reparatur nach New York aus / 8.**1914** in Lissabon aufgelegt / 25.2.**1916** von Portugal beschlagnahmt. **LEIXOES**, Transportes Maritimos do Estado, Lissabon / 12.9.**1918** südlich Neufundland von **U 155** durch Torpedo versenkt.

89 ss **MARKOMANNIA** (1)
Edwards Shipbuilding Co., Howdon; Baunr. 52

3451 BRT / 4745 tdw / 101,26 m reg. Länge / 12,47 m Breite / Eine III-Exp.-Dampfmaschine; Stephenson / 2 Kessel, 11,3 at / 1570 PSi / 1 Schraube / 11 kn / Pass.: 10 II. in 5 Kab. / Bes.: 35

1890 Kiellegung als **BENWELL TOWER** für F. Stumore & Co., London; auf dem Helgen angekauft / 2.8.**1890** Stapellauf als **MARKOMANNIA** / 1.10.**1890** Ablieferung / 18.10.**1890** Jungfernreise Hamburg–Westindien / 15.2.**1896** vor Augusta unweit Puerto Colombia in der Mündung des Rio Magdalena gestrandet / 1.3.**1896** Ankunft des New Yorker Bergungsdampfers **I. J. MERRITT** in Puerto Colombia, der die **MARKOMANNIA** am 25. April schwimmfähig bergen konnte. Beim Abschleppversuch driftete das Schiff in der starken Strömung ab und kam an einer sehr ungünstigen Stelle erneut fest. Erst am 20. August gelang die erneute Bergung / 9.**1902** Vor Haiti hält das zur Rebellenpartei Firmin gehörende haitianische Kanonenboot **CRETE-A-PIERROT** den Hapag-Frachter an, bemächtigt sich gegen den Protest des Kapitäns der an Bord befindlichen Waffen und Munition und gibt die **MARKOMANNIA** dann wieder frei / 6.9.**1902** Das deutsche Kanonenboot **PANTHER** stellt die **CRETE-A-PIERROT**, auf der man der Kapitulationsforderung nachkommt. Als die Deutschen jedoch das Schiff betreten, explodiert – offenbar von den Rebellen gezündet – die achtere Munitionskammer. Dieser als feindlich eingestuften Handlung folgte die Versenkung des Rebellenschiffs durch die **PANTHER**, für die Haitis Regierung der deutschen Regierung dankte / 4.1.**1907** KIRCHBERG, Seetransport Gesellschaft, Hamburg / 13.9.**1913** PEGLI, T. Campanella, Genua / **1917** an Chiarelli & Carbone, Genua / **1918** an G. Tognetti, Genua / **1921** an Genevese di Armamenti e Trasporti, Genua / **1922** in La Spezia abgewrackt.

90 ss **INDIA**
C. Mitchell & Co., Newcastle; Baunr. 208

1551 BRT / 1800 tdw / 79,32 m reg. Länge / 10,26 m Breite / Eine II-Exp.-Dampfmaschine; Blair / 2 Kessel, 5,6 at / 650 PSi / 1 Schraube / 9 kn / Pass.: 220 ZwD / Bes.: 26

12.10.**1881** Stapellauf für Edward Carr, Hamburg / 16.11.**1881** Ablieferung. 1536 BRT / 5.3.**1882** Jungfernreise Hamburg–New York / 20.12.**1890** an die Hapag. Frachtdienst Hamburg–Westindien / 14.2.**1894** an G. L. Gaiser, Hamburg / 17.2.**1898** an H. G. C. Renck, Harburg / 5.1.**1901** bei Sagres zuletzt gesichtet, seitdem verschollen.

Die von B. Wencke angekaufte VALESIA. (Foto: Strumper & Co.)

Die CHERUSKIA in tropischen Gewässern.

Die MARKOMANNIA feiert am 27. Januar 1900 Kaisers Geburtstag.

Noch unter der Carr-Schornsteinmarke liegt die INDIA vor dem Zeitballturm des Kaispeichers A.

Die von der Deutsch-Australischen DG angekaufte HERCYNIA.

Dampfer BOLIVIA auf der Schelde.

91 SS EUROPA

C. Mitchell & Co., Newcastle; Baunr. 186

1532 BRT / 1800 tdw / 79,27 m reg. Länge / 10,27 m Breite / Eine II-Exp.-Dampfmaschine; Blair / 2 Kessel, 5,6 at / 750 PSi / 1 Schraube / 9 kn / Pass.: 220 ZwD / Bes.: 24

12.11.**1879** Stapellauf für Edward Carr, Hamburg / 12.**1879** Ablieferung. 1524 BRT / 6.8.**1884** erste Reise Hamburg–New York / 20.12.**1890** an die Hapag / 1.3.**1894** an Witt & Büsch, Hamburg / 16.5.**1898** an J. H. A. Dabelstein, Hamburg / 7.6.**1913** zum Abwracken nach Stettin verkauft.

93 SS VIRGINIA (1)

Blohm & Voss, Hamburg; Baunr. 83

2884 BRT / 3500 tdw / 97,80 m reg. Länge / 11,51 m Breite / Eine III-Exp.-Dampfmaschine; B&V / 2 Kessel, 11,6 at / 1600 (1836) PSi / 1 Schraube / 11 kn / Pass.: 40 I., 364 ZwD / Bes.: 52

22.7.**1891** Stapellauf / 4.9.**1891** Ablieferung / 17.9.**1891** Jungfernreise Hamburg–New York / 12.4.**1893** erste Reise Stettin–Göteborg–New York / 28.2.**1897** erste Reise Hamburg–Westindien / 5.12.**1898** **SULTAN**, Deutsche Ost-Afrika-Linie, Hamburg. 2810 BRT, 28 Pass. / 28.12.**1912** **HACHIRO MARU**, N. Noguchi, Kobe / **1920** an Noguchi Kisen, Setoda / **1929** an T. Inosuke, Hachidate / **1930** an Yagi Honten, Hachidate / **1932** an Azuma Kosen, Habu / **1933** an Nippon Godo Kosen, Habu / 7.**1933** zum Abwracken nach Yokohama verkauft.

94 SS VENETIA (1)

Reiherstieg Schiffswerfte, Hamburg; Baunr. 383

2891 BRT / 3600 tdw / 97,98 m reg. Länge / 11,50 m Breite / Eine III-Exp.-Dampfmaschine; Werft / 2 Kessel, 12 at / 1500 (1678) PSi / 1 Schraube / 11 kn / Pass.: 30 I., 400 ZwD / Bes.: 49

30.7.**1891** Stapellauf / 8.10.**1891** Ablieferung / 13.10.**1891** Jungfernreise Hamburg–New York / 7.3.**1893** erste Reise Stettin–Göteborg–New York / **1896–1900** Westindien-Dienst / 15.5.**1900** **BELLAGGIO**, Rob. M. Sloman & Co., Hamburg. 2822 BRT / 31.3.**1903** an D. R. Union, Hamburg / 26.8.**1905** **PAROS**, Deutsche Levante-Linie, Hamburg. Hamburg–Odessa-Dienst / 15.5.**1906** nach Umbau neuer Name **GALATA**. 2684 BRT, Pass.: 60 I., 40 ZwD., Marseille–Odessa–Batum-Dienst / **1908** wieder Hamburg–Odessa-Dienst / 3.5.**1913** **APOLLONIA**, Soc. di Nav. Sicilia, Palermo / 1.3.**1917** östlich Flamborough auf eine von **U 32** gelegte Mine gelaufen und gesunken.

100 SS HERCYNIA

Armstrong, Mitchell & Co., Newcastle; Baunr. 551

2630 BRT / 3830 tdw / 94,16 m reg. Länge / 11,48 m Breite / Eine III-Exp.-Dampfmaschine; Wallsend / 2 Kessel, 11,6 at / 1500 PSi / 1 Schraube / 10 kn / Pass.: 198 ZwD / Bes.: 38

28.5.**1889** Stapellauf als **ELBERFELD** für die Deutsch-Australische D.G., Hamburg / 24.6.**1889** Ablieferung. 2709 BRT / 24.7.**1889** Jungfernreise Hamburg–Australien / 22.2.**1894** **HERCYNIA**, Hapag / 9.7.**1895** erste von drei Reisen Hamburg–Boston–Baltimore; auch Westindien-Dienst / 15.3.**1901** erste Reise Hamburg–Nordbrasilien / **1905** über Wächter an die Russische Marine, umbenannt **LACHTA** / 5.**1918** an die Finnische Regierung, Helsinki / 11.**1922** an Black & Asow, Sea S.S. Co., Odessa / **1931** an Sovtorgflot, Odessa / **1934** aufgelegt / **1935** abgewrackt.

104 SS BOLIVIA

Armstrong, Mitchell & Co., Newcastle; Baunr. 552

2646 BRT / 3500 tdw / 94,16 m reg. Länge / 11,48 m Breite / Eine III-Exp.-Dampfmaschine; Wallsend / 2 Kessel, 11,6 at / 1500 PSi / 1 Schraube / 10 kn / Pass.: 250 ZwD / Bes.: 38

23.9.**1889** Stapellauf als **BARMEN** für die Deutsch-Australische D.G., Hamburg / 6.11.**1889** Ablieferung. 2711 BRT / Hamburg–Australien-Dienst / 17.5.**1894** **BOLIVIA**, Hapag / 19.5.**1895** erste von fünf Reisen Hamburg–Philadelphia–Baltimore; auch Westindien-Dienst / 13.8.**1914** als Sperrbrecher **3** und am 31.8. als Sperrbrecher **6** der Kaiserlichen Marine in Dienst / 27.10.**1914** Rückgabe / 22.10.**1918** **SCHWINGE**, Vereinigte Bugsir & Frachtschiffahrt Gesellschaft, Hamburg / 28.3.**1919** an The Shipping Controller (J. Gardiner & Co.), London, abgeliefert / 26.8.**1921** **EMS**, Bugsier-, Reederei- und Bergungs-AG, Hamburg / 4.**1924** zum Abwracken nach Lübeck verkauft.

Rechte Seite oben:
1891 kaufte die Hapag auch die EUROPA, hier auf einem zeitgen. Gemälde in Carr-Farben.

Rechte Seite Mitte:
Dampfer VIRGINIA, auf dem Foto als SULTAN der Deutschen Ost-Afrika-Linie.

Rechte Seite unten:
Reiherstieg-Neubau VENETIA.

Ankauf der Dampfschiffs-Rhederei Hansa

Am 24. Februar 1892 kaufte die Hapag die Dampfschiffs-Rhederei Hansa in Hamburg. Deren Dienste nach Kanada wurden ohne Unterbrechung unter der Bezeichnung Hansa-Linie fortgeführt und durch Reisen nach Boston erweitert.

Die Schiffe liefen anfangs weiter unter ihren Hansa-Namen, ehe sie nach und nach, teilweise erst nach Jahren, gemäß der damaligen auf -ia endenden Hapag-Nomenklatur umbenannt wurden.

95 KEHRWIEDER siehe VANDALIA, Nr. 31, Seite 34

96 ss CREMON 1895 DALMATIA (1)
J. Laing, Sunderland; Baunr. 177

2132 BRT / 2500 tdw / 91,90 m reg. Länge / 10,20 m Breite / Eine III-Exp.-Dampfmaschine; B&V / 2 Kessel, 10,8 at / 865 PSi / 1 Schraube / 10 kn / Pass.: 18 I. / Bes.: 30

3.8.**1871** Stapellauf als **BAHIA** für die Hamburg-Süd / 27.3.**1872** Ablieferung. Damals 1983 BRT, 2016 tdw, Zwillingsmaschine, 1000 PSi, 10 kn, Pass.: 40 I., 160 ZwD, Bes. 50 / 6.5.**1872** Jungfernreise Hamburg–Brasilien / 18.5.**1885** für den Neubau **DESTERRO** bei Blohm & Voss in Zahlung gegeben. Hier wird die III-Exp.-Maschine eingebaut / 10.2.**1887** **CREMON**, DR Hansa, Hamburg / 17.4.**1887** erste Reise Hamburg–Montreal / 24.2.**1892** an die Hapag / 22.1.**1895** umbenannt **DALMATIA**. 1988 BRT / 4.**1897** an Dampfschiffahrts AG Albis, Hamburg / 5.2.**1900** **FIDES**, Raimondo & Molinari, Genua / **1916** in Genua abgewrackt.

97 ss STEINHÖFT 1894 CANADIA
Reiherstieg Schiffswerfte, Hamburg; Baunr. 371

2479 BRT / 3617 tdw / 91,87 m reg. Länge / 11,53 m Breite / Eine III-Exp.-Dampfmaschine; Werft / 2 Kessel, 11,2 at / 1200 PSi / 1 Schraube / 10 kn / Pass.: ca. 20 I. / Bes.: 33

16.3.**1889** Stapellauf für die DR Hansa, Hamburg / 4.5.**1889** Ablieferung / 12.5.**1889** Jungfernreise Hamburg–Montreal / 24.2.**1892** an die Hapag / 30.6.**1892** erste Reise Hamburg–New York / 5.11.**1894** umbenannt **CANADIA**. 2387 BRT. Pass.: 10 I., 550 ZwD / 7.11.**1894** erste von zwei Reisen Hamburg–Baltimore / 25.5.**1895** erste Reise Hamburg–Montreal / **1897** Hamburg–Baltimore-Dienst / 11.6.**1899** erste von vier Reisen Stettin–New York / 14.7.**1900** erste Reise Hamburg–Nordbrasilien / 19.5.**1905** **REVAL**, C. Wächter & Co., St. Petersburg. Weiter an die Russische Freiwillige Flotte und Dienst als Marine-Transporter / 23.12.**1905** wieder

Die CREMON, später DALMATIA.

CANADIA, Hapag. Westindien-Dienst / 20.1.**1906** eine Rundreise Hamburg–Ostasien / 14.7.**1906** erste Reise Hamburg–Persischer Golf / 4.2.**1908** an Furness Withy für Neubau in Zahlung gegeben / **1910 MYRTOON**, A. A. Embiricos, Andros / **1913 GYPTIS**, J. Castanié, Oran / **1919 VILLE DE NANCY**, Group. Ind. de Charbons & de Transportes, Le Havre, sp. Rouen / 5.8.**1924** zum Abwracken nach Italien.

98 ss GRIMM (1)   1894 SCOTIA

C. Connell & Co., Glasgow; Baunr. 167

2637 BRT / 3700 tdw / 97,32 m reg. Länge / 12,22 m Breite / Eine III-Exp.-Dampfmaschine; Thomson / 2 Kessel, 11 at / 1435 PSi / 1 Schraube / 10 kn / Pass.: 10 I., 551 ZwD / Bes.: 35

20.5.**1890** Stapellauf für die DR Hansa, Hamburg / 4.7.**1890** Ablieferung / 19.7.**1890** Jungfernreise Hamburg–Montreal / 24.2.**1892** an die Hapag / 30.10.**1894** umbenannt **SCOTIA**. 2558 BRT / 20.11.**1895** erste Reise Hamburg–Baltimore / 1.9.**1896** erste Reise Hamburg–Galveston / 10.11.**1898** erste von zwei Charterreisen Antwerpen–New York für die Red Star Line / 3.4.**1901** erste Reise Neapel–New York / **1904** in den Westindiendienst / 31.12.**1910** an Emil R. Retzlaff, Stettin / 19.5.**1919** an The Shipping Controller (Hall. Bros.), London, abgeliefert / **1921** an E. Rees, Llanelly / 10.**1921 NORDSEE**, Wilh. Schuchmann, Geestemünde / 17.1.**1925 DENISE**, Agence Maritime van der Eb, Antwerpen / 29.12.**1925** Ankunft zum Abwracken in Genua.

101 ss WANDRAHM   1894 HISPANIA

Joh. C. Tecklenborg, Geestemünde; Baunr. 194

2678 BRT / 3610 tdw / 96,00 m reg. Länge / 11,90 m Breite / Eine III-Exp.-Dampfmaschine; Buckau / 2 Kessel, 11,2 at / 1300 PSi / 1 Schraube / 10 kn / Pass.: 10 I., 550 ZwD / Bes.: 33

1.11.**1890** Stapellauf für die DR Hansa, Hamburg / 25.2.**1891** Ablieferung / 1.3.**1891** Jungfernreise Hamburg–New York / 15.7.**1891** erste Reise Hamburg–Montreal / 24.2.**1892** an die Hapag; gleicher Dienst, aber auch Reisen nach New York, Baltimore oder Philadelphia / 12.10.**1894** umbenannt **HISPANIA**. 2578 BRT / 26.3.**1898** erste Reise Stettin–New York / **1901** wieder Hamburg–US-Häfen / 8.**1908** erste Reise Hamburg–Persischer Golf / 26.1.**1911** an Emil R. Retzlaff, Stettin / 20.7.**1914 KRETA**, D.R. Union, Hamburg / 3.8.**1914** in Antwerpen beschlagnahmt / 14.10.**1914** wieder in deutscher Hand / 11.**1917** an Johs. Thode, Altona / 17.4.**1918** umbenannt **TEBEA**. Nach Kriegsende in Dordrecht an Belgien übergeben / **1922 BOSPORUS**, F. G. Reinhold, Danzig / **1923** an Stettiner Dampfer Co., Stettin / **1925 NECAT**, Barzilay & Benjame, Istanbul / **1943** Devlet Denizyollari, Istanbul / **1963 CELIKKALE**, Ahmet ve Mehmet Kosar, Istanbul / **1964** in Istanbul abgewrackt.

CANADIA ex STEINHÖFT.

SCOTIA ex GRIMM.

HISPANIA ex WANDRAHM.

102 SS **GRASBROOK** 1894 **DALECARLIA**
Reiherstieg Schiffswerfte, Hamburg; Baunr. 339

1935 BRT / 2350 tdw / 88,60 m reg. Länge / 11,07 m Breite / Eine II-Exp.-Dampfmaschine; Werft / 2 Kessel, 5 at / 700 (900) PSi / 1 Schraube / 9 kn / Pass.: 18 I. / Bes.: 31

28.4.**1882** Stapellauf für die DR Hansa, Hamburg / 1.6.**1882** Ablieferung / 2.8.**1882** Jungfernreise Hamburg–Halifax–New York / 1.6.**1885** erste Reise Hamburg–Montreal / 24.2.**1892** an die Hapag. Hamburg–New Orleans- und Westindien-Dienst / 24.12.**1894** umbenannt **DALECARLIA**. 1972 BRT / 30.1.**1896** eine Rundreise Hamburg–Boston / 4.11.**1898** an Rob. M. Sloman & Co., Hamburg / 5.12.**1900** umbenannt **LICATA** / 18.1.**1901** an Rob. M. Sloman jr., Hamburg / 16.3.**1905** auf der Reise von Newport nach Catania in der Biscaya leckgeschlagen und sinkend von der Besatzung verlassen, die von dem britischen Dampfer **SCHOLAR** aufgenommen wird.

103 SS **BAUMWALL** 1895 **CHRISTIANIA**
Blohm & Voss, Hamburg; Baunr. 74

2889 BRT / 4260 tdw / 100,69 m reg. Länge / 12,50 m Breite / Eine III-Exp.-Dampfmaschine; B&V / 2 Kessel, 11,2 at / 1350 PSi / 1 Schraube / 10 kn / Pass.: 10 I., 620 ZwD / Bes.: 33

28.8.**1890** Stapellauf für die DR Hansa, Hamburg / 3.12.**1890** Ablieferung / 23.5.**1891** erste Reise Hamburg–Montreal / 24.2.**1892** an die Hapag / 13.4.**1895** umbenannt **CHRISTIANIA**. 2811 BRT. Hamburg–Baltimore-Dienst / 6.4.**1897** erste Reise Stettin–New York / 30.4.**1900** erste Reise Genua–New York / **1902** Westindien-Dienst / 1.4.**1905** eine Reise Hamburg–New York / 5.**1909** erste Reise Hamburg–Persischer Golf / 29.11.**1910** an Emil R. Retzlaff, Stettin / 13.2.**1913** auf der Reise Huelva–Stettin 14 sm westlich Borkum mit dem deutschen Dampfer **GALATA** zusammengestoßen und gesunken.

107 SS **STUBBENHUK** 1894 **SICILIA**
C. Connell & Co., Glasgow; Baunr. 168

3016 BRT / 4110 tdw / 100,34 m reg. Länge / 12,58 m Breite / Eine III-Exp.-Dampfmaschine; Rowan / 2 Kessel, 11 at / 1600 PSi / 1 Schraube / 11 kn / Pass.: 10 I., 620 ZwD / Bes.: 43

13.8.**1890** Stapellauf für die DR Hansa, Hamburg / 22.9.**1890** Ablieferung / 19.10.**1890** Jungfernreise Hamburg–Montreal / 24.2.**1892** an die Hapag / 16.10.**1894** umbenannt **SICILIA**. 2926 BRT / 22.12.**1894** erste Reise Hamburg–Boston / 8.5.**1895** erste Reise Stettin–Göteborg–New York / 9.5.**1896** erste von vier Reisen Hamburg–Montreal, dann wieder ab Stettin / 10.3.**1898** erste Reise Genua–New York / 15.4.**1898** erste Reise Genua–La Plata / 4.**1902** erste Reise Odessa–New York / **1905** Hamburg–Westindien-Dienst / 8.**1906** erste Reise Hamburg–Persischer Golf /13.3.**1913** neu vermessen, 2938 BRT / 19.6.**1913** **KOMAGATA MARU**, Shinyei Kisen Goshi Kaisha, Dairen / **1917** an Kawachi Goshi Kaisha, Dairen / **1921** an Yamashita Kisen, Fusan / **1923** an Kabafuto Kisen, Nishinomiya / **1924** **HEIAN MARU**, Kasahara Shoji, Nishinomiya, sp. Osaka / 11.2.**1926** vor Kap Soidomai, Hokkaido, gestrandet.

110 SS **PICKHUBEN** 1895 **GEORGIA** (1)
Barclay, Curle & Co., Glasgow; Baunr. 365

3264 BRT / 4750 tdw / 100,53 m reg. Länge / 12,20 m Breite / Eine III-Exp.-Dampfmaschine; Barclay / 2 Kessel, 11 at / 1450 (1830) PSi / 1 Schraube / 10 kn / Pass.: 10 I., 520 ZwD / Bes.: 36

13.11.**1890** Stapellauf für die DR Hansa, Hamburg / 29.1.**1891** Ablieferung / 15.4.**1891** Jungfernreise Hamburg–Montreal / 24.2.**1892** an die Hapag / 17.4.**1892** eine Reise Hamburg–New York, dann wieder nach Montreal / 2.2.**1895** umbenannt **GEORGIA**. 2926 BRT / 24.4.**1895** erste Reise Stettin–Göteborg–New York / 18.4.**1898** erste Reise Genua–La Plata / 2.4.**1900** erste Reise Genua–New York / 7.5.**1902** erste Reise Odessa–New York / **1904** Hamburg–Westindien-Dienst / 4.**1915** **HOUSATONIC**, E. F. Greer, New York / 3.2.**1917** südlich Bishop Rock von **U 53** durch Torpedo versenkt.

GEORGIA ex PICKHUBEN.

DALECARLIA ex GRASBROOK.

CHRISTIANIA ex BAUMWALL.

SICILIA ex STUBBENHUK.

Circular No. 57.   Hamburg, 3. September 1892.

An unsere Herren Agenten.

Im Verfolg unseres Circulares Nr. 56 vom 26. August a. c. sehen wir uns genöthigt, neben der Zwischendecksbeförderung von Hamburg nach New-York, nun auch den Zwischendecksverkehr von Stettin nach New-York und denjenigen von Hamburg, resp. Antwerpen nach Montreal einzustellen. Die Südamerikanische Linie fährt ebenfalls keine Zwischendecker mehr. Sie dürfen also bis auf Weiteres für keine unserer Linien Zwischendecker aufnehmen.

Hochachtend

Hamburg-Amerikanische
Packetfahrt-Actien-Gesellschaft.
Abtheilung-Passage.

Rechte Seite:
Als letzter und größter Packetsegler kam 1858 die DEUTSCHLAND in Fahrt. Im Gegensatz zu ihren neun Vorgängerinnnen war sie aus dem inzwischen bevorzugten Werkstoff Eisen gebaut worden.
(Gouache von Jochen Sachse)

Zwei Annoncen der Hapag im damals berühmten Lahrer Hinkenden Boten *aus den Jahren 1886 und 1888.*
Diese von der Boten-Redaktion werbewirksam gestalteten Anzeigen waren bei der Leserschaft und deshalb auch bei den Inserenten beliebt; das oben abgebildete Inserat von 1886 dürfte an der Hamburger Deichstraße allerdings wegen der gleich zwei Fehler im Firmennamen Widerspruch ausgelöst haben.

Die Reedereiflagge der Hapag.

*Seltener Originalbrief, 1876 mit dem Hapag-Dampfer RHENANIA befördert.
Die Briefmarke für die Postbeförderung ihres westindischen Zubringerdienstes für die Hauptlinien
verwendete die Hapag mit Genehmigung der Deutschen Reichspost und der Anrainerstaaten von 1875–1879.
(Sammlung Friedrich Steinmeyer)*

Schnelldampfer NORMANNIA von 1891 in einem Gemälde von Fred Pansing.

Dampfer PENNSYLVANIA im Hamburger Baakenhafen. (Zeitgen. Postkarte)

Die folgenden Farbseiten zeigen auf zeitgenössischen Postkarten beispielhaft Inneneinrichtungen der I. Klasse auf Hapag-Dampfern

Speisesaal der GRAF WALDERSEE.

Damensalon der PATRICIA.

Kabine der PENNSYLVANIA.

Treppenhaus der PATRICIA.

Rauchsalon der GRAF WALDERSEE.

Gesellschaftszimmer der PENNSYLVANIA.

*Rauchsalon
Dampfer DEUTSCHLAND.*

*Gesellschaftszimmer
Dampfer
DEUTSCHLAND.*

*Treppenaufgang
Dampfer DEUTSCHLAND.*

*Rauchsalon
Dampfer
PRINZESSIN VICTORIA LUISE.*

*Luxussuite Dampfer
PRINZESSIN VICTORIA LUISE.*

*Musiksalon und Gesellschaftszimmer
Dampfer
PRINZESSIN VICTORIA LUISE.*

*Kabine
Dampfer HAMBURG.*

*Gesellschaftszimmer
Dampfer
HAMBURG.*

*Speisesaal
Dampfer HAMBURG.*

Verzeichniss der
freien Cajüten-Plätze auf den Doppelschrauben-Schnell- und Postdampfern der Hamburg-Amerika Linie.

Diese Plätze können selbstredend nur freibleibend offerirt werden.

Schiff	Abgangsdatum von Hamburg	Erste Cajüte	Zweite Cajüte
Regulärer Doppelschrauben-Dampfer „PALATIA",	30. Octbr.	A. 6 bis 12.	Plätze frei.
Doppelschrauben-Schnelldampfer „NORMANNIA",	6. Novbr.	3, 4, 5 bis 12, 18, 18a, 19, 20, 24 bis 27, 29 bis 34, 36, 59 bis 61, 65 bis 70, 75, 77, 104 bis 106. Capitainscabine. Officierscabinen.	Plätze frei.
Regulärer Doppelschrauben-Dampfer „PRUSSIA",	6. Novbr.	B. 5 bis 12.	Plätze frei.
Regulärer Doppelschrauben-Dampfer „PATRIA",	13. Novbr.	A. B. 1 bis 3, 5 bis 12.	Plätze frei.
Regulärer Doppelschrauben-Dampfer „PENNSYLVANIA",	16. Novbr.	1 bis 20, 21 bis 37, 38 bis 43, 45 bis 60.	Plätze frei.
Regulärer Doppelschrauben-Dampfer „PHOENICIA",	20. Novbr.	A. 2 bis 12.	Plätze frei.
Regulärer Doppelschrauben-Dampfer „PERSIA",	27. Novbr.	A. B. 1 bis 12.	Plätze frei.
Doppelschrauben-Schnelldampfer „FÜRST BISMARCK",	11. Jan.	**1898.** 1 bis 12, 13, 16 bis 39, 42 bis 48, 53 bis 83, 86 bis 92, 97 bis 99, 101 bis 110. Capitainscabine.	Plätze frei.
Doppelschrauben-Schnelldampfer „COLUMBIA",	12 Febr.	Orientfahrt des 1 bis 9, 19 bis 27, 31 bis 40, 41, 42, 43, 44, 47 bis 50, 53, 54, 59 bis 61, 64, 65, 68 bis 80, 83, 84, 87, 88, 93, 94, 97 bis 106, 113 bis 116, 119, 120, 123, 126, 129, 131 bis 133, 138.	keine.

HAMBURG, den 29. October 1897.

Hamburg-Amerika Linie,
Abtheilung Personenverkehr.

Mit solchen Verzeichnissen informierte man die Reisebüros per Briefpost über noch unverkaufte Kabinen auf den Hapag-Schiffen.

Dampfer der P-Klasse

Mit den nach dem Anfangsbuchstaben der Schiffsnamen als P-Klasse bezeichneten Einheiten entwickelte die Hapag ein Konzept, das sich als gewinnbringend erweisen sollte. Bei näherer Betrachtung teilt sich die Klasse in Gruppen, nämlich die beiden ersten in Belfast gebauten Einheiten, die drei folgenden, vergrößerten Schiffe von deutschen Werften und schließlich die abschließenden vier Riesendampfer. Allen gemeinsam waren aber 1. die große Tragfähigkeit, 2. die große Zahl an Zwischendeck-Passagieren bei relativ geringer Kajütseinrichtung sowie 3. die moderate Geschwindigkeit. Der Gedanke dahinter: Ladung und Auswanderer gab es auf der Nordatlantikroute im Sommer und Winter fast immer. Die kohlesparende Geschwindigkeit von 13 Knoten störte die Auswanderer nicht, und die Ladung hatte ebenfalls Zeit. In konjunkturschwachen Zeiten waren auch Kajütspassagiere froh, für einen niedrigeren Preis fahren zu können. In solchen Zeiten konnte man also die teuren und kohlefressenden, zudem im Winter ohnehin nicht ausgelasteten Schnelldampfer getrost eine Weile stilllegen oder auf Kreuzfahrt schicken und den Fahrplan mit der P-Klasse weiterführen.

Die ersten beiden P-Dampfer, PRUSSIA und PERSIA, hatten übrigens große Kühlräume für den Import amerikanischen Rindfleisches nach Deutschland erhalten, der jedoch 1894 von der deutschen Reichsregierung verboten wurde, sehr zum Leidwesen der Hapag, die deswegen beide Schiffe bald verkaufte.

Die PERSIA war – wie die PRUSSIA – bei Harland & Wolff in Belfast erbaut worden.

105 ss **PRUSSIA** (1)
Harland & Wolff, Belfast; Baunr.: 281

5795 BRT / 7500 tdw / 135,30 m reg. Länge / 14,85 m Breite / Zwei III-Exp.-Dampfmaschinen; H&W / 4 Kessel, 12,3 at / 3400 PSi / 2 Schrauben / 13 kn / Pass.: 60 I., 1800 ZwD / Bes.: 110

10.4.**1894** Stapellauf / 31.5.**1894** Ablieferung / 24.6.**1894** Jungfernreise Hamburg–New York / 16.4.**1898 DOMINION**, Dominion Line, Liverpool. 5965 BRT. Pass.: 200 I., 170 II., 750 ZwD / 7.5.**1898** erste Reise Liverpool–Montreal / 6618 BRT / **1904** nach Umbau 7037 BRT / 12.**1908** erste Reise Liverpool–Philadelphia in Charter der American Line. I. jetzt II. Klasse / 5.**1915** Charter beendet / 2.12.**1918** erste Nachkriegsreise Liverpool–Portland / **1919** keine Passagiere mehr / 5.**1922** zum Abwracken nach Deutschland.

106 ss **PERSIA** (1)
Harland & Wolff, Belfast; Baunr.: 282

5796 BRT / 7500 tdw / 135,30 m reg. Länge / 14,85 m Breite / Zwei III-Exp.-Dampfmaschinen; H&W / 4 Kessel, 12,3 at / 3400 PSi / 2 Schrauben / 13 kn / Pass.: 60 I., 1800 ZwD / Bes.: 110

8.5.**1894** Stapellauf / 21.6.**1894** Ablieferung / 15.7.**1894** Jungfernreise Hamburg–New York / 5964 BRT / 22.1.**1898 MINNEWASKA**, Atlantic Transport Line, London. 5847 BRT. Pass.: 80 I. / 24.1.**1898** eine Reise Belfast–New York / 24.2.**1898** erste Reise London–New York / 7.**1898 THOMAS**, US Army-Transporter / **1923** aufgelegt / 5.**1929** zum Abwracken nach Oakland, Cal.

Die PRUSSIA, auf dem Foto nach 1898 als DOMINION der britischen Dominion Line. (Foto: Richard Hildebrand)

"THOMAS" in the Dock No. 3 Mitsubishi, Nagasaki. 長崎三菱造船所第三ドツク
Die ehemalige PERSIA nach dem Umbau zum Truppentransporter THOMAS der US Army. (Zeitgen. Postkarte)

108 SS **PATRIA** (1)
AG Vulcan, Stettin; Baunr. 216

6664 BRT / 8100 tdw / 140,45 m reg. Länge / 15,72 m Breite / Zwei III-Exp.-Dampfmaschinen; Vulcan / 4 Kessel, 12,5 at / 4200 (4350) PSi / 2 Schrauben / 13 (14,6) kn / Pass.: 120 I., 104 II., 2350 ZwD / Bes.: 119

25.8.**1894** Stapellauf / 8.11.**1894** Ablieferung / 28.11.**1894** Jungfernreise Hamburg–New York / 15.11.**1899** auf der Heimreise von New York im Englischen Kanal in Brand geraten. Von den deutschen Schleppern **HANSA** und **SIMSON** in Schlepp genommen. Die Passagiere werden von dem Hapag-Dampfer **ATHESIA** und zwei Schonern, der finnischen **CERES** und der britischen **MARY**, übernommen / 17.11.**1899** sinkt die brennende **PATRIA** vor Deal.

109 SS **PHOENICIA** (1)
Blohm & Voss, Hamburg; Baunr. 103

6761 BRT / 7812 tdw / 140,56 m reg. Länge / 15,47 m Breite / Zwei III-Exp.-Dampfmaschinen; B&V / 4 Kessel, 12 at / 4200 PSi / 2 Schrauben / 12,5 kn / Pass.: 76+26 I. in 26 Kab., 84+22 II. in 24 Kab., 2206 (2354) ZwD / Bes.: 120

15.9.**1894** Stapellauf / 29.12.**1894** Ablieferung / 15.1.**1895** Jungfernreise Hamburg–New York / **1900** mit 7155 BRT vermessen / 8.**1900** Truppentransporter des Ostasiatischen Expeditionskorps zum Boxeraufstand in China / **1901** Zusammenlegung der I. und II. Klasse zur Kabinenklasse / 11.4.**1902** erste Reise Genua–New York / 6.**1903** wieder Hamburg–New York / 23.1.**1904** Die Hapag schickt die **PHOENICIA** als Hilfsschiff nach Aalesund, wo nach einem Großbrand 13 000 Obdachlose zu versorgen sind / **1905** bei Blohm & Voss zum U-Boot-Begleit- und Werkstattschiff umgebaut / 31.5.**1905** über C. Wächter & Co., St. Petersburg, an die Russische Regierung / 6.**1905** als **KRONSTADT** der Russischen Marine in Dienst / 2.5.**1918** in Sewastopol deutsche Kriegsbeute. Werkstatt- und Wohnschiff **FLEISS** der Kaiserlichen Marine / 11.11.**1918** in Konstantinopel außer Dienst / **1919 KRONSTADT**, Dienst im weißrussischen Wrangel-Geschwader / 29.12.**1920** in Bizerta interniert / 10.7.**1921 VULCAIN**, Werkstattschiff der Französischen Marine / **1937** abgewrackt.

Die drei folgenden – auf deutschen Werften gebauten – Schiffe waren etwas größer als die beiden Vorläufer. Hier hat die PATRIA im Hamburger Baakenhafen festgemacht. Im Vordergrund der Hafenschlepper CAMPEADOR und dahinter der Hapag-Leichter JADE. (Foto: Johann Hamann)

Die brennende PATRIA 1899 im Englischen Kanal.

Die PHOENICIA geht am 4. August 1900 mit einem Truppenkontingent für China in See.

117 SS **PALATIA** (1)

AG Vulcan, Stettin; Baunr. 217

6687 BRT / 8100 tdw / 140,55 m reg. Länge / 15,72 m Breite / Zwei III-Exp.-Dampfmaschinen; Vulcan / 4 Kessel, 12,5 at / 4200 (4350) PSi / 2 Schrauben / 13 (14,6) kn / Pass.: 84+26 I. in 28 Kab., 70+34 II., 2189 (2349) ZwD / Bes.: 119

8.12.**1894** Stapellauf / 17.4.**1895** Ablieferung / 28.4.**1895** Jungfernreise Hamburg–New York / **1900** mit 7979 BRT vermessen / **1901** Zusammenlegung der I. und II. Klasse zur Kabinenklasse / **1902** mit 7326 BRT vermessen / 10.5.**1902** erste Reise Genua–Palermo–New York / 17.6.**1904** Auslaufen zu einem Truppentransport von 700 Soldaten und 930 Pferden nach Swakopmund / 24.5.**1905** über C. Wächter & Co., St. Petersburg, an die Russische Regierung, Libau. Als Transporter und Schulschiff **NIKOLAIEV** eingesetzt / **1914** Lazarettschiff / 16.6.**1917** umbenannt **NORODVOLETZ**, auch **NARODVOLETS** transliteriert / 6.6.**1920** in Petrograd gekentert / 18.2.**1921** gehoben / **1925** in Leningrad abgewrackt.

Nach ihrem Umbau wird die PHOENICIA zur Überführung nach Rußland ausgerüstet. Der Hapag-Leichter SPREE hat längsseits festgemacht.

Die PALATIA 1895 im Kaiser-Wilhelm-Kanal.

120 SS **PENNSYLVANIA**
Harland & Wolff, Belfast; Baunr. 302

12 261 BRT / 14 488 tdw / 176,50 m Länge ü.a. / 18,96 m Breite / Zwei IV-Exp.-Dampfmaschinen; H&W / 5 Kessel, 14,8 at / 2 Schrauben / 5400 PSi / 13,8 kn / Pass.: 162+67 I. in 74 Kab., 226 II. in 75 Kab., 2386 ZwD / Bes.: 250

10.9.**1896** Stapellauf / 30.1.**1897** Ablieferung und Antritt der Jungfernreise Belfast–New York / 22.3.**1897** erste Reise Hamburg–New York / **1900** 13 333 BRT / 24.9.**1902** Rettung der 13köpfigen Besatzung der sinkenden norwegischen Bark **BOTHNIA** / 15.1.**1903** Rettung der 13köpfigen Besatzung des sinkenden norwegischen Frachters **SIGGEN** / **1907** Pass.: 138+68 I. in 74 Kab., 206+9 II. in 71 Kab., 196 III. in 53 Kab., 1986 ZwD / 8.3.**1910** in der Elbmündung mit dem Schoner **GERTRUD** kollidiert, der mit fünf Mann untergeht / **1910** Pass.: I. und II. Kl. zu 404+110 II. in 165 Kab. zusammengelegt / 8.**1914** in New York interniert / 6.4.**1917** von der US-Regierung beschlagnahmt. **NANSEMOND**, US Army-Transporter / 20.1.**1919** US Navy-Transporter / 4.2.**1919** erste Reise New York–St. Nazaire / 25.8.**1919** an das US Shipping Board, New York. Im Hudson aufgelegt / 3.**1921** in Philadelphia aufgelegt / 11.2.**1924** Ankunft zum Abwracken bei Boston Iron & Metals in Baltimore.

Auf dieser interessanten Postkarte einer französischen Reedereiagentur symbolisiert die PENNSYLVANIA das komfortable Verkehrsmittel Schiff.

Die letzten vier Schiffe der P-Klasse – noch einmal erheblich auf über 12 000 BRT vergrößert – waren die ersten Hapag-Schiffe mit Vierfach-Expansions-Dampfmaschinen. Auf dem Foto die PENNSYLVANIA vor Cuxhaven.

130 SS **PRETORIA**

Blohm & Voss, Hamburg; Baunr. 123

12 800 BRT / 14 185 tdw / 178,60 m Länge ü.a. / 18,96 m Breite / Zwei IV-Exp.-Dampfmaschinen; B&V / 5 Kessel, 15 at / 5000 (5360) PSi / 2 Schrauben / 13 kn / Pass.: 162+51 I. in 65 Kab., davon 42 außen; 197+25 II. in 72 Kab., davon 37 außen; 2224 (2740) ZwD / Bes.: 249

9.10.**1897** Stapellauf / 8.2.**1898** Ablieferung / 15.2.**1898** Jungfernreise Hamburg–New York / **1900** mit 13 234 BRT vermessen / 15.–18.8.**1902** einzige Kreuzfahrt in britischer Charter zur Flottenrevue in Spithead / **1907** zusätzliche Einrichtung einer III. Kl., 186+40 Pass. / 10.**1908** im dichten Nebel bei Texel mit dem Stettiner Dampfer **NIPPONIA** zusammengestoßen, der mit der gesamten Besatzung untergeht / **1910** Pass.: 397 II. Kl. in 157 Kab., 176 III. Kl. in 39 Kab., 2147 ZwD / 27.10.**1911** eine Reise Hamburg–Philadelphia / 11.**1918** Transporter der Kaiserlichen Marine / 24.3.**1919** ab Hamburg nach Cowes zur Ablieferung an die Alliierten / 29.3.**1919** Truppentransporter der US Navy / 4.**1919** erste von fünf Nordatlantik-Rundreisen / 25.11.**1919** an das US Shipping Board, New York / 10.9.**1920** an The Shipping Controller (Ellerman Lines), London / 11.**1921** zum Abwracken verkauft.

151 SS **GRAF WALDERSEE**

Blohm & Voss, Hamburg; Baunr. 131

12 830 BRT / 14 183 tdw / 176,99 m Länge ü.a. / 18,96 m Breite / Zwei IV-Exp.-Dampfmaschinen; B&V / 5 Kessel, 15 at / 5000 (5500) PSi / 2 Schrauben / 13 kn / Pass.: 162+73 I. in 75 Kab., 184+34 II. in 73 Kab., 1994 ZwD / Bes.: 250

10.12.**1898** Stapellauf. Geplant als **PAVIA** / 18.3.**1899** Ablieferung / 2.4.**1899** Jungfernreise Hamburg–New York / **1900** 13 193 BRT / 6.**1904** während der Kieler Woche als Hotelschiff in Kiel / **1907** zusätzliche III. Kl., 204 Pass. in 56 Kab. / **1910** Pass.: 372+144 II., 221 III. Kl. in 63 Kab., 2140 ZwD / 28.10.**1910** erste Reise Hamburg–Philadelphia, daneben weiter nach New York / 23.3.**1919** ab Hamburg nach Cowes, dort am 28.3. als US Navy-Transporter in Dienst / 7.4.**1919** erste von drei Reisen Brest–New York / 25.11.**1919** an The Shipping Controller (P & O Line), London / 10.8.**1921** zum Abwracken an T. W. Ward, 9.**1921** dann weiter an die Köhlbrandwerft in Hamburg; dort bis **1922** verschrottet.

Unter dem 75-to-Kran der Hapag am Auguste-Victoria-Kai im Kaiser-Wilhelm-Hafen bereitet sich die PRETORIA im Februar 1919 auf ihre Fahrt zur Ablieferung an Großbritannien vor. Die Aufschrift Waffenstillstand Armistice *trugen nach dem Waffenstillstand 1918 jene deutschen Schiffe, die außerhalb der deutschen Hoheitsgewässer Versorgungsgüter für die deutsche Zivilbevölkerung transportierten.*

*Bugansicht der großen P-Klasse.
Brücke der GRAF WALDERSEE.*

Aus dem Lotsenboot CUXHAVEN II übernimmt die GRAF WALDERSEE den Elblotsen.

Wegen ihrer riesigen Zwischendeck-Passagierkapazität wurden die großen P-Dampfer gern für die Ablösetransporte für die Garnison der deutschen Kolonie Tsingtau herangezogen, hier die PATRICIA.

154 SS **PATRICIA** (1)
AG Vulcan, Stettin; Baunr. 241

13 023 BRT / 14 448 tdw / 178,30 m Länge ü.a. / 18,98 m Breite / Zwei IV-Exp.-Dampfmaschinen; Vulcan / 5 Kessel, 15 at / 5000 (5500) PSi / 2 Schrauben / 13 kn / Pass.: 162+32 I. in 76 Kab., 184+51 II. in 80 Kab., 2143 ZwD / Bes.: 249

20.2.**1899** Stapellauf / 30.5.**1899** Ablieferung / 7.6.**1899** Jungfernreise Hamburg–New York / **1900** 13 424 BRT / **1907** zusätzliche III. Kl. mit 204 Pass. in 56 Kab. / 2.1.**1910** in dichtem Nebel mit dem Feuerschiff **ELBE V** kollidiert, das untergeht; Besatzung gerettet / **1910** Pass.: 385+145 II. in 162 Kab., 202 III. in 56 Kab., 1931 ZwD / 8.1.**1912** mit 14 472 BRT vermessen / 12.1.**1914** eine Reise als Truppentransporter für die Deutsche Regierung nach Tsingtau / 22.3.**1919** ab Hamburg nach Cowes, dort 26.3. von der US Army übernommen und am 28.3. als US Navy-Transporter in Dienst / 30.3.**1919** erste von vier Reisen Brest–New York / 18.9.**1919** an The Shipping Controller (Ellerman's Wilson Line), London / 21.11.**1921** Ankunft zum Abwracken in Blyth.

Blick in eine der Ladeluken eines der großen P- und B-Dampfer, die 14 000 Tonnen Fracht aufnehmen konnten. (Zeitgen. Zeichnung von C. Schildt)

Dampfer der A-Klasse

Die fünfzehn Frachter der A-Klasse waren von der Hapag als universell auf allen Routen einsetzbare quasi Einsatzreserve konzipiert worden; überwiegend waren sie in den verschiedenen Nordatlantikdiensten beschäftigt. Viele dieser Schiffe konnten ihr Zwischendeck im Bedarfsfall mit Betten für über 1100 Auswanderer einrichten.

Die von Bonsor in North Atlantic Seaway für fast alle Schiffe dieser Klasse angegebenen und von mir in meinen Büchern wiederholten 10 bis 20 oder gar 50 Passagiere Erster Klasse können in den seit 1902 herausgegebenen Schiffslisten der Hamburg-Amerika Linie nicht nachgewiesen werden. In den New Yorker Passagierstatistiken sind Anlandungen von Kajütspassagieren auf diesen Schiffen nicht verzeichnet. Es muß also bezweifelt werden, daß diese Schiffe jemals für mehr als die im folgenden angegebenen Plätze für Kajütsfahrgäste eingerichtet waren.

113 SS **ASTURIA**
Palmers Sb. & Iron Co., Jarrow; Baunr. 706

5285 BRT / 7410 tdw / 118,60 m reg. Länge / 16,18 m Breite / Eine III-Exp.-Dampfmaschine; Palmers / 3 Kessel, 12,7 at / 2300 PSi / 1 Schraube / 11 kn / Pass.: 4+2 I. in einer Kab., 906 ZwD / Bes.: 55

17.3.**1896** Stapellauf / 23.5.(19.5.?)**1896** Ablieferung / 6.**1896** Jungfernreise Hamburg–Baltimore; sp. auch Philadelphia / **1900** Hamburg–Ostasien-Dienst / 16.6.**1901** auf einer Reise Yokohama–New York im Golf von Aden 15 sm südlich Cap Guardafui gestrandet.

Dampfer ASTURIA.

115 SS **ADRIA**
Palmers Sb. & Iron Co., Jarrow; Baunr. 707

5458 BRT / 7529 tdw / 121,70 m reg. Länge / 15,26 m Breite / Eine III-Exp.-Dampfmaschine; Palmers / 3 Kessel, 14,8 at / 2300 PSi / 1 Schraube / 11 kn / Pass.: 4+2 l. in einer Kab., 906 ZwD / Bes.: 56

27.5.**1896** Stapellauf / 29.7.**1896** Ablieferung / 19.8.**1896** Jungfernreise Hamburg–Boston–Philadelphia–Baltimore / 8.12.**1898** erste von zwei Reisen Antwerpen–New York in Charter der Red Star Line / **1901** Ostasien / 4.4.**1904** erste von vier Reisen Stettin–Göteborg–New York / 26.3.**1905** über C. Wächter & Co., St. Petersburg, als **NARVA** an die Russische Marine; Kriegsgefangenentransporte Japan–Rußland / 11.**1905** **KHAZAN**, Russische Freiwillige Flotte, Wladiwostok / 19.4.**1906** auf der Reise Wladiwostok–Odessa südwestlich Pandur, Colombo, gestrandet.

116 SS **ARMENIA**
Palmers Sb. & Iron Co., Jarrow; Baunr. 708

5458 BRT / 7590 tdw / 121,70 m reg. Länge / 15,26 m Breite / Eine III-Exp.-Dampfmaschine; Palmers / 3 Kessel, 14,8 at / 2300 PSi / 1 Schraube / 11 kn / Pass.: 2+2 l. in einer Kab., 1128 ZwD / Bes.: 55

25.6.**1896** Stapellauf / 2.9.**1896** Ablieferung / 27.9.**1896** Jungfernreise Hamburg–Boston–New York / 16.11.**1897** erste Reise Hamburg–Portland / 27.7.**1899** erste von vier Reisen Stettin–New York / Auch andere Routen, z.B. **1905** Ostasien, **1911** Indien / 6.**1911** erste Reise Hamburg–New Orleans / 8.**1914** in New York aufgelegt / 6.4.**1917** vom US Shipping Board, New York, beschlagnahmt / Transportfahrten für das USSB und für verschiedene Charterer. Dabei **1917** und **1918** dreimal von deutschen U-Booten angegriffen und jeweils durch Artillerie bzw. Torpedos beschädigt / 28.4.**1920** an Victor S. Fox & Co., New York; nach dessen Konkurs von den Gläubigern betrieben / **1921** aufgelegt / 1.2.**1924** Ankunft zum Abwracken bei der Union S. B. Co. in Baltimore.

118 SS **ANDALUSIA** (1)
Palmers Sb. & Iron Co., Jarrow; Baunr. 709

5457 BRT / 7529 tdw / 121,70 m reg. Länge / 15,26 m Breite / Eine III-Exp.-Dampfmaschine; Palmers / 3 Kessel, 14,8 at / 2300 PSi / 1 Schraube / 11 kn / Pass.: 2+2 l. in einer Kab., 1100 ZwD / Bes.: 55

1.9.**1896** Stapellauf / 22.11.**1896** Ablieferung / 6.1.**1897** Jungfernreise Hamburg–New York / 25.2.**1998** erste Reise Hamburg–Ostasien / 31.8.**1900** Truppentransporter nach China, Boxeraufstand / 21.4.**1911** mit 5433 BRT vermessen / 18.8.**1914** in Manila interniert / 6.4.**1917** vom US Shipping Board, Seattle, beschlagnahmt / **1920–1921** Lebensmitteltransporte nach Europa in Atlantic Transport- und in American Line-Bereederung / **1921** nach letztlich erfolglosen Verkaufsversuchen aufgelegt / 18.3.**1924** zum Abwracken an H. L. Crawford / **1925** in Baltimore abgewrackt.

Die ADRIA.

Die ARMENIA im Hamburger Kaiser-Wilhelm-Hafen. Unter dem vorderen Mast die ebenfalls der Hapag gehörende Schute ALMA.

Auch die ANDALUSIA brachte im Sommer 1900 Soldaten und Kriegsmaterial für die Bekämpfung des Boxeraufstands nach China, hier verläßt das Schiff Bremerhaven.

119 SS **ARCADIA** (1)
Harland & Wolff, Belfast; Baunr. 308

5442 BRT / 7260 tdw / 121,66 m reg. Länge / 15,00 m Breite / Eine III-Exp.-Dampfmaschine; H&W / 3 Kessel, 14,8 at / 2300 PSi / 1 Schraube / 11 kn / Pass.: 2+2 I. in einer Kab., 989 ZwD / Bes.: 58

8.10.**1896** Stapellauf / 1.4.**1897** Ablieferung / 4.**1897** Jungfernreise Hamburg–Montreal / 16.5.**1897** bei Cape Race gestrandet. Nach provisorischer Reparatur in Quebec zur Wiederherstellung nach Belfast / 3.11.**1897** nach Reparatur Belfast–New York / 15.12.**1897** erste Reise Hamburg–Portland–Boston / Auch andere Routen, z.B. **1907, 1911, 1914** Ostasien / 4.9.**1900** ein Truppentransport Bremerhaven–China zum Boxeraufstand / 20.6.**1908** In Philadelphia werden bei einer Knallkörperexplosion im Laderaum drei Mann getötet / 29.12.**1913** im Nordatlantik die Besatzung des brennenden britischen Dampfers **TEMPLEMORE** gerettet / 18.8.**1914** in Newport News aufgelegt / 6.4.**1917** vom US Shipping Board beschlagnahmt / Bis **1920** Transporte, u.a. für die US Army und US Navy / 13.7.**1924** nach letztlich erfolglosen Verkaufsversuchen in Shanghai aufgelegt / **1926** abgewrackt.

122 SS **ARABIA** (1)   1907   303 **BARCELONA**
Harland & Wolff, Belfast; Baunr. 307

5446 BRT / 7295 tdw / 121,66 m reg. Länge / 15,00 m Breite / Eine III-Exp.-Dampfmaschine; H&W / 3 Kessel, 14,8 at / 2300 PSi / 1 Schraube / 11 kn / Pass.: 4+4 I. in zwei Kab. / Bes.: 56

21.11.**1896** Stapellauf / 6.3.**1897** Ablieferung / 17.3.**1897** Jungfernreise Hamburg–Baltimore / 8.5.**1897** erste von drei Reisen Hamburg–Montreal. Danach Hamburg–New York-Dienst / 8.5.**1899** **BARCELONA**, Rob. M. Sloman & Co., Hamburg. Gleicher Dienst / 31.3.**1903** an D.R. Union, Hamburg / 5.**1903** an die Hapag verchartert, gleicher Dienst / **1903–1906** an die Portland & Asiatic S.S. Co., Portland, verchartert / 9.1.**1907** an die Hapag, weiter Nordatlantik-Dienst, jetzt ohne Passagiere / 1.11.**1913** Rettung der 8köpfigen Besatzung des im nächtlichen Sturm sinkenden amerikanischen Viermastschoners **GYPSUM EMPEROR** / 6.**1914** erste Reise New York–Mittelmeer / 8.**1914** in Syrakus als Kohlenschiff für das deutsche Mittelmeergeschwader bereitgestellt / 2.9.**1914** in Syrakus interniert / 11.**1915** von Italien beschlagnahmt. **ANCONA**, Italienische Staatsbahnen, Genua / **1923** **ROBINIA**, E. Mazza, Savona / **1924** in Savona abgewrackt.

124 SS **ARAGONIA** (1)
Flensburger Schiffsbau-Gesellschaft; Baunr. 163

5446 BRT / 7275 tdw / 123,36 m reg. Länge / 15,35 m Breite / Zwei III-Exp.-Dampfmaschinen; FSG / 3 Kessel, 12 at / 1800 PSi / 2 Schrauben / 10,3 kn / Pass.: 4+2 I. in zwei Kab., 235 ZwD / Bes.: 55

28.1.**1897** Stapellauf als **BURMAH**, Hamburg-Calcutta Linie, Hamburg / 31.1.**1897** Ankauf durch Hapag / 27.3.**1897** Ablieferung als **ARAGONIA** / 13.4.**1897** Jungfernreise Stettin–New York / 26.11.**1898** erste Reise Antwerpen–New York bzw. Philadelphia in Charter der Red Star Line / **1900** Hamburg–Ostasien-Dienst / **1903–1906** an die Portland & Asiatic S.S. Co., Portland, verchartert / **1914–1919** in Nord- und Ostsee eingesetzt / 18.4.**1919** in Cherbourg an Frankreich abgeliefert, weiter an die Regie de la Marine, Brüssel, und schließlich über The Shipping Controller, London, nach Frankreich zurück / **1922** an Les Armateurs Français, Cherbourg / **1923** abgewrackt.

Die ARCADIA verläßt voll beladen den Hamburger Hafen.

Die BARCELONA ex ARABIA. (Foto: Eric Johnson)

ARAGONIA im winterlichen Hamburger Hansahafen.

125 ss **AMBRIA** (1)

Flensburger Schiffsbau-Gesellschaft; Baunr. 162

5463 BRT / 7275 tdw / 123,33 m reg. Länge / 15,36 m Breite / Zwei III-Exp.-Dampfmaschinen; FSG / 3 Kessel, 12 at / 1800 PSi / 2 Schrauben / 10,3 kn / Pass.: 4+2 I. in zwei Kab., 228 ZwD / Bes.: 53

4.6.**1896** Stapellauf als **BHANDARA**, Hamburg-Calcutta Linie, Hamburg / 14.7.**1896** Ablieferung / 7.5.**1897** **AMBRIA**, Hapag / 3.7.**1897** Jungfernreise Stettin–New York / 28.10.**1897** erste Reise Hamburg–Montreal / 23.12.**1897** erste Reise Hamburg–Baltimore / **1899** und **1910** auch Ostasien-Dienst / 4.9.**1910** zwischen Hongkong und Shanghai neun Menschen von gekenterter Dschunke gerettet / 8.**1914** in Syrakus Versorger für das deutsche Mittelmeergeschwader / 27.12.**1915** von Italien beschlagnahmt / **1916** **PIERO MARONCELLI**, Italienische Staatsbahnen / 30.5.**1918** westlich Sardinien von **UB 49** durch Torpedo versenkt.

126 ss **ALESIA** (1)

Flensburger Schiffsbau-Gesellschaft; Baunr. 161

5476 BRT / 7160 tdw / 123,31 m reg. Länge / 15,36 m Breite / Zwei III-Exp.-Dampfmaschinen; FSG / 3 Kessel, 12 at / 1800 PSi / 2 Schrauben / 10,3 kn / Pass.: 4+2 I. in zwei Kab., 228 ZwD / Bes.: 55

15.2.**1896** Stapellauf als **BANGALORE**, Hamburg-Calcutta Linie, Hamburg / 31.3.**1896** Ablieferung / 23.6.**1897** **ALESIA**, Hapag / 12.8.**1897** erste Reise Hamburg–Philadelphia–Baltimore / 24.10.**1901** erste Reise Hamburg–Boston / Ab **1901** auch Hamburg–Ostasien-Dienst / 11.8.**1914** in Rangoon beschlagnahmt. An The Shipping Controller, von Grahams & Co., London, bereedert / **1920** an Secretary of State for India in Council, London / **1924** an Crete Shipping Co., London / **1926** abgewrackt.

148 ss **ASSYRIA** (1)

Joh. C. Tecklenborg, Geestemünde; Baunr. 155

6581 BRT / 8199 tdw / 128,24 m reg. Länge / 16,58 m Breite / Eine IV-Exp.-Dampfmaschine; Werft / 3 Kessel, 15 at / 2500 PSi / 11 kn / Pass.: 4+4 I. in zwei Kab., 1130 ZwD / Bes.: 61

6.4.**1898** Stapellauf / 23.8.**1898** Ablieferung / 3.9.**1898** Jungfernreise Hamburg–Baltimore / 26.3.**1905** **SVEABORG**, Transporter der Russischen Marine für das II. Pazifische Geschwader / **1905** **EKATERINOSLAV**, Russische Freiwillige Flotte, St. Petersburg / **1906** Heimathafen Libau / 10.**1917** an The Shipping Controller (Royal Mail Line), London / 12.**1921** in Milford Haven aufgelegt / 4.**1923** formell an die Russische Freiwillige Flotte zurückgegeben / 12.**1925** zum Abwracken nach Kiel verkauft / **1928** dort verschrottet.

Die ALESIA.

Dampfer AMBRIA in New Orleans. (Foto: Eric Johnson)

Die von Tecklenborg in Geestemünde gebaute ASSYRIA war das größte Schiff der A-Klasse.

158 SS **ATHESIA**
Reiherstieg Schiffswerfte, Hamburg; Baunr. 403

5751 BRT / 8026 tdw / 131,44 m reg. Länge / 16,60 m Breite / Eine IV-Exp.-Dampfmaschine; Werft / 2 Kessel, 15 at / 2500 PSi / 1 Schraube / 11 kn / Pass.: 162 ZwD / Bes.: 43

4.6.**1899** Stapellauf / 12.8.**1899** Ablieferung / 27.8.**1899** Jungfernreise Hamburg–Philadelphia, sp. auch Boston / 18.11.**1902** UARDA, DDG Kosmos, Hamburg. Dienst nach der Westküste Amerikas / 8.**1914** in Mollende aufgelegt / **1917** wegen einer befürchteten Beschlagnahme beschädigt die Besatzung Maschinen und Einrichtungen des Schiffes / 8.10.**1917** von Peru beschlagnahmt. Umbenannt **SALAVERRY**, Heimathafen Callao. Später an die US-Regierung verchartert / **1918** von dem Bagger **CULEBRA** der Panama Canal Co. zur Reparatur nach Panama geschleppt / 6.**1919** nach Reparatur vom US Shipping Board der Französischen Regierung zur Bereederung übergeben / **1921** Heimathafen Bordeaux / **1922** an Cort & Verschuren, Antwerpen / **1924** CHLOE, N. D. Lykiardopoulos, Argistoli / **1932** zum Abwracken an E. Sturlese & Co., La Spezia / 13.9.**1932** auf der Reise Cardiff–Savona mit Kohle und Koks nach einer Explosion westlich von Ouessant gesunken.

172 SS **ABESSINIA** (1)
Palmers Sb. & Iron Co., Jarrow; Baunr. 746

5683 BRT / 8595 tdw / 137,54 m reg. Länge / 15,81 m Breite / Eine III-Exp.-Dampfmaschine; Palmers / 3 Kessel, 12,7 at / 3300 PSi / 1 Schraube / 11,5 kn / Pass.: 2 I. in einer Kab. / Bes.: 58

16.6.**1900** Stapellauf / 18.8.**1900** Ablieferung / 8.**1900** Jungfernreise Truppentransport Hamburg–China zum Boxeraufstand / 28.4.**1901** erste Reise Hamburg–New Orleans / 4.7.**1901** erste Reise Hamburg–Philadelphia / **1913** erste Reise Hamburg–Westküste Südamerika / 8.**1914** in Mollende Kohlenschiff für Kreuzer **LEIPZIG** / 6.10.**1914** in Pisagua aufgelegt / **1917** von Chile interniert, worauf die Besatzung die Maschine unbrauchbar macht / **1920** im Schlepp zur Reparatur nach Hamburg / 3.8.**1921** auf der Ablieferungsreise nach England vor Northumberland gestrandet.

174 SS **ACILIA**
Palmers Sb. & Iron Co., Jarrow; Baunr. 747

5693 BRT / 8677 tdw / 137,55 m reg. Länge / 15,81 m Breite / Eine III-Exp.-Dampfmaschine; Palmers / 3 Kessel, 12,7 at / 3300 (3700) PSi / 1 Schraube / 11,5 kn / Pass.: 2 I. in einer Kab. / Bes.: 58

24.9.**1900** Stapellauf / 11.10.**1900** Ablieferung / 12.11.**1900** Jungfernreise Hamburg–Baltimore / 26.11.**1902** Die **ACILIA** rettet die Besatzung des britischen Dampfers **BLENHEIM**, der am 23. November vor Cap Lizard im Sturm leckgesprungen war / 30.3.**1906** erste Reise Hamburg–Ostasien / **1907** erste Reise Hamburg–Westküste Südamerika / 1.11.**1913** Der Kosmos-Dampfer **SEBARA** sichtet die **ACILIA** auf Pos. 52 S - 75 W, seither wird das Schiff vermißt. Trümmerfunde deuten auf einen Untergang vor Feuerland hin.

Die ATHESIA.

Auf der Fahrt zur Abwrackwerft sank die CHLOE ex ATHESIA 1932 vor Ouessant.

Dampfer ABESSINIA. (Sammlung Henry Albrecht)

Die ACILIA hat an den Duckdalben im Hamburger Segelschiffhafen festgemacht.

184 SS **ALEXANDRIA** (1)
Palmers Sb. & Iron Co., Jarrow; Baunr. 748

5692 BRT / 8695 tdw / 137,55 m reg. Länge / 15,81 m Breite / Eine III-Exp.-Dampfmaschine; Palmers / 3 Kessel, 12,7 at / 3300 (3700) PSi / 1 Schraube / 11,5 kn / Pass.: 2 I. in einer Kab. / Bes.: 58

22.11.**1900** Stapellauf / 29.12.**1900** Ablieferung / 10.1.**1901** Jungfernreise Hamburg–Baltimore, dann auch nach anderen US-Häfen / **1904** erste Reise Hamburg–Westküste Südamerika / 15.12.**1908** erste Reise Hamburg–Newport News / 1.6.**1914** Rettung der 15köpfigen Besatzung des nach Sturmschäden sinkenden finnischen Vollschiffs **VASA** / 21.9.**1914 SACRAMENTO**, Northern & Southern S.S. Co., San Francisco / 5.11.**1914** vom deutschen Kreuzer **DRESDEN** aufgebracht / 14.11.**1914** in Valparaiso aufgelegt / **1918 BAYRAMENTO**, The Bay S.S. Co., London / **1921 PORT DE ST. NAZAIRE**, Französische Regierung, Brest / **1922 PYTHEAS**, M. Valoussière, Marseille / **1929 KOUANG SI**, Messagieries Maritimes, Marseille. 7419 BRT / 14.2.**1936** Ankunft zum Abwracken in Bo'ness.

190 SS **ARTEMISIA** (1)
Palmers Sb. & Iron Co., Jarrow; Baunr. 749

5704 BRT / 8677 tdw / 137,51 m reg. Länge / 15,81 m Breite / Eine III-Exp.-Dampfmaschine; Palmers / 3 Kessel, 12,7 at / 3300 PSi / 1 Schraube / 11,5 kn / Pass.: 2 I. in einer Kab. / Bes.: 48

21.1.**1901** Stapellauf / 7.3.**1901** Ablieferung / 18.3.**1901** Jungfernreise Hamburg–Philadelphia, dann auch nach anderen US-Häfen / **1904** erste Reise Hamburg–Ostasien / 3.3.**1906** eine Rundreise Hamburg–La Plata / **1908** erste Reise Hamburg–Westküste Südamerika / 8.**1914** in Hamburg aufgelegt / 1.4.**1919** in Leith an The Shipping Controller (Rankin, Gilmour & Co.), London, abgeliefert / **1921** an H. M. Thomson, Edinburgh / 6.4.**1930** Ankunft zum Abwracken in Osaka.

Die ALEXANDRIA hat zu Kaisers Geburtstag den großen Flaggenschmuck angelegt.

Bugansicht der ARTEMISIA.

Ankäufe 1896–1899

Auch in der zweiten Hälfte der 1890er Jahre setzte die Hapag ihre Ankaufspolitik des Wahrnehmens guter Gelegenheiten fort. Die beiden Hamburg-Süd-Schiffe waren ihrer Reederei offenbar zu klein geworden. Für die in Liquidation gegangene Hamburg-Calcutta Linie war es ein Glücksfall, daß die Hapag alle sechs Schiffe übernahm; neben den drei hier genannten gehörten noch die schon bei der A-Klasse aufgeführten ALESIA und AMBRIA und ARAGONIA dazu. Ähnliches galt für den Transfer der vier Rickmers-Schiffe, deren Reederei der übermächtigen Konkurrenz der Hapag und des Lloyd in Ostasien weichen mußte.

114 SS **VALENCIA**

Reiherstieg Schiffswerfte, Hamburg; Baunr. 362

2194 BRT / 2930 tdw / 95,46 m reg. Länge / 11,22 m Breite / Eine III-Exp.-Dampfmaschine; Werft / 2 Kessel, 10,5 at / 1400 PSi / 1 Schraube / 11 kn / Pass.: 30 II. / Bes.: 47

25.9.**1886** Stapellauf als **CAMPINAS** für die Hamburg-Süd, Hamburg / 22.11.**1886** Ablieferung. Damals 2205 BRT. 11,5 kn. Pass.: 40 I., 280 ZwD / 5.12.**1886** Jungfernreise Hamburg–Santos / 27.7.**1896** VALENCIA, Hapag / 21.11.**1896** erste Reise Hamburg–Westindien / 23.12.**1904** vor Jérémie, Haiti, gestrandet. Ein Toter / 26.12.**1904** gesunken.

117 SS **VALDIVIA**

Armstrong, Mitchell & Co., Newcastle; Baunr. 496

2176 BRT / 2930 tdw / 94,22 m reg. Länge / 11,21 m Breite / Eine III-Exp.-Dampfmaschine; Wallsend / 2 Kessel, 10,5 at / 1400 PSi / 1 Schraube / 11 kn / Pass.: 30+20 II. in 13 Kab. / Bes.: 47

8.8.**1886** Stapellauf als **TIJUCA** für die Hamburg-Süd, Hamburg / 16.10.**1886** Ablieferung. Damals 2179 BRT. 11,5 kn. Pass.: 40 I., 280 ZwD / 5.11.**1886** Jungfernreise Hamburg–Santos / 8.9.**1896** VALDIVIA, Hapag / Hamburg–Westindien-Dienst / 1.8.**1898** Auslaufen zur Deutschen Tiefsee-Expedition in die Südsee, von der das Schiff am 30.4.**1899** nach Hamburg zurückkehrt / **1900** als Truppentransporter für den Boxeraufstand nach China eingesetzt / **1902** in den Atlas-Dienst New York–Westindien eingestellt / 13.2.**1907** auf der Reise von Kingston nach New York 100 sm vor Kap Hatteras durch Kesselexplosion schwer beschädigt. 7 Tote. In Schlepp nach New York, dort repariert / 24.7.**1908** **TOM. G. CORPI**, P. R. Hinsch, Hamburg / **1909** **FLANDRE**, S.G.T.M., Marseille / 1.**1927** Ankunft zum Abwracken in La Seyne.

121 SS **CASTILIA**

Blohm & Voss, Hamburg; Baunr. 69

3051 BRT / 4090 tdw / 103,63 m reg. Länge / 12,80 m Breite / Eine III-Exp.-Dampfmaschine; B&V / 2 Kessel, 11,3 at / 1800 PSi / 11 kn / Pass.: 6 II. in drei Kab. / Bes.: 53

21.12.**1889** Stapellauf als **BHOPAL** für die Hamburg-Calcutta Linie, Hamburg / 22.3.**1890** Ablieferung / Hamburg–Kalkutta-Dienst / 23.1.**1897** CASTILIA, Hapag. 2911 BRT / 25.2.**1897** erste Reise Hamburg–Mittelamerika / 9.3.**1905** Antwerpen mit Kurs Vera Cruz verlassen, seitdem verschollen.

Die VALENCIA. (Foto: Strumper & Co.)

Die als Forschungsschiff auslaufbereite VALDIVIA.

Die CASTILIA in einem mittelamerikanischen Hafen.

121 SS **CALABRIA**
London & Glasgow Eng. & Iron Shipb. Co., Glasgow; Baunr. 260

3004 BRT / 4090 tdw / 103,63 m reg. Länge / 12,80 m Breite / Eine III-Exp.-Dampfmaschine; B&V / 2 Kessel, 11,3 at / 1800 PSi / 1 Schraube / 11 kn / Pass.: 6 II. in drei Kab. / Bes.: 53

21.11.**1889** Stapellauf als **BARODA** für die Hamburg-Calcutta Linie, Hamburg / 30.12.**1889** Ablieferung / Hamburg–Kalkutta-Dienst / 18.3.**1897** CALABRIA, Hapag. 2911 BRT / 25.3.**1897** erste Reise Hamburg–Mittelamerika / 11.8.**1914** in St. Thomas aufgelegt / 9.10.**1916** bei St. Thomas im Hurrikan gestrandet. Nach Bergung an die Carib S.S. Co., New York, verkauft, umbenannt **CARIB** / 8.**1920** **MAR DE IRLANDA**, Cia. Mar. del Nervion, Bilbao / 6.**1923** in Deutschland abgewrackt.

127 SS **CONSTANTIA**
Barclay, Curle & Co., Glasgow; Baunr. 360

3026 BRT / 4380 tdw / 103,49 m reg. Länge / 12,30 m Breite / Eine III-Exp.-Dampfmaschine; Werft / 2 Kessel, 11,7 at / 1600 (1990) PSi / 1 Schraube / 11 kn / Pass.: 6 II. in drei Kab. / Bes.: 52

20.2.**1890** Stapellauf als **BENARES** für die Hamburg-Calcutta Linie, Hamburg. 3125 BRT / 4.**1890** Ablieferung / Hamburg–Kalkutta-Dienst / 28.6.**1897** CONSTANTIA, Hapag. Erste Reise Hamburg–Mittelamerika / 19.5.**1905** über C. Wächter & Co., St. Petersburg, als **HAPSAL** an die Russische Marine; Kriegsgefangenentransporte Japan–Rußland / 6.12.**1905** wieder CONSTANTIA, Hapag / 3.8.**1914** in Cienfuegos aufgelegt / 7.4.**1917** auf Kuba beschlagnahmt, Heimathafen Havanna; dem US Shipping Board zur Verfügung gestellt / **1920** Rückgabe an die Kubanische Regierung, umbenannt **MAXIMO GOMEZ** / 4.**1924** Transporter der Kubanischen Marine / **1929** abgewrackt.

159 SS **TEUTONIA** (3)
Russell & Co., Greenock; Baunr. 206

3066 BRT / 4500 tdw / 98,16 m reg. Länge / 12,55 m Breite / Eine III-Exp.-Dampfmaschine; Dunsmuir / 2 Kessel, 10,5 at / 1420 PSi / 1 Schraube / 9,3 kn / Pass.: 7 II. in 2 Kab. / Bes.: 36

31.5.**1889** Stapellauf als **HELENE RICKMERS** für R. C. Rickmers, Geestemünde / 7.**1889** Ablieferung. 3233 BRT / 23.10.**1899** TEUTONIA, Hapag / 11.**1899** erste Reise Hamburg–Portland, Maine / 19.5.**1905** über C. Wächter & Co., St. Petersburg, als **ORANIENBAUM** an die Russische Marine; Kriegsgefangenentransporte Japan–Rußland / **1905** an die Russische Freiwillige Flotte, St. Petersburg / 23.12.**1905** wieder TEUTONIA, Hapag / 2.**1907** erste Reise Hamburg–Persischer Golf / 20.7.**1907** auf der Heimreise vor Ras Maddakra im Persischen Golf gestrandet.

Dampfer CALABRIA.

Die CONSTANTIA. (Foto: Strumper & Co.)

Der ehemalige Rickmers-Dampfer TEUTONIA.

162 ss **FRISIA** (2)
Armstrong, Mitchell & Co., Newcastle; Baunr. 614

3738 BRT / 5470 tdw / 103,24 m reg. Länge / 13,40 m Breite / Eine III-Exp.-Dampfmaschine; Wallsend / 2 Kessel, 12,7 at / 1420 PSi / 1 Schraube / 9,4 kn / Pass.: 8 II. in vier Kab. / Bes.: 34

9.7.**1889** Stapellauf als **DOROTHEA RICKMERS** für R. C. Rickmers, Geestemünde / 27.8.**1889** Ablieferung / Hamburg–Ostasien-Dienst / 23.10.**1899** FRISIA, Hapag / 28.10.**1899** erste Reise Hamburg–Philadelphia / 4.1.**1907** BITSCHIN, Seetransport Gesellschaft, Hamburg / 23.12.**1909** an Rhederei Vereinigung, Hamburg / 8.**1912** LIGURIA, G. Nencioli, Leghorn / **1914** an Celle & Barbagelota, Genua / 24.11.**1915** im Mittelmeer 75 sm vor der Insel Hyeres von **U 34** durch Torpedo versenkt.

161 ss **HOLSATIA** (3)
Priestman & Co., Sunderland; Baunr. 55

3049 BRT / 5290 tdw / 101,94 m reg. Länge / 13,22 m Breite / Eine III-Exp.-Dampfmaschine; Allan / 2 Kessel, 12,7 at / 1270 PSi / 1 Schraube / 9 kn / Pass.: 2 II. in einer Kabine / Bes.: 36

2.12.**1895** Stapellauf als **DEIKE RICKMERS** für R. C. Rickmers, Geestemünde / 18.1.**1896** Ablieferung. 3349 BRT / 23.10.**1899** HOLSATIA, Hapag / 5.11.**1899** erste Reise Hamburg–Ostasien / Nord- und Mittelamerika-Dienste / 4.1.**1907** BIERAWA, Seetransport Gesellschaft, Hamburg / 23.12.**1909** an Rhederei Vereinigung, Hamburg / 2.**1912** FRANCESCO, Fratelli San Guineti fu Giuseppe, La Spezia / 6.5.**1917** in der Biskaya von **UC 72** durch Torpedo versenkt.

Die FRISIA in westindischen Gewässern.

Reger Kleinschiffsverkehr vor der HOLSATIA, längsseits hat der Hapag-Leichter MAIN festgemacht.

160 SS **WESTPHALIA** (2)
Russell & Co., Greenock; Baunr. 207

3096 BRT / 4640 tdw / 98,85 m reg. Länge / 12,64 m Breite / Eine III-Exp.-Dampfmaschine; Dunsmuir / 2 Kessel, 10,5 at / 1350 PSi / 1 Schraube / 9,8 kn / Pass.: 7 II. in zwei Kab. / Bes.: 36

2.9.**1889** Stapellauf als **SOPHIE RICKMERS** für R. C. Rickmers, Geestemünde / 10.**1889** Ablieferung. 3548 BRT / Hamburg–Ostasien-Dienst / 23.10.**1899** WESTPHALIA, Hapag / 15.11.**1899** erste Reise Bremen–Ostasien / 4.9.**1902** auf dem St. Lorenz mit dem Schoner **MARIE** kollidiert, der untergeht. 2 Tote / 11.11.**1912** Bei Bishop Rock im Nebel mit dem britischen Dampfer **ENRIQUETA** kollidiert, dessen Besatzung sich auf die Back der **WESTPHALIA** rettet. Beim Versuch, die **ENRIQUETA** nach Portland einzuschleppen, bricht die Trosse. Da das Schiff vorn schon weit abgesunken war, stellte man die Schleppverbindung nicht wieder her, wenig später sinkt die **ENRIQUETA** / 29.1.**1914** in Hamburg aufgelegt / 3.8.**1914** als Sperrbrecher **2** zur Kaiserlichen Marine / 29.10.**1914** Rückgabe / 5.11.**1918** PINNAU, Vereinigte Bugsir & Frachtschiffahrt Ges., Hamburg / 25.5.**1919** an The Shipping Controller (Gellatly, Hankey & Co.), London, abgeliefert / **1921 MAID OF CHIOS**, Byron S.S. Co. (Embiricos), London / 12.**1922** zum Abwracken nach Holland, aber erst **1929** verschrottet.

Die WESTPHALIA wird entladen.

Chronik 1897–1900

1897

14. Januar: Der Hapag-Schnelldampfer FÜRST BISMARCK weiht den nach mehr als vierjähriger Bauzeit fertiggestellten Neuen Hafen in Cuxhaven ein. An der anfangs 120 m langen Pier können die Kajüts-Fahrgäste der Schnelldampfer ohne das zeitraubende Tendern ein- und aussteigen.

27. September: In einer Aufsichtsratssitzung verliest Albert Ballin ein persönliches Schreiben des Lloyd-Direktors Dr. Heinrich Wiegand, in dem dieser ein Zusammengehen beider Gesellschaften zum Zweck der gleichmäßigen Dividenden-Verteilung vorschlägt. Der Aufsichtsrat entscheidet sich einstimmig gegen den Vorschlag.

16. November: Die ARTEMISIA eröffnet den neuen Dienst von Hamburg nach Portland, Maine.

1898

3. Januar: Der Aufsichtsrat beschließt die Eröffnung einer Frachtlinie Hamburg–Ostasien. Das Protokoll hält dazu fest:
Wenn früher der Vorstand wegen des freundschaftlichen Verhältnisses zum Lloyd sehr gezögert habe, diesem in der ostasiatischen Fahrt Konkurrenz zu machen, so sei diese Rücksicht im Hinblick auf die mancherlei Übergriffe, die sich der Lloyd namentlich auch im Frachtgeschäft in der letzten Zeit der Packetfahrt gegenüber geleistet habe, nicht mehr so nötig. Mit Übergriffen sind die Errichtung einer Frachtlinie Bremen–New York, das Anlaufen von Cherbourg im New York-Dienst und schließlich die Frage der sogenannten Durchfrachten von und nach Hamburg via Bremen mit Leichtern gemeint, wobei der Lloyd große Gütermengen zwischen Hamburg und Bremen verschifft.

25. Februar: Die ANDALUSIA eröffnet den Hamburg–Ostasien-Dienst.

Gleichzeitig nimmt die Hapag Verhandlungen mit dem Lloyd über eine Teilnahme der Hapag am subventionierten Reichspostdampferdienst nach Ostasien auf. Dieser wird seit 1886 allein vom Lloyd betrieben und steht im Jahre 1900 zur Erneuerung an. Der Lloyd erklärt sich einverstanden, bedingt sich jedoch eine eigene Frachtlinie nach Ostasien aus.

Die Abfertigungsanlagen der Hapag im Hamburger Hafen reichen schon wieder nicht mehr aus. Der Senat vermietet der Hapag deshalb den O'Swaldkai am Hansahafen als Übergangslösung bis zur Fertigstellung der auf Kuhwerder in Bau befindlichen Häfen.

1899

6. Mai: Gründung der Hapag-Tochter Italia Società di Navigazione à Vapore in Genua.

27. Oktober: Albert Ballin (1857–1918) wird Generaldirektor der Hapag.

Dezember: Unter der Bezeichnung Unites States and China Japan Line eröffnet die Hapag in Gemeinschaft mit Rob. M. Sloman & Co. und einer amerikanischen Gesellschaft einen monatlichen Frachtdienst von New York nach Ostasien.

1900

21. März: Mit der HAMBURG expediert die Hapag ihre erste Abfahrt im gemeinsam mit dem Lloyd betriebenen Reichspostdampfer-Dienst nach Ostasien.

4. Juli: Der neue Schnelldampfer DEUTSCHLAND läuft zur Jungfernreise nach New York aus, auf der er mit einer Durchschnittsgeschwindigkeit von 22,42 Knoten das Blaue Band erringt. Mit einer einjährigen Unterbrechung bleibt die DEUTSCHLAND bis 1907 das schnellste Passagierschiff der Welt.

14. Juli: Die CANADIA eröffnet die Linie Hamburg–Brasilien.

27. Juli: Mit Kriegsmaterial und Truppen für die internationale Expedition zur Niederschlagung des Aufstands der Boxer in China gehen zehn Schiffe von Hapag und Lloyd in See.

31. August: Ein zweites Geschwader folgt.

1. November: Die Hapag kauft von der Firma A. C. de Freitas & Co. in Hamburg deren Dienste nach der Ostküste Südamerikas mitsamt den darin beschäftigten Schiffen.

4. November: Mit der TOSCANA nimmt die italienische Tochtergesellschaft *Italia* ihren Genua–La Plata-Dienst auf.

November: Hapag und Deutsch-Australische D.G. grenzen ihre Interessengebiete gegeneinander ab; die Hapag verzichtet auf Fahrten nach Australien, die DADG auf Reisen nach Ostasien.

Dezember: Einrichtung einer direkten Linie von Hamburg nach Mexiko.

31. Dezember: Die Hapag kauft den Antwerpen–La Plata-Dienst der britischen Reederei Gellatly, Hankey & Co.

Während des großen Streiks der Hamburger Hafenarbeiter im Winter 1896/97 diente dieser betagte britische Raddampfer als Wohnschiff für die von der Hapag angeworbenen auswärtigen Streikbrecher.

Der Lentzkai des 1897 eingeweihten Cuxhavener Neuen Hafens um 1905. Im Hintergrund der Schnelldampfer DEUTSCHLAND. (Zeitgen. Postkarte)

Abfahrt der PALATIA mit Soldaten des deutschen Expeditionskorps nach China am 31. August 1900 von Bremerhaven. (Zeitgen. Postkarte)

Die Übernahme der Kingsin-Linie 1898

Im Rahmen ihres neuen Engagements in der Ostasienfahrt übernahm die Hapag am 30. März 1898 die Deutsche Dampfschiffs-Rhederei in Hamburg, die sog. Kingsin-Linie, die seit 1872 den einzigen Liniendienst zwischen Hamburg und Ostasien unterhielt. Auf Grund einer Vereinbarung mit dem Lloyd erhielt dieser im April 1898 sieben der Kingsin-Schiffe für seine neue Frachtlinie nach Ostasien. Der Kingsin-Fahrplan wurde nach diesen Übernahmen von Hapag und Lloyd ohne Unterbrechung weitergeführt.

133 ss **DELLA** 1903 235 **KÖNIGSBERG** 1904 **SCANDIA**
Blohm & Voss, Hamburg; Baunr. 119

4855 BRT / 7025 tdw / 122,13 m reg. Länge / 14,12 m Breite / Eine III-Exp.-Dampfmaschine; B&V / 2 Kessel, 15 at / 2000 (2200) PSi / 1 Schraube / 11,5 kn / Pass.: 18 I. in 9 Kab. / Bes.: 46

16.2.**1897** Stapellauf für die Kingsin-Linie, Hamburg / 11.4.**1897** Ablieferung / Hamburg–Ostasien-Dienst / 14.4.**1898** an Hapag / 23.4.**1898 KÖNIGSBERG**, Norddeutscher Lloyd, Bremen / 5.12.**1903** an die Hapag / 27.5.**1904** umbenannt **SCANDIA** / 10.6.**1904** erste Reise Hamburg–Ostasien / 17.9.**1906** Nach einem schweren Taifun in der Chinesischen See rettet die **SCANDIA** zwölf Überlebende von drei Dschunkenwracks / **1908** für 220 Zwischendeckspass. eingerichtet / 3.8.**1914** in Sabang aufgelegt / 16.10.**1919** in Batavia an The Shipping Controller (British India Line), London, übergeben / 10.11.**1921** an Schröder, Hölcken & Fischer, Hamburg / 4.3.**1927** zum Abwracken nach Wilhelmshaven.

134 ss **IRENE**
Reiherstieg Schiffswerfte, Hamburg; Baunr. 387

3371 BRT / 5050 tdw / 107,03 m reg. Länge / 12,30 m Breite / Eine III-Exp.-Dampfmaschine; Reiherstieg / 2 Kessel, 11,4 at / 1 Schraube / 10,5 (12) kn / Pass.: 20 I. in 10 Kab. / Bes.: 41

2.3.**1893** Stapellauf für die Kingsin-Linie, Hamburg / 25.5.**1893** Ablieferung / 18.4.**1898** Übernahme durch die Hapag / 23.4.**1898 HEIDELBERG**, Norddeutscher Lloyd, Bremen / 29.4.**1912 BULGARIE**, Armement A. Deppe, Antwerpen / **1915** umbenannt in **HAELEN** / 3.11.**1917** auf der Reise Montreal–Rotterdam südwestlich von Bergen von **UB 63** aufgebracht und am 13.3.**1918** in Kiel zur Prise erklärt / 23.9.**1918** Zielschiff der Kaiserlichen Marine / 13.1.**1919 ARMISTICE**, Cie. Nat. Belge de Transport Maritime (Armement Deppe), Antwerpen. 3290 BRT / **1925 BOBA**, Industrie Navali, Genua / **1926 AMMIRAGLIO VIALE**, Peninsulare Soc. Ital. di Cabotaggio, Genua / **1934** in Italien abgewrackt.

Die SCANDIA ex KÖNIGSBERG, im Vordergrund der Hapag-Leichter ESTE.

135 SS **SENTA**   1904 236 **BAMBERG**   1904 **SPEZIA**
Blohm & Voss, Hamburg; Baunr. 112

3781 BRT / 6225 tdw / 113,16 m reg. Länge / 13,46 m Breite / Eine III-Exp.-Dampfmaschine; B&V / 2 Kessel, 11,5 at / 1 Schraube / 11,5 kn / Pass.: 22 I. in elf Kab. / Bes.: 41

14.11.**1895** Stapellauf für die Kingsin-Linie, Hamburg / 21.12.**1895** Ablieferung / 18.4.**1898** Übernahme durch die Hapag / 9.9.**1898** **BAMBERG**, Norddeutscher Lloyd, Bremen / 11.12.**1903** wieder an die Hapag. Hamburg–Ostasien-Dienst / 24.5.**1904** umbenannt **SPEZIA** / 2.8.**1914** in Wladiwostok beschlagnahmt / 28.8.**1914** **SUCHAN**, Russische Freiwillige Flotte / 6.10.**1916** auf der Reise New York–Archangelsk in der Barentsee von **U 48** aufgebracht / 17.4.**1917** an die Hapag zurückgegeben / **1918** an Kayser & Sohn, Hamburg / 26.4.**1919** an The Shipping Controller abgeliefert, von Houlder, Middleton & Co. bereedert / 28.2.**1922** **JEANNETTE KAYSER**, Reederei Kayser, Hamburg / 12.5.**1926** von Leth & Co., Hamburg, ersteigert / 21.5.**1926** in Hamburg abgewrackt.

Die IRENE gehörte der Hapag nur fünf Tage.
Das Bild zeigt sie 1918 als belgische ARMISTICE.

Die SPEZIA ex BAMBERG ex SENTA.

136 SS **SIBIRIA**
Blohm & Voss, Hamburg; Baunr. 102

3347 BRT / 4827 tdw / 109,00 m reg. Länge / 12,26 m Breite / Eine III-Exp.-Dampfmaschine; B&V / 2 Kessel, 11,5 at / 1700 PSi / 1 Schraube / 12 kn / Pass.: 22 I. in elf Kab. / Bes.: 45

21.4.**1894** Stapellauf als **HERTHA** / 31.5.**1894** Ablieferung an die Kingsin-Linie, Hamburg / 7.5.**1898** **SIBIRIA**, Hapag. Hamburg–Ostasien-Dienst / 23.12.**1902** Die **SIBIRIA** bringt die vorgesehene 126köpfige Besatzung für das der venezolanischen Marine von SMS **GAZELLE** abgenommene Kanonenboot **RESTAURADOR** nach Westindien, nimmt sie aber gleich wieder mit nach Hamburg, da die **RESTAURADOR** an Venezuela zurückgegeben wird / **1903** bei Blohm & Voss zum Passagier- und Kühlschiff umgebaut. 3535 BRT, 64 Pass. I. in 32 Kab. / 19.12.**1903** erste Reise im Atlas-Dienst New York–Karibik / 2.**1913** an die Atlantic Fruit Company verchartert / 13.8.**1914** in Baltimore aufgelegt / 3.5.**1915** an die Atlantic Fruit Co., New York / 20.1.**1916** auf einer Reise Montreal–London auf den Goodwin Sands gestrandet.

137 SS **SERBIA**
Flensburger Schiffsbau-Gesellschaft, Flensburg; Baunr. 150

3694 BRT / 5527 tdw / 108,14 m reg. Länge / 12,50 m Breite / Eine III-Exp.-Dampfmaschine; FSG / 2 Kessel, 11,6 at / 1400 PSi / 1 Schraube / 11,6 kn / Pass.: 20 I. in zehn Kab. / Bes.: 41

22.9.**1894** Stapellauf als **ERATO** / 3.11.**1894** Ablieferung an die Kingsin-Linie, Hamburg / 7.5.**1898** **SERBIA**, Hapag. Hamburg–Ostasien-Dienst / 14.1.**1906** auf einer Reise Yokohama–Bremen bei Nieuwe Diep gestrandet.

139 **SUEVIA** (2)
Blohm & Voss, Hamburg; Baunr. 113

4149 BRT / 6006 tdw / 113,16 m reg. Länge / 13,46 m Breite / Eine III-Exp.-Dampfmaschine; B&V / 2 Kessel, 11,5 at / 1700 PSi / 1 Schraube / 11,5 kn / Pass.: 22 I. in elf Kab. / Bes.: 40

25.1.**1896** Stapellauf als **CERES** / 10.3.**1896** Ablieferung an die Kingsin-Linie, Hamburg / 2.6.**1898** **SUEVIA**, Hapag. Hamburg–Ostasien-Dienst / 11.**1902** vier Japaner von treibendem Wrack gerettet / 5.8.**1914** in Manila aufgelegt / 7.4.**1917** vom US Shipping Board beschlagnahmt / 18.12.**1917** umbenannt **WACHUSETT** / 26.12.**1917**–6.10.**1919** US Navy-Transporter im Frachtdienst USA–Frankreich / **1920** **MARGARET FRANKEL**, French-American Line, New York / 21.12.**1923** Ankunft zum Abwracken bei Boston Iron & Metals Co. in Baltimore / **1925** verschrottet.

Dampfer SIBIRIA nach dem Umbau 1903, bei dem das Schiff u.a. Kühlräume für den Bananentransport im Atlas-Dienst Mittelamerika–New York erhielt.

Die SERBIA mit dem Hapag-Leichter CHINA.

Dampfer SUEVIA. Im Vordergrund der Petersen & Alpers-Schlepper VORSETZEN.

140 SS **SARNIA**
Blohm & Voss, Hamburg; Baunr. 93

3296 BRT / 4774 tdw / 106,9 m reg. Länge / 13,20 m Breite / Eine III-Exp.-Dampfmaschine; B&V / 2 Kessel, 11,5 at / 1700 PSi / 1 Schraube / 12 kn / Pass. 22 I. in elf Kab. / Bes.: 42

17.12.**1892** Stapellauf als **GERDA** / 9.3.**1893** Ablieferung an die Kingsin-Linie, Hamburg / 11.6.**1898 SARNIA**, Hapag. Hamburg–Ostasien-Dienst / **1903** bei Blohm & Voss zum Passagier- und Kühlschiff umgebaut. 3402 BRT, 64 Pass. I. in 32 Kab. / 2.**1904** erste Reise im Atlas-Dienst New York–Karibik / 2.**1913** an die Atlantic Fruit Company verchartert / 29.7.**1914** in New York aufgelegt / 5.**1915 BAYSARNIA**, United Fruit Co., New York / **1921 PORT DE CETTE**, Französische Regierung / **1924 LE LEVANT**, Corp. de Navigation, Marseille / **1924 VATAN**, Yelkenci Zadé ve Mahdumu, Istanbul / **1935** an Devlet Denizyollari Idaresi, Istanbul / **1939** an Barzilay & Benjame, Istanbul / **1941** an Kalkavan Riza ve Oglu Ismail Vapur Idaresi, Istanbul / 20.7.**1946** auf einer Reise Piräus–Izmir bei Kap Kefalos auf eine Mine gelaufen und gesunken.

142 SS **SILESIA** (2)
Blohm & Voss, Hamburg; Baunr. 118

4861 BRT / 6738 tdw / 122,13 m reg. Länge / 14,12 m Breite / Eine III-Exp.-Dampfmaschine; B&V / 2 Kessel, 12 at / 2200 PSi / 1 Schraube / 12 kn / Pass.: 22 I. in elf Kab. / Bes.: 46

16.12.**1896** Stapellauf als **WALLY** / 18.2.**1897** Ablieferung an die Kingsin-Linie, Hamburg / 30.6.**1898 SILESIA**, Hapag. Hamburg–Ostasien-Dienst / **1908** für 220 ZwD-Pass. eingerichtet / 5.8.**1914** in Batavia interniert / 20.10.**1918** über die Reichsregierung an die Niederlande als Ersatz für irrtümlich von Deutschen versenkte niederländische Schiffe / 2.**1920 ZAANDYK**, Holland-Amerika Lijn, Rotterdam / 19.7.**1923 HARPON**, Cie. Argentina de Pesca, Buenos Aires. Umbau zum Walöltanker / 27.7.**1957** Ankunft zum Abwracken in La Spezia.

143 SS **THEKLA**
Flensburger Schiffsbau-Gesellschaft, Flensburg; Baunr. 158

3689 BRT / 5400 tdw / 108,12 m reg. Länge / 12,80 m Breite / Eine III-Exp.-Dampfmaschine; FSG / 2 Kessel, 11,6 at / 1400 PSi / 1 Schraube / 11,6 kn / Pass.: 20 I. in zehn Kab. / Bes.: 41

13.9.**1895** Stapellauf / 23.10.**1895** Ablieferung an die Kingsin-Linie, Hamburg / 12.7.**1898** Übernahme durch die Hapag / 21.7.**1898 WITTENBERG**, Norddeutscher Lloyd, Bremen / 6.**1912 HOCHFELD**, Continentale Rhederei, Hamburg / 8.**1914** in Funchal interniert / 23.2.**1916** von der Portugiesischen Regierung beschlagnahmt; **DESERTAS**, Transportes Maritimos do Estado, Lissabon / **1921** umbenannt **MENDES BARATA** / **1925** an Cia. Colonial de Navegaço, Lissabon / 10.**1927** Ankunft zum Abwracken in Scheveningen.

Die SARNIA hat im Atlas-Dienst in einem mittelamerikanischen Hafen festgemacht.

Oben: Dampfer SILESIA.
(Foto: Strumper & Co.)

Die THEKLA als WITTENBERG des Norddeutschen Lloyd.

144 ss **BELLONA** 1904 242 **NÜRNBERG** (1) 1904 **SENEGAMBIA**
Blohm & Voss, Hamburg; Baunr. 107

4150 BRT / 6011 tdw / 113,14 m Länge ü.a. / 13,46 m Breite / Eine III-Exp.-Dampfmaschine; B&V / 2 Kessel, 11,5 at / 1600 PSi / 1 Schraube / 11,5 kn / Pass.: 20 I. in zehn Kab. / Bes.: 40

8.4.**1895** Stapellauf / 18.5.**1895** Ablieferung an die Kingsin-Linie, Hamburg / 2.8.**1898** Übernahme durch die Hapag; am selben Tag als **NÜRNBERG** an den Norddeutschen Lloyd, Bremen / 16.3.**1904** **NÜRNBERG**, Hapag. Hamburg–Ostasien-Dienst ohne Passagierbeförderung. 3780 BRT / 12.9.**1904** umbenannt **SENEGAMBIA** / 21.8.**1914** auf der Reise Moji–Tsingtau von dem französischen Kreuzer **DUPLEIX** gekapert / **1916** **LAMENTIN**, Cie. Gén. Transatlantique, Bordeaux, dann Le Havre / **1923** aufgelegt / 9.**1925** in Genua abgewrackt.

145 ss **OCEANA** 1903 238 **STOLBERG** 1904 **OCEANA** (1)
Reiherstieg Schiffswerfte, Hamburg; Baunr. 374

2582 BRT / 3960 tdw / 98,38 m reg. Länge / 11,67 m Breite / Eine III-Exp.-Dampfmaschine; Reiherstieg / 4 Kessel, 11,2 at / 1510 PSi / 1 Schraube / 12 kn / Pass.: 18 I. in neun Kab. / Bes.: 42

2.11.**1889** Stapellauf / 11.3.**1890** Ablieferung an die Kingsin-Linie, Hamburg / 2.8.**1898** Übernahme duch die Hapag; am selben Tage als **STOLBERG** an den Norddeutschen Lloyd, Bremen / 17.12.**1903** an die Hapag. 2480 BRT. Hamburg–Ostasien-Dienst ohne Passagierbeförderung / 9.6.**1904** umbenannt **OCEANA** / 4.11.**1904** **KOSHUN MARU**, Osaka Shosen K.K., Osaka / 16.12.**1910** vor Cape Boltin bei Sienchin gestrandet.

146 ss **NIOBE**
Koninkl. Fabriek von Stoom e. a. Werktuigen, Amsterdam

2241 BRT / 3200 tdw / 91,43 m reg. Länge / 11,19 m Breite / Eine III-Exp.-Dampfmaschine; Bauwerft / 2 Kessel, 11,2 at / 1250 PSi / 1 Schraube / 9,5 kn / Pass.: 20 I. in zehn Kab. / Bes.: 32

6.**1883** Ablieferung **KONING WILLEM III** für die Stoomboot Mij. Insulinde, Amsterdam / 12.7.**1886** **NIOBE**, Kingsin-Linie, Hamburg / 15.8.**1898** an die Hapag / 19.8.**1898** **BABELSBERG**, Norddeutscher Lloyd, Bremen / 24.4.**1900** an J. H. A. Dabelstein, Hamburg / 14.7.**1900** an Ostasiatische Handelsgesellschaft, Hamburg / 24.8.**1906** **KINKO MARU**, Tatsuma Kisen, Kobe / 15.10.**1918** ab Saigon nach Hongkong ausgelaufen, seitdem verschollen.

147 ss **SAVOIA**
Swan & Hunter, Newcastle; Baunr. 147

2697 BRT / 3800 tdw / 98,30 m reg. Länge / 11,90 m Breite / Eine III-Exp.-Dampfmaschine; Wallsend / 2 Kessel, 10,9 at / 1800 PSi / 1 Schraube / 11 kn / Pass.: 18 I. in neun Kab. / Bes.: 42

24.10.**1889** Stapellauf als **KRIEMHILD** / 3.12.**1889** Ablieferung an die Kingsin-Linie, Hamburg / 18.8.**1898** **SAVOIA**, Hapag. Hamburg–Ostasien-Dienst / 6.7.**1900**–10.3.**1901** vom Reichsmarineamt während des Boxeraufstands in China als Krankentransportschiff eingesetzt / **1902** Hongkong–Japan–Wladiwostok-Dienst / 2.7.**1902** vor Hongkong elf Chinesen von ihrer sinkenden Dschunke gerettet / 17.9.**1906** erste Reise Hamburg–Persien / 8.4.**1909** erste Reise Hamburg–Westafrika in Fahrplangemeinschaft mit der Woermann-Linie / **1912** Hamburg–Mittelamerika-Dienst / 1.8.**1914** in Colon aufgelegt / 6.4.**1917** vom US Shipping Board beschlagnahmt / 5.**1917** in **GENERAL H. F. HODGES** umbenannt, Heimathafen New York, von Panama Railroad Co. bereedert / 8.**1923** Ankunft zum Abwracken bei Boston Iron & Metals in Baltimore.

Das einzig bekannte Foto der OCEANA.

SENEGAMBIA ex NÜRNBERG ex BELLONA in Antwerpen.

Dampfer SAVOIA in Mittelamerika.

Dampfer der B-Klasse

Die Schiffe dieser Klasse wurden nach ähnlichen Überlegungen und in gleicher Zielsetzung entworfen wie die der P-Klasse (siehe S. 138). Auch innerhalb der B-Klasse gab es Gruppen, nämlich einmal die über 10 000 BRT großen Kombischiffe für Fracht und Passagiere auf dem Nordatlantik und zweitens die großen Frachtschiffe mit über 10 000 t Tragfähigkeit, die auf allen Langstreckenrouten der Hapag die Rentabilität der Frachtbeförderung erhöhen sollten.

131 SS **BRASILIA** (1)
Harland & Wolff, Belfast; Baunr. 318

10 336 BRT / 12 950 tdw / 157,10 m Länge ü.a. / 18,96 m Breite / Zwei IV-Exp.-Dampfmaschinen; H&W / 4 Kessel, 12,3 at / 4400 PSi / 2 Schrauben / 12,3 kn / Pass.: 4+2 I. in zwei Kab., 256+8 II. in 84 Kab., 2138 (2738) ZwD / Bes.: 150

27.11.**1897** Stapellauf / 21.3.**1898** Ablieferung und Jungfernreise Belfast–New York / 4.5.**1898** erste Reise Hamburg–Baltimore / Ende **1899** an Harland & Wolff, Belfast. Als **NORSEMAN** an die Dominion Line, Liverpool, verchartert. Nach Umbau vier Masten, 11 677 BRT / 10.2.**1900** eine Reise Liverpool–Südafrika als Truppentransporter im Burenkrieg / **1901** Nordatlantik-Frachtdienste ab Liverpool in Charter der British & North Atlantic S.N. Co. (Tochter der Dominion Line). Jetzt 9546 BRT / **1903** auf die British & North Atlantic S.N. Co. übertragen / 7.6.**1910** erste Reise London–Sydney in Charter der Aberdeen Line / 1.**1914** an Dominion zurück / 22.1.**1916** vor Saloniki von **U 39** torpediert, im Schlepp nach Mudros, dort auf Strand gesetzt und bis **1920** von der Soc. Italiana di Savataggi e Nav. verschrottet.

Die bei Harland & Wolff in Belfast gebaute BRASILIA, das Typschiff der großen B-Klasse. (Foto: Strumper & Co.)

Die BRASILIA im Jahr 1900 als Dominion-Liner NORSEMAN.

132 SS **BULGARIA**
Blohm & Voss, Hamburg; Baunr. 125

10 237 BRT / 12 944 tdw / 157,40 m Länge ü.a. / 18,96 m Breite / Zwei IV-Exp.-Dampfmaschinen; B&V / 4100 PSi / 2 Schrauben / 12,5 kn / Pass.: 4+2 I. in zwei Kab., 256+8 II. in 82 Kab., 1733 (2333) ZwD / Bes.: 150

5.2.**1898** Stapellauf / 4.4.**1898** Fertigstellung / 10.4.**1898** Jungfernreise Hamburg–New York, später auch nach anderen US-Häfen / 1.2.**1899** Am vierten Tag der Heimreise von New York bricht in einem heftigen Orkan das Ruder. Dem steuerlos treibenden Schiff werden durch eine Riesenwelle die Ladeluken 1 und 2 eingeschlagen. Wasser dringt ins Schiff und verursacht Schlagseite; ein Matrose wird über Bord gerissen, 109 Pferde erleiden Verletzungen und müssen getötet werden. Am nächsten Morgen werden Notraketen abgefeuert. Am 2. Februar kommen die britischen Dampfer **WEEHAWKEN**, **VITTORIA** und **KOORDISTAN** in Sicht. Auf die **WEEHAWKEN** können am 3. Februar während einer kurzen Wetterberuhigung 25 der 47 **BULGARIA**-Passagiere mit Booten überführt werden, wobei ein Kind von einem Brecher getötet wird und die Evakuierung abgebrochen werden muß. Die **VITTORIA** kann vier Besatzungsmitglieder aus einem abgetriebenen Boot der **BULGARIA** retten. Am nächsten Morgen finden die britischen Schiffe trotz ausgedehnter Suche die **BULGARIA** nicht mehr. Die **WEEHAWKEN** bringt die Geretteten nach Ponta Delgada und meldet die **BULGARIA** als gesunken. Diese treibt unterdessen weiter steuerlos im Atlantik. Am 9. Februar können während einer kurzen Wetterberuhigung die verwesenden Pferdekadaver über Bord geworfen werden, auch Teile der Ladung werden auf diese Weise gelöscht, um das Schiff wieder aufzurichten und dadurch wenigstens mit den Schrauben steuern zu können. Ein Abschleppversuch des britischen Dampfers **ANTILLAN** scheitert am 14. Februar. Am 21. Februar gelingt endlich das Anbringen eines improvisierten Notruders. Drei Tage danach, am 24. Februar, ankert die **BULGARIA** endlich vor Ponta Delgada und kann ihrer Reederei in Hamburg die glückliche Nachricht per Kabel übermitteln / 1.3.**1899** sendet die Hapag die **HUNGARIA** mit Ersatzteilen nach Ponta Delgada / 23.3.**1899** Die reparierte **BULGARIA** verläßt die Azoren und wirft am 1. April vor Brunshausen Anker / **1900** mit 11 077 BRT vermessen / **1902** offiziell keine Kajütspassagiere mehr / **1906** nach Umbau bei Blohm & Voss 11 494 BRT. Jetzt 3185 Pass. im ZwD / 9.**1906** auf vier Monate an die italienische Reederei Ligure Brasiliana für den Einsatz auf der Route Genua–Argentinien verchartert. Danach wieder Nordatlantik-Dienst von Hamburg bzw. Genua / 1.4.–13.11.**1913** CANADA, Unione Austriaca di Nav., Triest; Scheintransfer wegen eines Ratenkampfes mit der Canadian Pacific. Mittelmeer–Kanada-Dienst / 6.12.**1913** 11 443 BRT / 6.2.**1914** mit 11 494 BRT vermessen / 27.7.**1914** in Baltimore, dort nach Kriegsausbruch interniert / 6.4.**1917** beschlagnahmt, umbenannt **HERCULES** / 26.1.**1918** erste Reise als US Army-Transporter / 10.**1918** umbenannt **PHILIPPINES** / 1.5.**1919** US Navy-Transporter; zwei Reisen New York–Brest / 23.10.**1919** an das US Shipping Board, New York / **1920** aufgelegt / **1924** in New York abgewrackt.

Die BULGARIA wird 1899 in Hamburg nach der Heimkehr von ihrer berühmten Sturmreise feierlich begrüßt. (Foto: Max Priester)

Im Russisch-Japanischen Krieg hatte die Hapag die logistische Riesenaufgabe übernommen und erfolgreich gelöst, die russische Ostseeflotte auf ihrem wochenlangen Marsch nach Ostasien – und damit in ihren Untergang in der Seeschlacht von Tsushima – mit dem Brennstoff Kohle zu versorgen. Die zeitgen. Postkarte erinnert an diesen Einsatz.

Die BULGARIA 1906 in Charter der Ligure Brasiliana.

153 SS **BATAVIA**
Blohm & Voss, Hamburg; Baunr. 132

10 178 BRT / 158,40 m Länge ü.a. / 18,96 m Breite / Zwei IV-Exp.-Dampfmaschinen; B&V / 4100 PSi / 2 Schrauben / 12 kn / Pass.: 4+2 I. in zwei Kab., 256+8 II. in 84 Kab., 2138 (2738) ZwD / Bes.: 150

11.3.**1899** Stapellauf / 25.5.**1899** Fertigstellung / 30.5.**1899** Jungfernreise Hamburg–Baltimore; später auch nach Boston / **1900** mit 11 046 BRT vermessen / 3.**1902** eine Reise Bremerhaven–New York in Lloyd-Charter mit 2692 ZwD-Passagieren / 6.**1906** Umbau bei Blohm & Voss. 11 464 BRT. Jetzt 2809 Pass. im Zwischendeck / **1907** nur noch 1711 Pass. im Zwischendeck / 11.6.**1909** Übernahme von 300 Passagieren des am Vortag vor den Azoren gestrandeten Cunard-Dampfers **SLAVONIA** / 3.–9.**1913 POLONIA**, Unione Austriaca di Nav., Triest; Scheintransfer wegen eines Ratenkampfes mit der Canadian Pacific. Mittelmeer–Kanada-Dienst. Jetzt auch zwischen Genua und New York eingesetzt / 7.3.**1914** mit 11 515 BRT vermessen / 19.9.**1917** – 23.12.**1918** Truppentransporter der Kaiserlichen Marine, Ösel-Unternehmen und Kriegsgefangenentransporte / 1.1.**1919** mit 2000 ehemaligen französischen Kriegsgefangenen von der Elbe nach Cherbourg ausgelaufen. Anschließend holt das Schiff einen weiteren Heimkehrertransport aus Kopenhagen nach Cherbourg / 9.2.**1919** in Brest an die Französische Regierung (Cie. Gén. Transatlantique), Le Havre / **1922** von Messageries Maritimes bereedert / 21.3.**1923** in Genua aufgelegt / **1924** dort abgewrackt.

Die BATAVIA verläßt 1898 an einem winterlichen Tag den Hamburger Hafen.

Diese zeitgenössische Postkarte zeigt die BATAVIA 1919 in Frankreich, irrtümlich als SALZBURG bezeichnet, unter dem weiß-blau-weißen Schornsteinring der interalliierten Transport-Kommission.

157 SS **BELGRAVIA** (1)

Blohm & Voss, Hamburg; Baunr. 133

10 155 BRT / 157,30 m Länge ü.a. / 18,96 m Breite / Zwei IV-Exp.-Dampfmaschinen; B&V / 4000 PSi / 2 Schrauben / 12 kn / Pass.: 4+2 I. in zwei Kab., 256+8 II. in 84 Kab., 1328 (1928) ZwD / Bes.: 150

11.5.**1899** Stapellauf / 25.7.**1899** Fertigstellung / 16.8.**1899** Jungfernreise Hamburg–Baltimore, zeitw. auch nach New York und Boston / **1900** mit 10 982 BRT vermessen / **1905** Umbau bei Blohm & Voss. 11 397 BRT. Keine II. Klasse mehr, dafür jetzt 2800 Pass. im Zwischendeck / 31.5.**1905** RIGA, Transporter der Russischen Marine / **1906** an Black & Asow Sea S.S. Co., Odessa / **1919** umbenannt **TRANSBALT** / **1920** an Sovtorgflot, Odessa. Bis **1923** als Lazarettschiff eingesetzt / 13.6.**1945** im La Perouse-Kanal vom US U-Boot **SPADEFISH** irrtümlich für ein japanisches Schiff gehalten und durch Torpedo versenkt.

– SS **BELGIA** (1)

Harland & Wolff, Belfast; Baunr. 327

11 585 BRT / 157,10 m Länge ü.a. / 18,95 m Breite / Zwei IV-Exp.-Dampfmaschinen; H&W / 4000 PSi / 2 Schrauben / 12 kn / Pass. (geplant): 4+2 I. in zwei Kab., 256+8 II. in 84 Kab., 1330 (1930) ZwD / Bes.: 150

5.10.**1899** Stapellauf als Schwesterschiff der **BRASILIA**. Für den Hamburg–New York-Dienst vorgesehen. Vor Fertigstellung als **MICHIGAN** an die Atlantic Transport Line, London. Weiterbau ohne Passagiereinrichtungen / 12.**1899** Ablieferung als Frachtschiff **IRISHMAN**, Dominion Line, Liverpool. 9501 BRT / **1921** an F. Leyland & Co., Liverpool / **1924** zum Abwracken nach Holland.

Nach BULGARIA und BATAVIA war die BELGRAVIA das dritte Blohm & Voss-Schiff dieser Klasse.

Die RIGA ex BELGRAVIA 1906 im Dienst der Russischen Marine.

Für ein fünftes Schiff dieser Klasse hatte die Hapag den Namen BELGIA vorgesehen, es wurde jedoch vor Fertigstellung verkauft. Das Foto zeigt es um 1905 als IRISHMAN der Dominion Line.

Die TRANSBALT, ehemals BELGRAVIA, 1937 im Mersey. (Foto: Keith P. Lewis)

149 SS **BENGALIA**

A. Stephen & Sons, Glasgow; Baunr. 377

7661 BRT / 11 684 tdw / 147,42 m reg. Länge / 17,42 m Breite / Eine III-Exp.-Dampfmaschine; Stephen / 4 Kessel, 12,7 at / 3800 PSi / 1 Schraube / 11,5 kn / Bes.: 57

Baubeginn für Reederei Furness, Withy & Co., London / **1898** Ankauf / 1.9.**1898** Stapellauf / 20.10.**1898** Ablieferung / 3.12.**1898** Jungfernreise Hamburg–Baltimore / 9.1.**1905** auf einer Reise von Cardiff nach Diego Suarez im Rahmen der von Ballin organisierten Kohlenversorgung der russischen Flotte vor Fort Dauphin, Madagaskar, auf ein unkartiertes Felsenriff gestoßen / 18.1.**1905** gesunken.

150 SS **BOSNIA**

Palmers Shipbuilding & Iron Co., Jarrow; Baunr. 733

7437 BRT / 11 480 tdw / 147,40 m reg. Länge / 17,46 m Breite / Eine III-Exp.-Dampfmaschine; Palmers / 4 Kessel, 11,6 at / 3900 PSi / 1 Schraube / 11,5 kn / 8 Pass. in vier Kab. / Bes.: 57

Baubeginn für Reederei Furness, Withy & Co., London / **1898** Ankauf / 18.8.**1898** Stapellauf / 24.1.**1899** Ablieferung und Jungfernreise ab Jarrow nach Baltimore / 22.3.**1899** erste Reise Hamburg–New York / **1907** bei Blohm & Voss in Hamburg mit Einrichtungen für 2495 Zwischendeckspass. versehen. 9683 BRT / 4.6.**1907** erste Reise Hamburg–Boston / 2.8.**1914** – 11.12.**1918** Werkstattschiff im Dienst der Kaiserlichen Marine / 27.5.**1920** in Leith an The Shipping Controller übergeben, bereedert von Macvicar, Marshall & Co., London / **1921** an H. Nemazee, Hongkong / 1.**1922** umbenannt **FRANGESTAN** / 2.4.**1924** Auf einer Reise Bombay–Djeddah mit 1200 Pilgern und einer Ladung Baumwolle an Bord im Roten Meer in Brand geraten. Alle Menschen können von dem britischen Frachter **CLAN MACIVER** abgeborgen werden / 3.4.**1924** Das britische Dampf-U-Boot **K 26**, das auf seiner Fahrt von Portsmouth nach Singapur den Unfallort passiert, versenkt das noch immer brennend treibende Schiff durch Geschützfeuer.

Auf die fünf großen B-Dampfer folgte eine Serie von sechs kleineren Einheiten. Hier die BENGALIA an der Trosse des Hapag-Schleppers STADE. (Zeitgen. Postkarte, Sammlung Henry Albrecht)

Die BOSNIA vor ihrem Umbau zum Auswandererschiff.

Der Untergang der FRAGESTAN ex BOSNIA 1921 im Roten Meer.

152 SS **BETHANIA**

A. Stephen & Sons, Glasgow; Baunr. 380

7492 BRT / 11 460 tdw / 147,38 m reg. Länge / 17,40 m Breite / Eine III-Exp.-Dampfmaschine; Stephen / 4 Kessel, 11,2 at / 3500 PSi / 1 Schraube / 11,5 kn / 8 Pass. in vier Kab. / Bes.: 57

Baubeginn für Reederei Furness, Withy & Co., London / **1898** Ankauf / 27.1.**1899** Stapellauf / 25.3.**1899** Ablieferung und Jungfernreise ab Glasgow nach Baltimore / 11.1.**1909** bei Breachy Head mit einem unbeleuchteten Segler (wahrscheinlich die britische **IONIC**) kollidiert, der sofort sinkt / 1.**1911** erste Reise Hamburg–Westafrika / 2.8.**1914** in Teneriffa aufgelegt / 26.8.**1914** vor Rio del Oro übergibt die **BETHANIA** Kohle an den Hilfskreuzer **KAISER WILHELM DER GROSSE**. Als sich der britische Kreuzer **HIGHFLYER** nähert, übernimmt die **BETHANIA** 350 Mann der Besatzung des Hilfskreuzers, der sich kurz darauf selbst versenkt, worauf die **BETHANIA** Kurs auf New York nimmt / 7.9.**1914** 300 sm vor Kap Hatteras von dem britischen Kreuzer **ESSEX** gestellt und nach Kingston gebracht / **1914** **PARISIAN**, P. Leyland & Co., Kingston / **1919** Heimathafen Liverpool / **1920** **ESTHER DOLLAR**, Dollar Lines, London / **1921** Heimathafen Vancouver / **1929** **CHIEF SKIDEGATE**, Canadian American Nav. Co., Hongkong / 4.**1930** **TAIHAKU MARU**, Nippon Kosen Gyogyo, Fuchu / **1931** an Azuma Kosen, Kobe / **1933** an Nippon Godo Kosen, Kobe / **1936** an Shinko Suisan, Tokio / **1938** Heimathafen Kobe / **1939** an A. Sangyo, Habuminato / 26.10.**1944** auf Pos. 19.07 N - 120.42 O nördlich von Luzon von dem US-U-Boot **DRUM** durch Torpedo versenkt.

155 SS **BRISGAVIA**

Workman, Clark & Co., Belfast; Baunr. 152

6477 BRT / 10 080 tdw / 136,70 m reg. Länge / 16,22 m Breite / Eine III-Exp.-Dampfmaschine; Workman / 3 Kessel, 11,5 at / 2700 PSi / 1 Schraube / 10,5 kn / 4+2 Pass. in vier Kab. / Bes.: 54

Baubeginn für F. Leyland & Co., Liverpool / 2.**1899** angekauft / 23.2.**1899** Stapellauf / 1.6.**1899** Ablieferung und Jungfernreise Belfast–Baltimore / 12.7.**1899** erste Reise Hamburg–Baltimore / 8.**1914** in Hamburg aufgelegt / 7.5.**1919** in Brest an die französische Regierung abgeliefert, Heimathafen Marseille / 12.**1921** **ARKANSAS**, Cie. Gén. Transatlantique, Le Havre / 16.2.**1932** in Le Havre aufgelegt / 8.12.**1934** Ankunft zum Abwracken in La Spezia.

168 SS **BELGIA** (2)

Palmers Shipbuilding & Iron Co., Jarrow; Baunr. 744

7507 BRT / 11 532 tdw / 147,46 m reg. Länge / 17,46 m Breite / Zwei III-Exp.-Dampfmaschinen; Palmers / 4 Kessel, 11,3 at / 3400 PSi / 2 Schrauben / 12 kn / Pass.: 8 in vier Kab. / Bes.: 56

5.12.**1899** Ankauf des für Furness, Withy & Co., London, in Bau befindlichen Schiffes / 14.4.**1900** Stapellauf / 2.6.**1900** Ablieferung / 12.6.**1900** Jungfernreise Hamburg–Boston / 23.4.**1904** **IRTYSH**, Russische Regierung, Libau. Hilfskreuzer und Munitionstransporter der Russischen Marine im Russisch-Japanischen Krieg / 24.5.**1905** von japanischen Kriegsschiffen schwer beschädigt / 27.5.**1905** von der Besatzung aufgegeben / 28.5.**1905** in Pos. 35.02 N - 132.11 O vor der japanischen Küste gesunken. **1959** von japanischen Bergern gehoben und verschrottet.

Dampfer BETHANIA.

Die BRISGAVIA verläßt Hamburg im Mai 1919 auf der Fahrt nach Brest zur Ablieferung an die Entente.

Die BELGIA (2) im Hamburger Hafen. Im Vordergrund sog. Oberländer Kähne, die dem damals sehr bedeutenden Frachtverkehr auf der Elbe zwischen Hamburg und den bis 1914 zu Österreich-Ungarn gehörenden tschechischen Elbehäfen dienten.

227 ss **BADENIA** 1926 529 **HOLM**

Furness, Withy & Co., West Hartlepool; Baunr. 264

6415 BRT / 10 050 tdw / 137,19 m reg. Länge / 16,20 m Breite / Eine III-Exp.-Dampfmaschine; Richardson / 3 Kessel, 14 at / 2900 PSi / 1 Schraube / 11 kn / Pass.: 1500 ZwD / Bes.: 53

7.7.**1902** Stapellauf / 11.10.**1902** Ablieferung / 22.10.**1902** Jungfernreise Hamburg–Baltimore / **1909** mit 7482 BRT vermessen / **1911** mit 6930 BRT vermessen / 8.**1914** in Hamburg aufgelegt / 25.2.–16.11.**1917** Transporter No. 9 der Kaiserlichen Marine beim Öselunternehmen / 5.**1918** kurz bei der Seetransportstelle Stettin / **1918**–6.**1919** Repatriierungstransporte von Kriegsgefangenen für das Deutsche Reich / 1.9.**1919** in Leith an The Shipping Controller, London, abgeliefert, von A. Holt bereedert. **1921** an die Danzig Trading & Shipping Co., London / **1921** HOLM, „Artus" Danziger Reederei & Handels AG, Danzig. Die „Artus" gehört Stinnes / 24.11.**1926** an die Hapag. 7543 BRT; Pass.: 77 II., 102 III., 334 ZwD; 3300 PSi, 12 kn / Hamburg–Brasilien–La Plata-Dienst / 20.12.**1929** Ankunft zum Abwracken bei W. Ritscher in Harburg.

Die BADENIA 1910 im Hafen von Boston. (Foto: Richard Hildebrand)

Die HOLM ex BADENIA 1928 auf der Elbe. (Foto: Dahll & Rohwedder)

Charterschiff KAISER FRIEDRICH

– SS **KAISER FRIEDRICH**
Norddeutscher Lloyd, Bremen
F. Schichau, Danzig; Baunr. 587

12 480 BRT / 182,90 m Länge ü.a. / 19,42 m Breite / Zwei fünfzyl. IV-Exp.-Dampfmaschinen; Schichau / 10 Kessel, 15 at / 28 000 PSi / 2 Schrauben / 20 kn / Pass.: 350 I., 250 II., 700 ZwD / Bes.: 456

5.10.**1897** Stapellauf / 12.5.**1898** Ablieferung / 7.6.**1898** Jungfernreise Bremerhaven–Southampton–New York / Da **KAISER FRIEDRICH** statt der vertraglich geforderten Geschwindigkeit von 22 nur knapp 20 Knoten erreicht, fordert der Lloyd die Werft zu Nachbesserungen auf. Trotz aller Bemühungen, u.a. werden die Schornsteine um 4,5 m verlängert, bessern sich die Ergebnisse nicht / 20.6.**1899** Nach insgesamt acht Rundreisen gibt der Lloyd das Schiff endgültig an die Bauwerft zurück / 21.7.**1899** für F. Schichau mit Heimathafen Hamburg eingetragen / 1.10.**1899** erste Reise Hamburg–Southampton–New York in Charter der Hapag / 10.10.**1900** Nach zehn Rundreisen gibt auch die Hapag das Schiff an Schichau zurück, das danach bis **1912** in Hamburg aufliegt und zum Verkauf steht. Verkaufsverhandlungen mit ausländischen Reedereien, u.a. **1910** mit der Norske Amerikalinje, verlaufen ergebnislos / 1.5.**1912 BURDIGALA**, Cie. Sudatlantique, Bordeaux, die den Liner nach der langen Auflegezeit in Le Havre gründlich überholen läßt / 26.9.**1912** mit einem Galadinner an Bord feierlich in Dienst gestellt / 5.10.**1912** erste Reise Bordeaux–Rio de Janeiro–La Plata-Häfen / 11.**1913** Nach dieser ersten Rundreise werden aufwendige Reparaturen nötig, so daß die nächste Abfahrt nicht angetreten werden kann und man das Schiff schließlich **1913** in Bordeaux auflegt / 3.**1915** als Truppentransporter nach den Dardanellen eingesetzt / 12.**1915** Hilfskreuzer der Französischen Marine / 14.11.**1916** zwischen Mykonos und Tenos, 2 sm südwestlich St. Nicolo, in der Kéos-Straße auf eine von **U 73** gelegte Mine gelaufen und gesunken.

Für zehn Rundreisen lief der Lloyd-Schnelldampfer KAISER FRIEDRICH von 1899 bis 1900 unter der Hapag-Flagge. (The Peabody Museum of Salem)

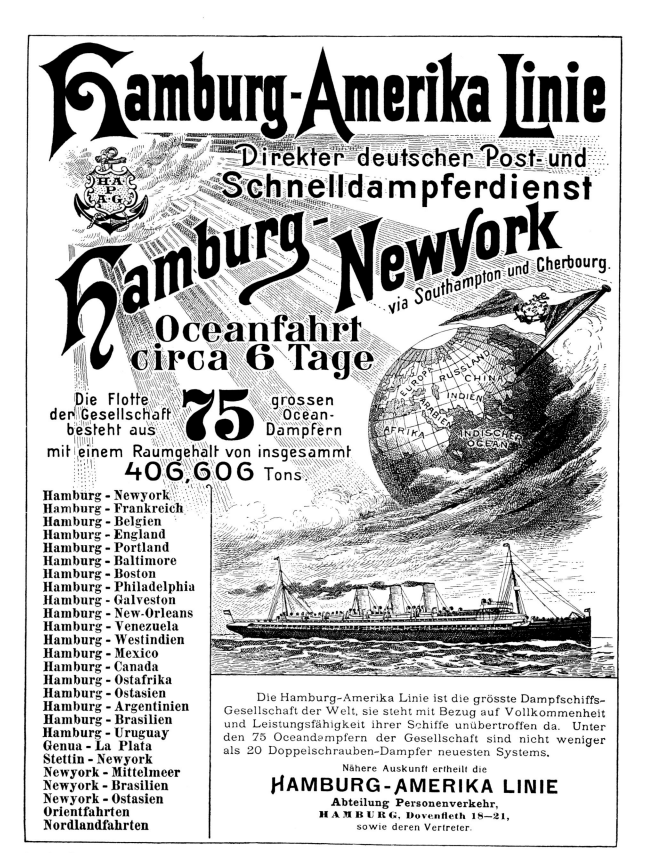

Anzeige der Hapag aus dem Jahr 1899.

Neubauten für das 20. Jahrhundert

Die letzten im 19. Jahrhundert abgelieferten Neubauten sind hier in einer bunten, typübergreifenden Revue zusammengefaßt.

Althergebrachte Frachter und Kombischiffe finden sich zwischen den ersten großen Post- und Passagierdampfern für den Ostasien-Dienst.

Sozusagen als Tribut an das heraufziehende 20. Jahrhundert ist der Bau des Schnelldampfers DEUTSCHLAND anzusehen, zu dem sich Hapag-Chef Albert Ballin nur zögerlich auf Drängen seiner Vorstandskollegen überreden ließ, die den Lloyd-Schnelldampfer KAISER WILHELM DER GROSSE unbedingt übertreffen wollten. Die Erfahrung mit den vier Schnelldampfern der AUGUSTA VICTORIA-Klasse, die 1889–1891 als Spitzenschnelldampfer in Fahrt kamen und schon 1897 in Größe und Geschwindigkeit hoffnungslos überholt waren, ließ bei Ballin Skepsis am wirtschaftlichen Sinn des Strebens nach Höchstgeschwindigkeit aufkommen. So blieb die DEUTSCHLAND das einzige Hapag-Schiff mit dem Blauen Band, das sie allerdings von allen deutschen Schiffen am längsten verteidigt hat!

Das erste speziell für Luxus-Kreuzfahrten gebaute Schiff der Welt, die PRINZESSIN VICTORIA LUISE, war hingegen eine weitere Pionierleistung der Hapag auf dem langen Evolutionsweg der internationalen Kreuzfahrt.

138 SS **SARDINIA**

Blohm & Voss, Hamburg; Baunr. 126

3601 BRT / 4910 tdw / 105,35 m reg. Länge / 13,32 m Breite / Eine III-Exp.-Dampfmaschine; B&V / 2 Kessel, 15 at / 1700 PSi / 1 Schraube / 11 kn / Pass.: 20+12 I. in acht Kab., 88 ZwD / Bes.: 67

5.4.**1898** Stapellauf / 24.5.**1898** Ablieferung / 9.6.**1898** Jungfernreise Hamburg–Baltimore / 19.7.**1898** erste Reise Hamburg–Baltimore / Um **1905** Zwischendeckplätze auf 601 erhöht / 8.**1914** in Fayal interniert / 23.2.**1916** von Portugal beschlagnahmt. **S. JORGE**, Transportes Maritime do Estados, Lissabon / **1925** **AMBOIM**, Cia. Colonial de Nav., Lissabon / 1.**1933** Ankunft zum Abwracken in Hendrik Ido Ambacht.

141 SS **SYRIA**

Blohm & Voss, Hamburg; Baunr. 127

3607 BRT / 4910 tdw / 105,36 m reg. Länge / 13,32 m Breite / Eine III-Exp.-Dampfmaschine; B&V / 2 Kessel, 15 at / 1700 PSi / 1 Schraube / 11 kn / Pass.: 20+12 I. in acht Kab., 88 ZwD / Bes.: 67

7.5.**1898** Stapellauf / 22.6.**1898** Ablieferung / 2.7.**1898** Jungfernreise Hamburg–Baltimore / 20.8.**1898** erste Reise Hamburg–New Orleans / 12.1.**1904** Mit einem Truppenkontingent von 200 Mann legt die **SYRYA**, von Hamburg kommend, als erster Überseedampfer im neuen Hafen von Tsingtau an und weiht diesen feierlich ein / Um **1905** Zwischendeckplätze auf 638 erhöht / 8.**1914** in Hamburg aufgelegt / 10.8. – 24.11.**1915** und ab 7.**1916** in der Erzfahrt Schweden–Deutschland eingesetzt / 16.7.**1916** vor Björoklubb im Bottnischen Meerbusen in schwedischen Hoheitsgewässern von dem russischen U-Boot **VEPR** durch Torpedo versenkt.

Die Schwesterschiffe SARDINIA (links) und SYRIA (S. 187) für den Westindien-Dienst.

Frachtdampfer SAXONIA in der Flensburger Förde. (Flensburger Schiffsbau-Gesellschaft)

156 SS **SAXONIA** (3)

Flensburger Schiffsbau-Gesellschaft, Flensburg; Baunr. 185

5176 BRT / 6930 tdw / 121,97 m reg. Länge / 14,06 m Breite / Eine III-Exp.-Dampfmaschine; FSG / 2 Kessel, 12 at / 2100 PSi / 1 Schraube / 11 kn / Bes.: 55

1897 Bauauftrag von der Kingsin-Linie, Hamburg, **1898** auf die Hapag übergegangen / 18.4.**1899** Stapellauf / 1.6.**1899** Ablieferung / 17.6.**1899** Jungfernreise Hamburg–Ostasien / 8.**1914** in Seattle interniert / 6.4.**1917** in Seattle von den USA beschlagnahmt / 9.6.**1917** **SAVANNAH**, US Shipping Board, Washington / 3.11.**1917** als U-Bootstender der US Navy in Dienst. Kennung No. 3015, ab 17.7.**1920** **AS 8** / 16.12.**1926** im Puget Sound Navy Yard aufgelegt / 15.9.**1933** Name gestrichen, nur noch als **AS 8** geführt / 26.6.**1934** außer Dienst, an das US Shipping Board zurück / 26.9.**1934** **SAVANNAH**, Northland Transport Co. (Nieder & Marcus), Seattle / **1937** an L. Dulien, Seattle / **1942** **ORBIS**, Orbis S.S. Co., New York, hinter der Arnold Bernstein und andere standen / **1942**–15.5.**1944** in Seattle zum Frachtdampfer umgebaut / **1946** für die Arnold Bernstein Steamship Corporation, New York, eingetragen / **1948** an die Soc. Armadora Valenciana, Panama / 10.6.**1952** in Genua aufgelegt / 26.1.**1954** Ankunft zum Abwracken in Osaka.

165 SS **SAMBIA**

Flensburger Schiffsbau-Gesellschaft; Baunr. 195

5623 BRT / 7690 tdw / 122,11 m reg. Länge / 15,24 m Breite / Eine III-Exp.-Dampfmaschine; FSG / 2 Kessel, 12 at / 2200 PSi / 1 Schraube / 12 kn / Bes.: 44

31.12.**1899** Stapellauf / 25.1.**1900** Ablieferung / 3.**1900** Jungfernreise Hamburg–Ostasien / 8.4.**1908** vor der Jangtse-Mündung 13 Schiffbrüchige von einer sinkenden chinesischen Dschunke geborgen / 8.8.**1914** in Manila interniert / 6.4.**1917** von den USA beschlagnahmt / 7.12.**1917** **TUNICA**, US Shipping Board, San Francisco. Von der French American Line bereedert / **1922** **STUYVESANT**, Pacific Freighters, San Francisco / 2.**1924** **PAUL REGENDANZ**, Reederei Regendanz, Hamburg / 23.9.**1924** umbenannt **PAUL**, Heimathafen Panama / 30.9.**1925** auf der Reise Halifax–Großbritannien bei St. Ann's Head, Wales, gestrandet und als Totalverlust aufgegeben / **1930** abgewrackt.

Die SAMBIA.

167 SS **HAMBURG** (1)
A.G. Vulcan, Stettin; Baunr. 243

10 532 BRT / 10 079 tdw / 158,50 m Länge ü.a. / 18,34 m Breite / Zwei IV-Exp.-Dampfmaschinen; Vulcan / 6 Kessel, 15 at / 9000 PSi / 2 Schrauben / 15 (16) kn / Pass.: 199+105 I. in 105 Kab., 86+15 II. in 44 Kab., 68 III. in Kab. / Auf Kreuzfahrt: 250 in 124 Kab., davon 84 außen / Bes.: 225

Kiellegung als **BORUSSIA** / 25.11.**1899** Stapellauf / 12.3.**1900** Ablieferung / 21.3.**1900** Jungfernreise Hamburg–Bremerhaven–Yokohama / 30.10.**1903** Rettung von 17 Schiffbrüchigen eines chinesischen Fischerbootes / 2.6.**1904** erste Reise Hamburg–New York. Pass. jetzt: 172+92 I. in 92 Kab., 106+31 II. in 44 Kab., 1080 ZwD / 13.4.**1905** erste Reise Neapel–New York / 12.7.**1905** erste Nordland-Kreuzfahrt; bis **1914** fünf weitere Kreuzfahrten / 27.2.**1910** in Neapel mit dem Schlepper **EOLO** kollidiert, dieser sinkt / **1910** erste Reise im Atlas-Dienst New York–Havanna / 21.2.**1911** erste von zwei Kreuzfahrten New York–Westindien / **1911** wieder Genua–New York / 31.7.**1914** an New York, wegen des Krieges aufgelegt / 13.9.–23.10.**1914** unter dem Namen **RED CROSS** eine Rundreise New York–Rotterdam in Charter des Internationalen Roten Kreuzes / 6.4.**1917** in New York von den USA beschlagnahmt / 16.8.**1917** als Truppentransporter der US Navy in Dienst / 5.9.**1917** in **POWHATAN** umbenannt / 12.11.**1917** erste von zwölf Nordatlantik-Rundreisen / 23.8.**1919** an das US Shipping Board, New York / 2.9.**1919** Truppentransporter der US Army / 17.1.**1920** Wegen Wassereinbruchs im Kesselraum manövrierunfähig geworden, muß die **POWHATAN** eine Reise nach Europa abbrechen, die 271 Passagiere an die **GREAT NORTHERN** abgeben und sich nach Halifax schleppen lassen, wo sie dem US Shipping Board zurückgegeben wird / 7.**1920** umbenannt **NEW ROCHELLE**. 9699 BRT / 5.8.**1920** eine Reise New York–Danzig in Charter der Baltic Steamship Corp. of America / 12.2.**1921** erste Reise New York–Danzig in Charter der U.S. Mail S.S. Co. / 5.**1921** umbenannt **HUDSON** / 30.8.**1921** erste Reise New York–Bremerhaven–Danzig in Charter der United States Lines / 7.**1922** umbenannt **PRESIDENT FILLMORE** / 20.11.**1923** letzte Transatlantikreise Bremerhaven–New York; dort aufgelegt / **1924** Verkauf an die Dollar Line sowie andere geplante Transaktionen werden nicht realisiert / 7.**1928** im Schlepp der **COLUMBINE** zum Abwracken nach Baltimore.

Reichspostdampfer HAMBURG als Kaiseryacht in Cuxhaven.

Reichspostdampfer HAMBURG beim Einlaufen in Genua.

Die HAMBURG im Zwischenhafen Genua. (Zeitgen. Postkarte)

Zweimal, 1905 und 1906, nutzte Kaiser Wilhelm II. die zu diesem Zweck weiß angestrichene HAMBURG als Staatsyacht.

Kapitän Vogelsang mit Kaiser Wilhelm II. auf der HAMBURG.

179 ss **KIAUTSCHOU**
AG Vulcan, Stettin; Baunr. 246

10 911 BRT / 10 424 tdw / 158,50 m Länge ü.a. / 18,34 m Breite / Zwei IV-Exp.-Dampfmaschinen; Vulcan / 6 Kessel, 15 at / 9000 PSi / 2 Schrauben / 15 (16) kn / Pass.: 206+118 I. in 117 Kab., 86+17 II. in 34 Kab., 80 III. in Kab. / Bes.: 225

Kiellegung als **TEUTONIA** / 14.9.**1900** Stapellauf / 14.12.**1900** Ablieferung / 12.**1900** Jungfernreise Hamburg–Bremerhaven–Yokohama / 2.5.**1902** eine Rundreise Hamburg–New York–Hamburg / 20.2.**1904** **PRINCESS ALICE**, Norddeutscher Lloyd, Bremen. Pass.: 168+110 I., 110+22 II., 1954 ZwD / 22.3.**1904** erste Reise Bremerhaven–New York / 31.8.**1904** erste Reise Bremerhaven–Yokohama / 20.8.**1914** nach kurzem Einsatz als Hilfsschiff für den Kreuzer **EMDEN** in Cebu interniert / 6.4.**1917** von den USA beschlagnahmt. **PRINCESS MATOIKA**, US Shipping Board, San Francisco / 10.5.**1917** mit US-Truppen von Cebu nach Frankreich / 27.4.**1918** US Navy Transporter / 16.9.**1919** über die US Army an das US Shipping Board, New York. Von der US Mail Steamship Co. bereedert. Pass.: 350 Kabinenklasse, 500 III. Klasse / **1921** an Unites States Lines, New York / 3.9.**1921** erste Reise New York–Bremerhaven, zeitweise bis Danzig / **1922** in **PRESIDENT ARTHUR** umbenannt / 10.**1923** letzte Rundreise New York–Bremen; danach aufgelegt / **1925** an die American Palestine Line, New York; weiter an Palace Line, New York, Umbenennung in **WHITE PALACE** geplant, jedoch nicht realisiert / **1926** über C. L. Dimon, New York, an die Los Angeles S.S. Co., Los Angeles / Bis **1927** auf der Los Angeles Shipbuilding and Dry Dock Co. in San Pedro zum Luxusliner **CITY OF HONOLULU** umgebaut. 10 860 BRT, neue Kessel, 11 000 PSi, 17 kn, Pass.: 445 I., 50 III. / 6.**1927** erste Reise Los Angeles–Honolulu / 25.5.**1930** in Honolulu ausgebrannt / 8.11.**1930** in Los Angeles aufgelegt / 5.10.**1933** Ankunft zum Abwracken in Osaka.

Das Schwesterschiff der HAMBURG, die KIAUTSCHOU.

Die ehemalige KIAUTSCHOU 1927 als CITY OF HONOLULU für den kreuzfahrtähnlichen Hawaii-Dienst.

Der verheerende Brand der CITY OF HONOLULU ex KIAUTSCHOU.

169 SS **DEUTSCHLAND** (3)   1911 **VICTORIA LUISE**
1921 **HANSA** (2)

AG Vulcan, Stettin; Baunr. 244

16 502 BRT / 10 400 tdw / 208,50 m Länge ü.a. / 20,50 m Breite / Zwei IV-Exp.-Dampfmaschinen; Vulcan / 16 Kessel, 15 at / 37 800 PSi / 2 Schrauben / 22,5 (23,5) kn / Pass.: 429+237 I. in 254 Kab., 226+112 II. in 109 Kab., 284 ZwD / Bes.: 557

10.1.**1900** Stapellauf / 25.6.**1900** Ablieferung / 4.7.**1900** Jungfernreise Cuxhaven–New York, auf der das Schiff mit 22,42 kn das Blaue Band gewinnt, das es bis **1902** und danach von **1903**–**1907** mit 23,15 kn hält. Auf der Rückreise wird mit 22,84 kn auch der Rekord in Gegenrichtung gebrochen und **1901** auf 23,51 kn verbessert / 22.4.**1902**. Auf der Heimreise verliert die **DEUTSCHLAND** 400 sm westlich Bishop Rock in schwerem Wetter Hintersteven und Ruder, kann aber mit eigener Kraft die Reise beenden / 6.11.**1902** nach Reparatur bei Blohm & Voss, Hamburg, wieder in Fahrt / 1.**1904** eine Sonder(kreuz)fahrt New York–Mittelmeer / 6.2.**1908** eine Reise New York–Funchal–Gibraltar–Genua–Neapel / 10.**1910**–8.**1911** bei der Vulcan-Werft in Stettin zum Kreuzfahrtschiff **VICTORIA LUISE** umgebaut; danach Ausrüstungsarbeiten in Hamburg. Damals größtes Kreuzfahrtschiff der Welt. Daten: 16 703 BRT, 6908 tdw, 8 Kessel, 15 000 PSi, 17,5 kn, Pass.: 487 in 335 Kab., davon 192 außen, Bes.: 479 / 2.9.**1911** erste Probefahrt ab Cuxhaven / 23.9.**1911** Überführungsfahrt Hamburg–New York, von dort Kreuzfahrten in die Karibik. Von Frühjahr bis Herbst europäische Kreuzfahrten / 3.8.**1914** als Hilfskreuzer der Kaiserlichen Marine vorgesehen, aber nicht eingesetzt / 8.8.**1914** in Hamburg aufgelegt / **1919** verzichtet die Entente wegen des schlechten Schiffszustands auf die Ablieferung / 8.**1920**–10.**1921** bei der Vulcan-Werft in Hamburg umgebaut / **1921** in **HANSA** umbenannt. 16 333 BRT, 7 auf Ölfeuerung umgebaute Kessel, 12 000 PSi, 15 kn, Pass.: 165+55 I. in 96 Kab., 664 III. in 166 Kab., 492 ZwD; ab **1923** nur noch 404 ZwD / 27.10.**1921** erste Reise Hamburg–New York / 28.5.**1925** in Hamburg zum Abwracken verkauft.

Die DEUTSCHLAND war das einzige Hapag-Schiff, das je das Blaue Band des Nordatlantiks gewann. Sie verteidigte diese Spitzenstellung allerdings von allen deutschen Schiffen am längsten, nämlich sechs Jahre und drei Monate lang. Die vier anderen deutschen Gewinnerinnen dieses internationalen Wettbewerbs, KAISER WILHELM DER GROSSE, KRONPRINZ WILHELM, BREMEN und EUROPA, alle Norddeutscher Lloyd, brachten es gemeinsam auf sieben Jahre und fünf Monate. – Den mittschiffs ein Deck tiefer angebrachten weißen Anstrich trug die DEUTSCHLAND nur in ihrem ersten Dienstjahr.

Die DEUTSCHLAND verläßt Genua nach ihrem ersten Anlaufen dieses Hafens 1904. (Foto: Sammlung Maurizio Eliseo)

Die DEUTSCHLAND im Hafen von Dover. (Zeitgen. Postkarte, Sammlung Henry Albrecht)

Nach dem gelungenen Umbau stand die Vulcan-Werft vor dem Problem, die VICTORIA LUISE trotz des zu großen Tiefgangs sicher durch die Kaiserfahrt auf die freie Ostsee zu bringen. Man löste die Aufgabe mit Hilfe der Auftriebskräfte dieser achtern angebrachten Schwimmkörper; zudem hatte man das Schiff noch nicht voll ausgerüstet – siehe die fehlenden Boote –, was erst im Hamburger Betrieb der Vulcan-Werft geschehen sollte. Die geringe Fahrwassertiefe im Stettiner Haff war übrigens 1905 der Grund für den Umzug des Großschiffbaus von Stettin nach Hamburg gewesen. (Foto: Max Dreblow, Sammlung Henry Albrecht)

Die VICTORIA LUISE vor Cuxhaven. Schon 1913 erhielt das Schiff wieder den schwarzen Rumpfanstrich. (Foto: Johann Hamann)

Die VICTORIA LUISE, das damals größte Kreuzfahrtschiff der Welt, 1911 bei ihrer ersten Ankunft in Hamburg.

Die VICTORIA LUISE auf Norwegenfahrt mit dem attraktiven weißen Schnelldampferstreifen zwischen dem schwarzen Rumpf und dem Rot des Unterwasseranstrichs. Im Vordergrund SMS PELIKAN, Minendampfer der Kaiserlichen Marine.

Da die Siegermächte auf die Ablieferung der VICTORIA LUISE verzichteten, konnte die Hapag das Schiff 1921 unter seinem dritten Namen HANSA noch einmal als Auswandererschiff in Dienst stellen.

180 SS **PRINZESSIN VICTORIA LUISE**

Blohm & Voss, Hamburg; Baunr. 144

4419 BRT / 2032 tdw / 135,93 m Länge ü.a. / 14,33 m Breite / Zwei IV-Exp.-Dampfmaschinen; B&V / 4 Kessel, 15 at / 4200 PSi / 2 Schrauben / 15 (16) kn / Pass.: 192 in 121 Kab., davon 49 Einzel- und drei Vierbett-Dienerkabinen / Bes.: 161

28.6.**1900** Stapellauf / 15.12.**1900** Ablieferung / Erstes ausschließlich für Luxuskreuzfahrten gebautes Schiff der Welt / 4.1.**1901** Jungfernreise Hamburg–New York, von dort Westindien-Kreuzfahrten. Im Sommer Norwegenfahrten / 16.12.**1906** Beim Einlaufen nach Kingston, Jamaica, kommt gegen 20 Uhr das Leuchtfeuer von Plum Point in Sicht. Nachdem Kapitän Brunswig vergeblich Lotsensignale hatte abbrennen lassen, entschließt er sich, ohne Hilfe einzulaufen. Der I. Offizier Vahsel versucht ihm das auszureden und verweist auf ausdrückliche Warnungen und Verbote der Reederei. Die **PRINZESSIN VICTORIA LUISE** läuft mit 14 Knoten weiter. Der I. Offizier Vahsel kann die gewohnten Peilfeuer nicht ausmachen und warnt den Kapitän, weiter mit voller Maschinenkraft zu laufen. Kapitän Brunswig sieht zwar keine Gefahr, läßt aber jetzt um 21.14 Uhr die Maschinen auf halbe Kraft stellen. Unmittelbar danach erkennt Vahsel, daß man sich in der Peilung geirrt haben muß und ruft dem Kapitän zu: Wir müssen hart Backbord gehen. Aber es hilft alles nicht mehr: Die **PRINZESSIN VICTORIA LUISE** sitzt fest. Mit versteinertem Gesicht ordnet Kapitän Brunswig Lotungen an, spricht vom Aussetzen der Boote und berät mit dem I. Offizier Trimm- und Pumpmanöver. Dann geht er in seine Kabine und erschießt sich / 17.12.**1906** mittags macht der Kreuzer **BREMEN** einen Abschleppversuch, gerät dabei aber selbst in Gefahr und muß aufgeben. Dann kommt heftigere Dünung auf, und durch die Lecks dringt Wasser ein. Man beginnt jetzt mit dem Landen der Passagiere, die von den Matrosen durch die Brandung an Land getragen werden. Auf diese Weise können dann auch das Gepäck und die Post abgeborgen werden / 18.12.**1906** Das Schiff hat sich um 40° nach Backbord übergelegt. Auch die Mannschaft geht jetzt von Bord / 14.1.**1907** Nach einem Seebeben müssen alle Bergungsversuche aufgegeben werden.

Mit der PRINZESSIN VICTORIA LUISE startete die Hapag eine Weltpremiere: Der elegante Zweischornsteiner mit Klippersteven war der erste Schiffsneubau für die weltweite Luxuskreuzfahrt.

PRINZESSIN VICTORIA LUISE in Lissabon. (Zeitgen. Postkarte)

Die Hapag-Kreuzfahrtschiffe PRINZESSIN VICTORIA LUISE und AUGUSTE VICTORIA gemeinsam am Hapag-Terminal in Hoboken.

Das Ende der PRINZESSIN VICTORIA LUISE 1906 vor Jamaica.

Die NUMIDIA, modifizierter Nachbau der NUBIA.

166 SS **NUBIA**

Wm. Gray & Co., West Hartlepool; Baunr. 599

3494 BRT / 6177 tdw / 102,66 m reg. Länge / 15,49 m Breite / Eine III-Exp.-Dampfmaschine; Gray / 3 Kessel, 11 at / 1340 PSi / 1 Schraube / 9,5 kn / Pass.: zwei in einer Kab. / Bes.: 34

18.11.**1899** Stapellauf als **EVA** für M. Jebsen in Apenrade / 12.**1899** Ankauf durch die Hapag, Weiterbau als **NUBIA** / 1.2.**1900** Ablieferung / 14.4.**1900** Jungfernreise Stettin–New York / 15.5.**1901** erste Reise Hamburg–New Orlans / 25.12.**1904** sechs Schiffbrüchige von dem seit 14 Tagen entmastet treibenden amerikanischen Schoner **JOHAN A. ARCHER** abgeborgen / 4.1.**1907** **UJEST**, Seetransport GmbH, Hamburg / **1909** an Rhederei Vereinigung, Hamburg / 23.11.**1912** **LECHFELD**, Continentale Reederei, Hamburg / 27.2.**1915** **MASURIA**, Arthur Kunstmann, Stettin / 16.4.**1919** an The Shipping Controller abgeliefert, von Macbeth & Co., London, ab **1920** von C. B. Ashdown & Co., London, bereedert / **1921** umbenannt **ALDGATE** / **1925** **ITALO**, V. Saglimbene, Catania / **1926** umbenannt **ALBINO** / 10.**1934** Ankunft zum Abwracken in Genua.

170 SS **NUMIDIA**

Wm. Gray & Co., West Hartlepool; Baunr. 610

3044 BRT / 5060 tdw / 98,75 m reg. Länge / 14,36 m Breite / Eine III-Exp.-Dampfmaschine; Central Marine / 2 Kessel, 10,5 at / 1200 PSi / 1 Schraube / 9,5 kn / Pass.: zwei in einer Kab. / Bes.: 36

15.5.**1900** Stapellauf / 25.6.**1900** Ablieferung / 5.7.**1900** Jungfernreise Hamburg–New Orleans / 9.11.**1901** erste Reise Hamburg–Westindien / **1902** erste Reise im Hamburg–La Plata-Dienst / 31.3.**1904** erste Reise Hamburg–Südbrasilien / 4.1.**1907** **SAUSENBERG**, Seetransport GmbH, Hamburg / 10.2.**1910** an Reederei Vereinigung, Hamburg / 12.10.**1919** an The Shipping Controller, London, abgeliefert, von Macvivar, Marshall & Co., dann von J. M. Campbell & Co., **1920** von H. H. Penman, **1921** von S. H. Biscoe bereedert / **1921** an Motor Schooners, dann erneut an S. H. Biscoe, London / **1923** an Katana Steamship Co., London / **1925** **ESMERALDA**, Sicula Carboni, Catania / 14.3.**1935** Ankunft zum Abwracken in Venedig.

Die Frachterneubauten NUBIA und NUMIDIA stammten von der Werft Wm. Gray & Co. in West Hartlepool.

Ankauf der de Freitas-Schiffe 1900

Mit dem Ankauf der Liniendienste der Hamburger Reederei de Freitas & Co. nach der Ostküste Südamerikas und der darin beschäftigten Schiffe hatte die Hapag am 1. November 1900 einen weiteren Expansionsschritt eingeleitet. De Freitas hatte 1893 damit begonnen, der Hamburg-Süd in ihren Fahrtgebieten hartnäckige Konkurrenz zu bieten, was sich 1899/1900 zu einem Kampf auf Biegen und Brechen von beiden Seiten gesteigert hatte. Albert Ballin, der schon 1896 mit dem Einstieg der Hapag in die Genua–La Plata-Fahrt Interesse am Fahrtgebiet Südamerika bekundet hatte, sah in dem Konflikt de Freitas – Hamburg-Süd seine Chance. Er brachte die Inhaber der Firma de Freitas, denen der Kampf ohnehin über den Kopf zu wachsen schien und die so immerhin ihre Firma und ihre Mittelmeerdienste retten konnten, zu dem oben genannten Verkauf. Danach nahm die Hapag Gespräche mit der Hamburg-Süd über eine Betriebsgemeinschaft im Südamerikadienst auf, die sich bis ins Jahr 1901 hinzogen; siehe Band 2.

175 ss **LYDIA**
Richardson, Duck & Co., Stockton; Baunr. 447

2734 BRT / 3901 tdw / 88,12 m reg. Länge / 12,82 m Breite / Eine III-Exp.-Dampfmaschine; Blair / 2 Kessel, 11 at / 1000 PSi / 1 Schraube / 9 kn / Pass.: 12+12 in sechs Kab. / Bes.: 27

26.3.**1895** Stapellauf / 12.4.**1895** Ablieferung an A. C. de Freitas & Co., Hamburg / 8.12.**1900** an die Hapag / Hamburg–Brasilien- und Westindien-Dienst / 9.**1908** erste Reise Hamburg–Persischer Golf; später Küstenfahrt in China / 28.9.**1910** auf der Reise Hongai–Chinkiang vor Hongkong gestrandet.

176 ss **TROJA** (1)
Richardson, Duck & Co., Stockton; Baunr. 482

2719 BRT / 4170 tdw / 91,20 m reg. Länge / 12,82 m Breite / Eine III-Exp.-Dampfmaschine; Blair / 2 Kessel, 11,2 at / 1000 PSi / 1 Schraube / 10 kn / Pass.: 12+6 in sechs Kab. / Bes.: 33

20.10.**1896** Stapellauf / 24.11.**1896** Ablieferung an A. C. de Freitas & Co., Hamburg / Hamburg–Brasilien-Dienst / 12.12.**1900** an die Hapag / Hamburg–Südamerika-Dienst / 13.5.**1914** **ATTA**, Emder Reederei, Emden / 17.12.**1918** Heimathafen Hamburg / 8.1.**1919** an Reederei Atlantica, Zweigniederl. Emder Reederei, Hadersleben / 4.4.**1919** an The Shipping Controller (J. Gardiner), London / **1922** **ANTONIOS**, B. Lemos, Piräus / 15.9.**1923** auf der Reise Newport–Palermo in Brand geraten und am 16.9. auf Pos. 49.36 N - 6.8 W gesunken.

177 ss **SPARTA**
Richardson, Duck & Co., Stockton; Baunr. 506

2832 BRT / 4325 tdw / 91,15 m reg. Länge / 12,85 m Breite / Eine III-Exp.-Dampfmaschine; Blair / 2 Kessel, 11,2 at / 1250 PSi / 1 Schraube / 10 kn / Pass.: 7+11 in sieben Kab. / Bes.: 34

24.7.**1899** Stapellauf / 1.9.**1899** Ablieferung an A. C. de Freitas & Co., Hamburg / Hamburg–Südamerika-Dienst / 12.12.**1900** an Hapag / Hamburg–Südamerika-Dienst / 12.**1909** erste Reise Hamburg–Persischer Golf / 4.5.**1914** **IMERINA**, Messageries Maritimes, Marseille / 1.12.**1931** in Tamatave an der Ostküste Madagaskars auf ein Riff gelaufen und am folgenden Tag aufgegeben.

Das Wrack der LYDIA 1910 vor Hongkong.

LYDIA, SPARTA und TROJA waren fast identische Schwesterschiffe von der Werft Richardson, Duck & Co.; hier die SPARTA.

Die MACEDONIA vor Altona.

178 SS **MACEDONIA** (1)

C. S. Swan & Hunter, Wallsend; Baunr. 253

4304 BRT / 6725 tdw / 115,64 m reg. Länge / 14,12 m Breite / Eine III-Exp.-Dampfmaschine; North Eastern / 3 Kessel, 12,7 at / 1650 PSi / 1 Schraube / 10 kn / Pass.: 10 in fünf Kab. / Bes.: 46

15.6.**1900** Stapellauf / 28.11.**1900** Ablieferung an A. C. de Freitas & Co., Hamburg / Hamburg–Brasilien-Dienst / 13.12.**1900** an die Hapag / Nord- und Südamerika-Dienste / 2.**1911** erste Reise Hamburg–Persischer Golf / 8.**1914** in New Orleans aufgelegt / 27.11.**1914** Hilfskreuzerversorger der Kaiserlichen Marine / 28.3.**1915** westlich Fernando Noronha von dem britischen Kreuzer **GLOUCESTER** aufgebracht und bis Mai **1915** als Flottenmeldeschiff **FM 22** eingesetzt / **1915** **POLGOWAN**, Fisher, Alimonda & Co., London / **1917** an Farrar, Groves & Co., London / **1918** an The Shipping Controller (A. W. Pickard & Co.), London / 3.**1922** **MEROPI**, C. D. Calafatis, Syra / **1928** **TRIAINA**, G. C. Leemos & M. A. Georgilis, Chios / 13.1.**1935** nach Grundberührung in Piräus aufgelegt / 12.**1935** zum Abwracken nach Glasgow, jedoch am 25.3.**1936** in Rothesay aufgelegt / **1937** Ankunft zum Abwracken in Dalmuir.

181 SS **KARTHAGO**

J. Priestman & Co., Sunderland; Baunr. 62

2860 BRT / 4325 tdw / 91,30 m reg. Länge / 12,80 m Breite / Eine III-Exp.-Dampfmaschine; Blair / 2 Kessel, 11,3 at / 1100 PSi / 1 Schraube / Pass.: 16 in acht Kab. / Bes.: 34

1.8.**1896** Stapellauf / 8.9.**1896** Ablieferung an A. C. de Freitas & Co., Hamburg / Hamburg–Brasilien-Dienst / 24.12.**1900** an die Hapag / Hamburg–Südamerika-Ostküsten-Dienst / 28.4.**1914** **ALMA**, Emder Reederei, Emden / 8.1.**1919** an Reederei Atlantica, Zweigniederl. Emder Reederei, Hadersleben / 5.4.**1919** an The Shipping Controller (E. Th. Radcliff & Co., London / **1920** an Griechische Regierung, Athen / **1922** umbenannt **ADRIANOUPOLIS** / **1924** **IOANNIS D.**, J. Chandris & Co., Piräus / **1925** an G. Domestini & Co., Piräus / 18.6.**1925** auf der Reise von Barry nach Piräus bei Cape St. Vincent gestrandet.

Dampfer KARTHAGO.

182 SS **DACIA**

C. S. Swan & Hunter, Wallsend; Baunr. 248

3511 BRT / 5820 tdw / 102,05 m reg. Länge / 14,65 m Breite / Eine III-Exp.-Dampfmaschine; Richardson / 2 Kessel, 12,7 at / 1350 PSi / 1 Schraube / 10 kn / Pass.: 10 in fünf Kab. / Bes.: 36

4.11.**1899** Stapellauf / 16.6.**1900** Ablieferung an A. C. de Freitas & Co., Hamburg / Hamburg–Südamerika-Dienst / 24.12.**1900** an die Hapag / Hamburg–Brasilien-Dienst / 8.**1914** in Port Arthur, Texas, aufgelegt / 6.1.**1915 MONELIA**, E. N. Breitung, Marquette / Auf einer Reise nach Holland im Englischen Kanal von dem französischen Kreuzer **EUROPE** aufgebracht und trotz der US-Flagge als deutsches Schiff beschlagnahmt / **1915 YSER**, Französische Marine / 6.11.**1915** Auf der Reise Cardiff–Bizerta vor Philippeville von **U 38** angehalten und durch Geschützfeuer versenkt.

183 SS **ITHAKA**

Craig, Taylor & Co., Stockton; Baunr. 38

2268 BRT / 2469 tdw / 84,96 m reg. Länge / 12,06 m Breite / Eine III-Exp.-Dampfmaschine; Blair / 2 Kessel, 11,2 at / 780 PSi / 1 Schraube / 9,5 kn / Pass.: 11 in sechs Kab. / Bes.: 25

5.5.**1894** Stapellauf / 16.6.**1894** Ablieferung an A. C. de Freitas & Co., Hamburg / Hamburg–Brasilien-Dienst / 27.12.**1900** an Hapag / Gleicher Dienst / **1906–1910** Küstendienst in Ostasien / 24.6.**1911 CABO FRIO**, Empreza Commercio do Sul, Rio de Janeiro / **1915 RIO BRANCO**, Empreza de Nav. Espirito Santa Caravellas, Rio de Janeiro / **1915** an N. Gurgeel, Rio de Janeiro / 1.5.**1916** 50 sm östlich des Firth of Forth von **UB 27** torpediert.

Die DACIA.

Dampfer ITHAKA vor Hamburgs Wasserfront.

185 SS **SEVILLA**

J. Priestman & Co., Sunderland; Baunr. 81

5135 BRT / 7760 tdw / 120,65 m reg. Länge / 15,92 m Breite / Eine III-Exp.-Dampfmaschine; Werft / 3 Kessel, 12,7 kn / 2200 PSi / 1 Schraube / 10 kn / Pass.: 6 in drei Kab. / Bes.: 46

1.2.**1900** Stapellauf / 12.4.**1900** Ablieferung an A. C. de Freitas & Co., Hamburg / Hamburg–La Plata-Dienst / 20.1.**1901** an die Hapag / Hamburg–Brasilien-Dienst / 8.**1914** bei Kriegsausbruch in Buenos Aires, am 23.8. nach Bahia verlegt und dort am 26.8. interniert / **1917** Die Maschinenanlage wird von der Besatzung unbrauchbar gemacht / 2.5.**1921** im Schlepp in Hamburg angekommen und hier repariert / 29.3.**1922** an Board of Trade, London / 4.**1922** an Chr. Salvesen, Stanley, Falklands. Umbau zum Walfangmutterschiff / **1933** Walöltanker / 6.**1949** Ankunft zum Abwracken in Ghent.

186 SS **PARTHIA** (1)

Richardson, Duck & Co., Stockton; Baunr. 474

2727 BRT / 3690 tdw / 91,20 m reg. Länge / 12,82 m Breite / Eine III-Exp.-Dampfmaschine; Blair / 2 Kessel, 11,2 at / 1200 PSi / 1 Schraube / 9,5 kn / Pass.: 10 in drei Kab. / Bes.: 33

13.3.**1896** Stapellauf / 13.4.**1896** Ablieferung an A. C. de Freitas & Co., Hamburg / Hamburg–Brasilien-Dienst / 22.1.**1901** an Hapag / Hamburg–La Plata- bzw. Westindien-Dienst / 11.**1908** erste Reise Hamburg–Persischer Golf / 4.**1914** **LIZZY**, Emder Reederei, Emden / 17.12.**1918** Heimathafen Hamburg / 8.1.**1919** an Reederei Atlantica, Zweigniederl. Emder Reederei, Hadersleben / 25.5.**1919** an The Shipping Controller (C. T. Bowring & Co.), London / 11.**1920** **LORD HARRINGTON**, Byron S.S. Co. (Vernall & Co.), London / **1921** an M. A. Embiricos, London / **1928 FRANCESCO PAPALE**, Papale & Lizzio, Catania / **1928** an Armamento S.S. Co., Catania / 28.1.**1932** in Catania aufgelegt / **1933** an E. Haupt fu Constantino, Genua / **1933** Ankunft zum Abwracken in Savona.

189 SS **PONTOS** (1)

J. Priestman & Co., Sunderland; Baunr. 83

5678 BRT / 8600 tdw / 131,30 m reg. Länge / 16,42 m Breite / Eine III-Exp.-Dampfmaschine; Blair / 2 Kessel, 11,3 at / 2200 PSi / 1 Schraube / 10,5 kn / Pass.: 6 in drei Kab. / Bes.: 46

1.2.**1900** Stapellauf / 12.4.**1900** Ablieferung an A. C. de Freitas & Co., Hamburg / Hamburg–La Plata-Dienst / 15.2.**1901** an die Hapag / Hamburg–Brasilien-Dienst / 4.10.**1901** In der Florida-Straße rettet die **PONTOS** die achtköpfige Besatzung des sinkenden amerikanischen Schoners **ALICE BRADSHAW** / 8.**1914** bei Kriegsausbruch in Buenos Aires, die **PONTOS** wird am 7.8. von der Marine als Hilfskreuzerversorger angefordert / 10.10.**1914** in Florianopolis interniert / 1.6.**1917** von der Brasilianischen Regierung beschlagnahmt und in **PELOTAS** umbenannt, vom Lloyd Brasileiro, Rio de Janeiro, bereedert / **1917** an die Französische Regierung verchartert / 14.3.**1924** auf der Reise von Norfolk nach Triest in Pos. 34.35 N - 53.48 W gesunken.

Die SEVILLA im winterlichen Alltag des Hamburger Hafens.

Dampfer PARTHIA.

Die 5703 BRT große PONTOS war das größte Schiff der Reederei de Freitas gewesen.

193 SS **GRANADA** (1)
J. Priestman & Co., Sunderland; Baunr. 80

5124 BRT / 8128 tdw / 128,68 m reg. Länge / 15,92 m Breite / Eine III-Exp.-Dampfmaschine; Richardson / 3 Kessel, 12,7 kn / 2050 PSi / 1 Schraube / 10 kn / Pass.: 6 in drei Kab. / Bes.: 46

9.9.**1899** Stapellauf / 15.12.**1899** Ablieferung an A. C. de Freitas & Co., Hamburg / Hamburg–La-Plata-Dienst / 15.2.**1901** an die Hapag / Gleicher Dienst / 24.5.**1905** **SESTRORJETZK**, Russische Regierung, St. Petersburg. Einsatz u.a. als Kriegsgefangenentransporter im Russisch-Japanischen Krieg / 13.12.**1905** wieder **GRANADA**, Hapag / 8.**1914** in Buenos Aires aufgelegt / **1917** macht die Besatzung die Maschine unbrauchbar / 7. – 10.**1920** nach Hamburg geschleppt und hier repariert / 4.**1922** an The Shipping Controller abgeliefert, jedoch sofort weiterverkauft: **BREMA**, Rhederei Visurgis, Bremen / 22.7.**1927** **KORIANNA**, A. Bekatoros, Argostoli / 5.1.**1934** Ankunft zum Abwracken in Venedig.

194 SS **ETRURIA**
Northumberland Shipbuilding Co., Howdon; Baunr. 85

4408 BRT / 7100 tdw / 115,33 m reg. Länge / 14,63 m Breite / Eine III-Exp.-Dampfmaschine; Blair / 2 Kessel, 12,7 at / 1850 PSi / 1 Schraube / 10,5 kn / Pass.: 4 in zwei Kab. / Bes.: 37

14.8.**1900** Stapellauf / 6.10.**1900** Ablieferung an A. C. de Freitas & Co., Hamburg / Hamburg–La-Plata-Dienst / 22.3.**1901** an die Hapag / Hamburg–Brasilien-Dienst / 21.8.**1914** in Rio de Janeiro aufgelegt / 10.**1914** als Hilfskreuzerversorger ausgerüstet, jedoch am 10.3.**1915** mit Auslaufverbot belegt / 2.6.**1917** von Brasilien beschlagnahmt. **INGA**, Lloyd Brasileiro, Rio de Janeiro / **1920** – **1921** in Charter der Französischen Regierung / **1936** zum Abwracken nach Rio de Janeiro, Rumpf jedoch als Hulk weiterverwendet.

Die GRANADA vor dem Turm der Michaeliskirche und weiter links den Türmen der damaligen Seewarte in der Hamburger Neustadt. Im Vordergrund die Barkasse HAFENPOLIZEI VI.

198 ss **ATHEN**

Richardson, Duck & Co., Stockton; Baunr. 406

2199 BRT / 3260 tdw / 84,17 m reg. Länge / 11,05 m Breite / Eine III-Exp.-Dampfmaschine; Blair / 2 Kessel, 11,3 at / 1000 PSi / 1 Schraube / 10 kn / Bes.: 27

1.6.**1893** Stapellauf / 1.7.**1893** Ablieferung an A. C. de Freitas & Co., Hamburg / 8.5.**1901** an die Hapag / Hamburg–La Plata- bzw. Ostasien-Dienst / 10.**1903** an Gätjens & Jarke, Hamburg / 18.3.**1906** auf der Reise von Cardiff nach Antwerpen bei nebligem Wetter mit einem unbekannten Dampfer (wahrscheinlich **THOR** aus Cardiff) zusammengestoßen und gesunken. Die Besatzung wird vom englischen Dampfer **GULISTA** aufgenommen.

202 ss **HELLAS**

Richardson, Duck & Co., Stockton; Baunr. 424

2458 BRT / 3560 tdw / 88,13 m reg. Länge / 12,81 m Breite / Eine III-Exp.-Dampfmaschine; Blair / 2 Kessel, 11,3 at / 1000 PSi / 1 Schraube / 10 kn / Pass.: 10 in zwei Kab. / Bes.: 24

16.5.**1894** Stapellauf / 3.9.**1894** Ablieferung an A. C. de Freitas & Co., Hamburg / 8.5.**1901** an Hapag / Hamburg–La Plata- bzw. Ostasien-Dienst / 3.10.**1904** Rettung von zwölf Fischern aus ihrem vor Yokohama sinkenden Fahrzeug / **1906** erste Reise im ostasiatischen Küstendienst / 28.7.**1911** **SHINMEI MARU**, Kishimoto Kisen, Osaka / **1920** an Goshi Kaisha Minamishima, Nishinomiya / 31.10.**1923** auf der Reise Dairen–Yokohama vor Shimonoseki nach Kollision mit dem Dampfer **KASUGA MARU** gesunken.

Die ETRURIA, das neueste der übernommenen de Freitas-Schiffe.

Die ATHEN. (Gouache von Eduard Edler)

Die HELLAS, letzter der übernommenen de Freitas-Dampfer.

Die Schiffe der Italia

Um die zahlreichen Vergünstigungen der italienischen Regierung für Schiffe unter italienischer Flagge in Anspruch nehmen zu können, gründet die Hapag am 6. Mai 1899 in Genua eine italienische Tochtergesellschaft für den Dienst Genua–Südamerika, die Italia Società di Navigazione à Vapore.

173 ss **TOSCANA**
N. Odero & Co., Genua; Baunr. 194

4113 BRT / 4000 tdw / 110,69 m reg. Länge / 13,25 m Breite / Eine III-Exp.-Dampfmaschine; Odero / - / 2500 PSi / 1 Schraube / 12 kn / Pass.: 42 I., 1320 ZwD / Bes.: 110

26.10.**1900** Stapellauf des auf dem Helgen schon voll ausgerüsteten Schiffes, das am selben Tag abgeliefert wird / 4.11.**1900** Jungfernreise Genua–Buenos Aires / 7.**1905** Die Hapag verkauft ihre Beteiligung an der „Italia" / 19.8.**1917** Fusion der „Italia" mit der Sicula Americana zur Transoceanica Soc. Italiana di Navigazione, Neapel / 5.2.**1918** vor Gibraltar nach Kollision mit dem französischen Dampfer **MOLIERE** gesunken.

214 ss **RAVENNA**
N. Odero & Co., Genua; Baunr. 195

4101 BRT / 4000 tdw / 110,69 m reg. Länge / 13,25 m Breite / Eine III-Exp.-Dampfmaschine; Odero / - / 2500 PSi / 1 Schraube / 12 kn / Pass.: 42 I., 1320 ZwD / Bes.: 110

Geplant als **OCEANA** / 2.3.**1901** Stapellauf / 5.6.**1901** Jungfernreise Genua–Buenos Aires / 7.**1905** Die Hapag verkauft ihre Beteiligung an der „Italia" / 4.4.**1917** im Golf von Genua von dem deutschen U-Boot **U 52** torpediert.

266 ss **SIENA**
N. Odero & Co., Genua; Baunr. 199

4906 BRT / 4800 tdw / 116,07 m reg. Länge / 14,20 m Breite / Zwei III-Exp.-Dampfmaschinen; Odero / 2 Kessel / 3000 PSi / 2 Schrauben / 13 kn / Pass.: 75 I., 1290 ZwD / Bes.: 126

5.4.**1905** Stapellauf / 20.5.**1905** Jungfernreise Genua–Buenos Aires / 7.**1905** Die Hapag verkauft ihre Beteiligung an der „Italia" / **1913** an La Veloce Linea, Genua / 4.8.**1916** im Golf von Lyon von dem deutschen U-Boot **U 35** torpediert.

267 ss **BOLOGNA**
Harland & Wolff, Belfast; Baunr. 368

4650 BRT / 4800 tdw / 115,97 m reg. Länge / 14,23 m Breite / Zwei III-Exp.-Dampfmaschinen; H&W / 2 Kessel / 3000 PSi / 2 Schrauben / 13 kn / Pass.: 75 I., 1290 ZwD / Bes.: 126

10.3.**1905** Stapellauf / 27.5.**1905** Ablieferung / 17.6.**1905** Jungfernreise Genua–Buenos Aires / 7.**1905** Die Hapag verkauft ihre Beteiligung an der „Italia" / **1913** an La Veloce Linea, Genua / **1927** in Italien abgewrackt.

Im November 1900 eröffnete die TOSCANA den Genua–Buenos Aires-Dienst der Italia.

Als zweites Schiff der Italia kam die RAVENNA in Fahrt.

Die SIENA (links) und ihr Schwesterschiff BOLOGNA (unten) wurden 1905 in Dienst gestellt.

Ausgabe No. 6. Juni 1900.

Hamburg-Amerikanische Packetfahrt-Actien-Gesellschaft.

Hamburg-Amerika Linie.

H.A.P.A.G.

Hamburg.

Telegramm-Adresse:	Directions-Bureau, Fracht-Abtheilung, sowie Abtheilung für Personen-Verkehr:
Packetfahrt Hamburg.	Dovenfleth 18—21.

Auskunft wegen Fracht nach **Canada, Portland, Boston, New-York, Philadelphia, Baltimore, New-Orleans, Westindien, Mexico, Nord-Brasilien** und **Ostasien** ertheilt die Fracht-Abtheilung der Gesellschaft, sowie die umstehend genannten Schiffsmäkler, wegen Personen-Beförderung:

die Abtheilung Personen-Verkehr der Gesellschaft,

Dovenfleth 18—21.

(Fahrpreise, laut Special-Prospect.)

Der Vorstand.

(Aenderungen vorbehalten.)

Hamburg-Amerikanische Packetfahrt-Actien-Gesellschaft.

Directe Post-Dampfschifffahrt zwischen HAMBURG und NEW-YORK

Schnell-Postdampfer.

Nächste Abgangstage:	Capt.	von Hamburg: Morgens (m. d. deutsch. Post)	von Southampton:	von Cherbourg:	von Newyork via Plymouth u. Cherbourg nach Hamburg
D. KAISER FRIEDRICH,	Bauer,	24. Mai	25. Mai	25. Mai	7. Juni
» COLUMBIA,	Vogelgesang,	31. »	1. Juni	1. Juni	14. »
» AUGUSTE VICTORIA,	Kaempff,	7. Juni	8. »	8. »	21. »
» FÜRST BISMARCK,	Barends,	14. »	15. »	15. »	28. »
» KAISER FRIEDRICH,	Bauer,	21. »	22. »	22. »	5. Juli
» COLUMBIA,	Vogelgesang,	28. »	29. »	29. »	12. »
» DEUTSCHLAND,	Albers,	5. Juli	6. Juli	6. Juli	18. »
» FÜRST BISMARCK,	Barends,	12. »	13. »	13. »	26. »
» KAISER FRIEDRICH,	Bauer,	19. »	20. »	20. »	2. August
» COLUMBIA,	Vogelgesang,	26. »	27. »	27. »	9. »
» DEUTSCHLAND,	Albers,	29. »	30. »	30. »	8. »
» AUGUSTE VICTORIA,	Kaempff,	2. August	3. August	3. August	16. »
» FÜRST BISMARCK,	Barends,	9. »	10. »	10. »	23. »

Postdampfer.

	Capitain:	von Hamburg:	von Boulogne sur Mer:	von Plymouth:	von Newyork:
D. PENNSYLVANIA,	Spliedt,	13. Mai	14. Mai	15. Mai	2. Juni
» BELGRAVIA,	Schrötter,	16. »	17. »	—	5. »
» PRETORIA,	Karlowa,	20. »	21. »	22. »	9. »
» PALATIA,	Reessing,	27. »	28. »	—	16. »
» BATAVIA,	Magin,	30. »	—	—	26. »
» PATRICIA,	Leithäuser,	3. Juni	4. Juni	5. Juni	23. »
» GRAF WALDERSEE,	Kopff,	10. »	11. »	12. »	30. »
» PHOENICIA,	Fröhlich,	17. »	18. »	—	7. Juli
» NUBIA,	Rörden,	—	—	—	10. »
» PENNSYLVANIA,	Spliedt,	24. »	25. »	26. »	14. »
» BELGRAVIA,	Schrötter,	27. »	28. »	—	17. »
» PRETORIA,	Karlowa,	1. Juli	2. Juli	3. Juli	21. »
» PALATIA,	Reessing,	8. »	9. »	—	28. »
» PATRICIA,	Leithäuser,	15. »	16. »	17. »	4. Aug.
» BATAVIA,	Magin,	18. »	19. »	—	7. »
» GRAF WALDERSEE,	Kopff,	22. »	23. »	24. »	11. »
» PHOENICIA,	Fröhlich,	29. »	30. »	—	18. »
» PENNSYLVANIA,	Spliedt,	5. August	6. August	7. August	25. »
» BELGRAVIA,	Schrötter,	8. »	9. »	—	28. »
» PRETORIA,	Karlowa,	12. »	13. »	14. »	1. Septbr.

Auf der Reise von Newyork nach Hamburg laufen die Dampfer **Graf Waldersee, Patricia, Pennsylvania** und **Pretoria** Plymouth und Cherbourg, die übrigen Dampfer dagegen nur Cherbourg an.
Die Dampfer **Graf Waldersee, Patricia, Palatia, Phoenicia, Batavia** und **Belgravia** besitzen Kühlräume zur Aufnahme verderblicher Güter.

Union-Dampfer.

	Capitain:	von Hamburg:
D. BARCELONA,	Bohn,	6. Juni
» PISA,	Fendt,	20. »
» ALBANO,	Kudenhold,	4. Juli
» MILANO,	Scharmberg,	11. »
» BARCELONA,	Bohn,	25. »

Die Union-Dampfer gehören den Herren **Rob. M. Sloman & Co.**, Hamburg

Güter-Beförderung auf Durchconnossement nach den westlichen Staaten von Nordamerika und Westcanada, laut Tarif.
Für Güter an Ordre muss die Fracht hier bezahlt werden. Unter Gold $ 3.— wird kein Connossement gezeichnet. Nur die Nachnahme wirklicher Spesen ist statthaft.

Excursion
nach dem Nordcap und Spitzbergen

per Doppelschraubendampfer „AUGUSTE VICTORIA", Capt. Kaempff.
Abfahrt von Hamburg 4. Juli.   Wiedereintreffen daselbst 26. Juli.
Auf der 22 Tage umfassenden Rundreise werden die folgenden Häfen und Orte besucht:

Hoievarde, Odde, Molde, Naes, Trondhjem, Tromsoe, Nordcap, Spitzbergen, Digermulen, Maraak, Gudvangen und Bergen.

Näheres laut Special-Prospect.

Zwischen HAMBURG u. MONTREAL

mit Güter-Beförderung auf Durchconnossement nach allen Bahnstationen Canada's.

	Capitain:	von Hamburg:	von Montreal:
D. TEUTONIA,	Brunst,	15. Mai	9. Juni
» FRISIA,	Ad. Schmidt,	5. Juni	27. »
» *WESTPHALIA,	Bjermann,	14. »	7. Juli
» TEUTONIA,	Brunst,	30. »	23. »
» FRISIA,	Ad. Schmidt,	18. Juli	10. August
» WESTPHALIA,	Biermann,	30. »	22. »

*via Quebec.

Zwischen HAMBURG und BOSTON (Mass.)

mit Güter-Beförderung auf Durchconnossement nach allen Bahnstationen Canada's.

	Capitain:	von Hamburg:
D. BELGIA,	Schröder,	12. Juni
» BRISGAVIA,	Witt,	30. »
» BOSNIA,	H. Schmidt,	11. Juli
» BULGARIA,	Hahn,	24. »

Zwischen HAMBURG-PHILADELPHIA

	Capitain:	von Hamburg:	von Philadelphia:
D. ARCADIA,	Schaarschmidt,	19. Mai	11. Juni
» ADRIA,	Kühlewein,	7. Juni	28. »
» ATHESIA,	Schlaefke,	16. »	7. Juli
» GRANARIA,	Horn,	26. »	20. »
» ARCADIA,	Schaarschmidt,	5. Juli	28. »
» ADRIA,	Kühlewein,	24. »	15. August
» ATHESIA,	Schlaefke,	4. August	28. »
» ARCADIA,	Schaarschmidt,	21. »	13. September

Zwischen HAMBURG und BALTIMORE

	Capitain:	von Hamburg:	von Baltimore:
D. BRISGAVIA,	Witt,	12. Mai	6. Juni
» BOSNIA,	H. Schmidt,	18. »	11. »
» BENGALIA,	Dempwolf,	29. »	22. »
» BULGARIA,	Hahn,	5. Juni	27. »
» BELGIA,	Schröder,	12. »	5 Juli
» ASSYRIA, via Halifax,	Meyerdiercks,	19. »	12. »
» BRISGAVIA,	Witt,	30. »	24. »
» BETHANIA,	A. Schmidt,	6. Juli	28. »
» BOSNIA,	H. Schmidt,	11. »	4. August
» BENGALIA,	Dempwolf,	17. »	9. »
» BULGARIA,	Hahn,	24. »	17. »
» BELGIA,	Schröder,	31. »	23. »

Zwischen Hamburg und Pará und Manáos
eventuell via Havre, Oporto und Lissabon

		von Hamburg:
D. CANADIA,	Capt. Tesdorpf,	14. Juli
» NUBIA,	» Rörden,	15. August
» NUMIDIA,	» Bruhn,	15. September

Zwischen HAMBURG u. NEW-ORLEANS
mit Güter-Beförderung auf Durchconnossement nach inländischen Plätzen Mexico's und der Vereinigten Staaten

		von Hamburg:	von New-Orleans:
D. CONSTANTIA,	Capt. Kraeft,	27. Mai	Ende Juni
» GALICIA,	» Falke,	18. Juni	ca. 20. Juli
» NUMIDIA (via Mobile)	Bruhn,	25. Juni	Ende Juli

SCANDIA-LINIE.
Zwischen STETTIN und NEW-YORK
auf der Rückreise Copenhagen anlaufend.

		von Stettin:	von Newyork:
D. HISPANIA,	Capt. von Leuenfels,	19. Mai	9. Juni
» NUBIA,	» Rörden,	14. Juni	10. Juli n. Hamburg
» CHRISTIANIA,	» Schülke,	—	9. Juli
» LADY ARMSTRONG,	» Abbott,	21. »	14. »
» HISPANIA,	» von Leuenfels,	10. Juli	1. August
» CHRISTIANIA,	» Schülke,	7. August	28. »
» LADY ARMSTRONG,	» Abbott,	17. »	8. Septbr.

Auskunft wegen Fracht für diese Linie ertheilt der Vertreter der Gesellschaft in
Stettin: **R. Mügge**, Unterwiek 7; in Copenhagen: **C. K. Hansen.**
General-Vertreter in Nord-Amerika:
HAMBURG-AMERICAN LINE, 37 Broadway, Newyork.

OST-ASIATISCHER DIENST.
Hamburg-Amerika Linie.   Norddeutscher Lloyd.
Von Hamburg und Bremen nach Penang, Singapore, Hongkong, Shanghai, Yokohama und Hiogo,
(mit Güter-Beförderung auf Durchconnossement nach Bangkok, Batavia, Samarang, Soerabaya, Deli, Kiautschou und den Häfen von China, Korea, Philippinen, Sunda-Inseln etc.)

			v. Hamburg:	v. Bremen:	v. Rotterd.:	v. Antwerp.:
	D. NÜRNBERG,	Capt. Pfaff,	9. Juni	—	—	—
Reichspostd.	*WEIMAR,	»	—	12. Juni	14. Juni	17. Juni
	D. *MARBURG,	» von Binzer,	16. »	—	6. Juni	3. »
	D. SIBIRIA,	» Braun,	20. »	—	—	—
	D. †SAXONIA,	» Jäger,	25. »	—	—	30. »
Reichspostd.	*PRINZ HEINRICH,	»	—	27. Juni	—	1. Juli
	D. STRASSBURG,	» Madsen,	6. Juli	27. Juni	—	—
Reichspostd.	*PREUSSEN,	»	—	10. Juli	12. Juli	15. Juli
	D. †KÖNIGSBERG,	» Christiansen,	15. »	—	—	9. »
	D. *SERBIA,	» Sachs,	23. »	25. »	29. Juli	—
Reichspostd.	*HAMBURG,	» Lüneschloss,	25. »	—	—	29. »

Die mit * versehenen Dampfer laufen Shanghai an.
» » † » » » Tsingtau/Kiaotscho uan.
Auskunft wegen Frachten ertheilen die **Hamburg-Amerika Linie**, Ost-Asia-Abtheilung, sowie der Schiffsmakler E. Th. Lind, Hamburg, Eiffe & Co. in Antwerpen, Shaw, Adams & Co. in London und die Agenten der Gesellschaft; für die Reichspostdampfer: Rob. M. Sloman Jr., Hamburg.

Directe Post-Dampfschifffahrt zwischen Hamburg, Westindien und Mexico.

Nächste Abgangstage nach nebenstehenden Fahrplänen I. bis VII., wie folgt:

Dampfer:	Capitain:	von Hamburg:	von Geestemünde:	von Antwerpen:	von Grimsby:	von Havre:
I. HUNGARIA,	R. Niss,	2. Juni	—	—	—	5. Juni
II. HERCYNIA,	M. Filler,	7. »	—	10. Juni	—	12. »
III. FLANDRIA,	W. Müller,	11. »	—	—	—	—
IV. VALDIVIA,	L. Bussmann,	18. »	—	—	—	—
V. POLYNESIA,	C. Finckbein,	21. »	—	—	24. Juni	26. »
VI. VALESIA,	C. Dorweiler,	25. »	—	28. »	—	—
VII. HELVETIA,	L. Maass,	28. »	1. Juli	—	—	—
I. ASCANIA,	—	2. Juli	—	—	—	5. Juli

Hinsichtlich aller näheren Bedingungen, sowie der Frachtraten verweisen wir auf die für die westindisch-mexicanischen Linien ausgegebenen Tarife.

Güter von Bremen, Copenhagen, Gothenburg, Amsterdam, Rotterdam, Antwerpen, Paris, Bordeaux und Grimsby etc., werden in Durchfracht angenommen.

Auskunft wegen Frachten nach **WESTINDIEN u. MEXICO** ertheilt der Schiffsmakler **August Bolten, Wm. Miller's Nachflg.** in Hamburg, sowie die Agenten der Gesellschaft.

Zwischen GENUA, NEAPEL und NEW-YORK

nächste Expeditionen:

	Capitain:	von Genua:	von Neapel:	von New-York via Neapel nach Genua:
D. CHRISTIANIA,	Schülke,	30. April	2. Mai	24. Mai
» GEORGIA,	Russ,	21. Mai	23. »	13. Juni
» CHRISTIANIA,	Schülke,	16. Juni	18. Juni	9. Juli n. Stettin

Zwischen GENUA und dem LA PLATA

nächste Expeditionen:

		von Genua:	von Buenos Aires:
D. SICILIA,	Capt. von Bassewitz,	22. Mai	24. Juni
» SCOTIA,	» Meyer,	20. Juni	25. Juli
» GEORGIA,	» Russ,	14. Juli	16. August
» SICILIA,	» von Bassewitz,	26. »	30. »

General-Agenten: in Genua: **Fedo. Scerni.**
 » Buenos Aires: **A. M. Delfino & Hermano.**

Die Gesellschaft haftet nicht für Feuersgefahr. Feuergefährliche, ätzende oder explosive Gegenstände dürfen nur nach besonderer Vereinbarung verladen werden.

Es erhalten Briefsendungen Beförderung durch die Kaiserlichen Postämter:

1) vermittelst der Dampfschiffe der New-Yorker Linie nach den Vereinigten Staaten von Nord-Amerika, Canada, Newfoundland, Mexico, Bermuda-Inseln, Cuba, Hayti, Japan, Shanghai, Australien Porto für Briefe, wenn frankirt, 20 Pfennig für jede 15 Gramm.
2) vermittelst der Dampfschiffe der Westindisch-Mexicanischen Linien am 2. J. M. n. St. Thomas, Domingo, Venezuela und Curaçao; am 7. u. 21 J. M. nach St. Thomas, Hayti und Mexico; am 11. J. M. nach St. Thomas, Kingston, Columbien und Port Limon; am 18. J. M. nach St. Thomas und Puerto Rico, Venezuela und Curacao; am 25. J. M. nach St. Thomas, Hayti, Columbien und Port Limon; am 28. J. M. nach St. Thomas, Puerto Rico, Cuba u. Guatemala. Porto für Briefe, wenn frankirt, **20 Pfennig** für jede 15 Gramm.

Alle Briefe müssen mit der Bezeichnung „vermittelst Hamburger Post-Dampfschiff" versehen sein.

Fahrplan der Westindischen und Mexicanischen Linien.

(Abweichungen vorbehalten.)

Linie I.		Linie II.		Linie III.		Linie IV.		Linie V.		Linie VI.		Linie VII.	
von Hamburg	2.	von Hamburg	7.	von Hamburg	11.	von Hamburg	18.	von Hamburg	21.	von Hamburg	25.	von Hamburg	28.
» Havre	5.	» Antwerpen	10.	in St. Thomas	28.	in St. Thomas	7.	» Grimsby	24.	» Antwerpen	28.	» Geestemünde	1.
in St. Thomas	20.	» Havre	12.	» Kingston	1.	» San Juan P.R.	8.	» Havre	26.	in St. Thomas	14.	in St. Thomas	18.
» Puerto Plata	22.	in St. Thomas	27.	» Colon	5.	» Aguadilla	10.	in St. Thomas	11.	» Jacmel	17.	» Mayaguez	19.
» Sanchez	23.	» Gonaives	30.	» Limon	7.	» La Guayra	12.	» Cap Hayti	13.	» Aux Cayes	18.	» Ponce	20.
» S.PedrodeMacoris	24.	» Jérémie	1.	» Colon	10.	» Pto. Cabello	15.	» Port-au-Prince	15.	» Colon	21.	» Havana	24.
» St. Domingo	25.	» Tampico	7.	» Cartagena	14.	» Curaçao	17.	» Vera Cruz	21.	» Limon	23.	» anderen Häfen	
» La Guayra	27.	» Vera Cruz	10.	» Pto. Colombia	16.	eventuell nach Arecibo, Trinidad (CiudadBolivar) Caripano.		» Tampico	26.	» Colon	26.	Cuba's bis	4.
» Puerto Cabello	30.							» Progreso	3.	» Cartagena	30.	» Livingston	7.
» Curaçao	2.									» Pto. Colombia	2.		

Güterbeförderung in Durchfracht mit den Dampfern von Hamburg:

am 11. und 25. jeden Mts. { *via Colon* nach der Westküste Amerika's in Verbindung mit der Panama Railroad Co. und anschliessend an die Dampfer der Pacific Mail Steam Ship Co. für Häfen nördlich von Panamá, sowie an die Dampfer der Pacific Steam Navigation Co. und der Compañia Sud-Americana de Vapores für Häfen südlich von Panamá.

via Port Limon nach *San José de Costa-Rica.*
via Pto. Colombia nach *Barranquilla.*

am 2. und 18. ,, *via Curaçao* nach *Maracaibo* und *La Vela de Coro.*
am 7. und 21. ,, *via Vera Cruz* und *via Tampico* nach *mexicanischen Inlandplätzen.*
am 28. ,, *via Livingston* nach *Latinta.*
am 11. ,, *via Kingston* nach *Aussenhäfen Jamaica's.*

Anhang

Menschen an Bord

Zwei Darstellungen der Zwischendeck-Einrichtungen in den 1890er Jahren in zeitgen. Prospekten: Abgesehen von der weisungsbedingten Neigung des Zeichners, die tatsächlich nur knapp 2 Meter hohen Räume erheblich höher wirken zu lassen, vermitteln diese Ansichten eines Schlafsaals für Frauen, oben, und eines Speisesaals für Familien ein realistisches Bild. (Zeitgen. Zeichnungen von C. Schildt)

Adolph Albers († 1902), Kommodore der Hapag, als Kapitän des Schnelldampfers DEUTSCHLAND.

Anerkennungsurkunde amerikanischer Kreuzfahrtpassagiere der FÜRST BISMARCK für Kapitän Albers.

Die Besatzung der BULGARIA, aufgenommen 1899 zur Erinnerung an die legendäre Sturmfahrt des Schiffes.

Besatzungsangehörige des Schnelldampfers COLUMBIA.

Arbeiten an Bord

Oben: In der Postkammer wurde die Post vorsortiert, nachts diente sie als Schlafkammer für die Beamten.

Links: Bootsmanöver.

Rechte Seite, obere Bilder: Kommandobrücke. Kapitänskajüte. Mittlere Bilder: Behandlungsraum des Bordarztes. Ausguck im Krähennest. Bordfriseur.

Untere Bilder: Koch beim Tranchieren. Wachfreie Matrosen. In der Schiffsbäckerei.

(Zeitgen. Zeichnungen von C. Schildt)

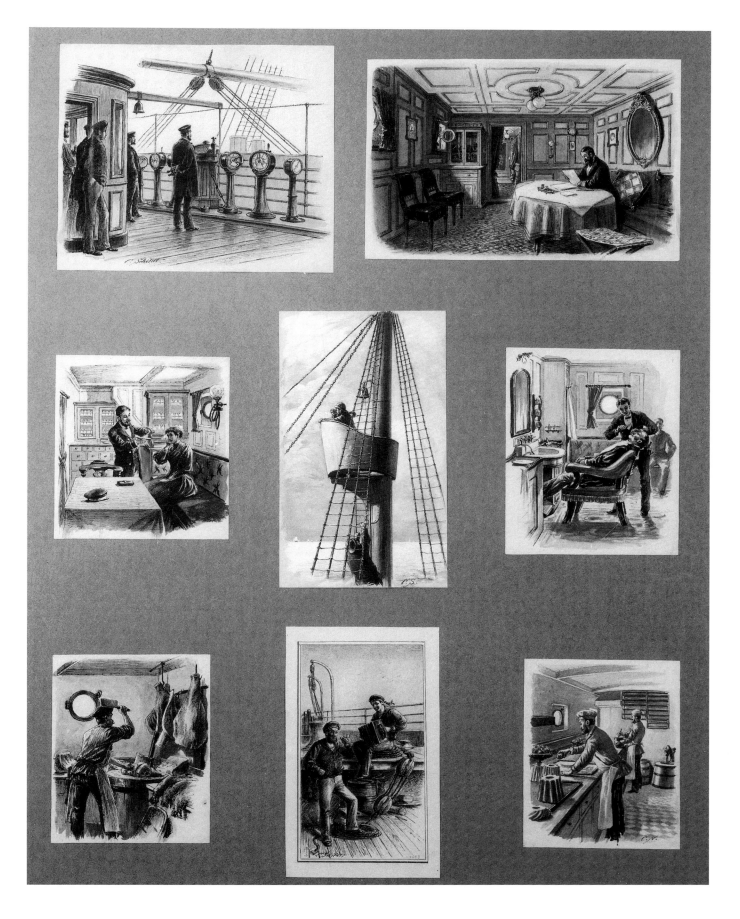

GAGEN-ETAT

für die Oceandampfer

der

Hamburg-Amerikanischen Packetfahrt Actien-Gesellschaft.

April 1900.

Wo eine Gagenerhöhung nach näher bestimmter Dienstzeit vorgesehen ist, soll doch in jedem einzelnen Falle ein bezüglicher Antrag an die Direction gerichtet werden, und steht es dieser frei, die Erhöhung zu genehmigen oder zu versagen.

Per Monat

I. Officier,
auf Schnell-, Reichspost- und P.-Dampfern:
- beim Antritt . . . . ℳ 180
- im 2. Jahre . . . . » 190
- im 3. » . . . . » 200
- im 4. » . . . . » 250
- im 5. » . . . . » 300

auf übrigen Dampfern:
- beim Antritt . . . . » 160
- im 2. Jahre . . . . » 170
- im 3. » . . . . » 180
- im 4. » . . . . » 190
- im 5. » . . . . » 200

II. Officier,
- beim Antritt . . . . » 125
- im 2. Jahre . . . . » 135
- im 3. » . . . . » 145
- im 4. » . . . . » 155

III. Officier,
- beim Antritt . . . . » 110
- im 2. Jahre . . . . » 115

IV. Officier,
- beim Antritt . . . . » 90
- im 2. Jahre . . . . » 95

Verwalter bezw. Zahlmeister,
- beim Antritt . . . . » 100
- im 3. Jahre . . . . » 120
- im 5. » . . . . » 140
- im 6. » . . . . » 160
- im 11. » . . . . » 180
- auf Schnell- u. Reichspostdampfern » 200

Zahlmeister-Gehülfe . . . . » 65

Arzt, beim Antritt . . . . » 100

Per Monat

Arzt, im 2. Jahre . . . . ℳ 120
„ im 3. » . . . . » 135

Barbier . . . . » 30
„ auf Schnell- und Reichspostdampfern . » 15

Krankenwärter und Heildiener . . . . » 50

Obersteward, auf Schnell- und Reichspostdampfern, I. Cajüte . . . . » 100
„ auf Schnell- und Reichspostdampfern, II. Cajüte . . . . . » 80
„ auf P.-Dampfern, I. Cajüte . . . » 80
„ » » II. » . . . » 70
„ auf den übrigen Dampfern . . . » 80
„ -Assistent . . . . » 70

Oberkoch, auf Schnell- und Reichspostdampfern » 150
„ » » » » im 6. Jahre . . . . » 180
„ auf Schnell- und Reichspostdampfern im 11. Jahre . . . . » 210

I. Koch, auf Schnell- und Reichspostdampfern, I. Küche . . . . » 120
im 2. Jahre . . . . » 130
» auf Schnell- und Reichspostdampfern, II. Küche . . . . » 120
» auf Dampfern der P.-Klasse . . . » 120
» auf den übrigen Dampfern . . . . . . » 100

II. Koch, auf Schnell- und Reichspostdampfern I. Küche . . . . » 110
» auf Schnell- und Reichspostdampfern, II. Küche . . . . » 100
» auf Dampfern der P.-Klasse . . . . . » 90

III. Koch . . . . » 65

I. Küper, auf Schnell- und Reichspostdampfern » 70
II. Küper . . . . » 45
Küper, auf anderen Dampfern . . . . » 65

I. Bäcker, auf Schnell- und Reichspostdampfern » 65
„ auf Dampfern der P.-Klasse . . . » 55
„ auf anderen Schiffen . . . . . » 50

II. Bäcker . . . . » 35

I. Conditor, auf Schnell- u. Reichspostdampfern beim Antritt . . . . » 70

	Per Monat
I. Conditor, auf Schnell- u. Reichspostdampfern im 4. Jahre	ℳ 80
I. Conditor, auf den übrigen Schiffen	» 55
II. Conditor	» 50
I. Schlachter, auf Schnell- u. Reichspostdampfern	» 60
„ auf den übrigen Dampfern	» 40
II. Schlachter	» 35
Klempner	» 50
I. Zimmermann, auf Schnell- und Reichspostdampfern	» 95
„ auf Dampfern der P.- und B.-Klasse	» 85
„ auf den übrigen Dampfern	» 80
II. Zimmermann	» 75
Tischler	» 75
I. Bootsmann, auf Schnell- und Reichspostdampfern	» 90
„ auf Dampfern der P.- und B.-Klasse	» 85
„ auf den übrigen Dampfern	» 80
II. Bootsmann	» 75
Quartiermeister	» 73
Matrosen	» 65
„ im 2. Jahre	» 70
Leichtmatrosen	» 35
„ im 2. Jahre	» 45
Zwischendecks-Stewards	» 65
Jungen	» 15
Stewardess	» 30
Stewards, befahren	» 35
„ auf Reichspostdampfern	» 45
„ unbefahren	» 30
Steward und Drucker, sowie Wäsche-Steward	» 70
I. Pantry-Steward, auf Schnell- und Reichspostdampfern	» 60
II. Pantry-Steward, auf Schnell- und Reichspostdampfern	» 50
„ auf den übrigen Dampfern	» 40
Telegraphen-Stewards	» 25

	Per Monat
Chorführer, auf Schnelldampfern	ℳ 50
„ » Reichspostdampfern	» 55
„ » P.-Dampfern	» 60
Musiker, auf Schnelldampfern	» 30
„ » Reichspostdampfern	» 45
„ » P.-Dampfern	» 50
Oberaufwäscher	» 50
Aufwäscher, befahren	» 30
„ unbefahren	» 25
Kochsmaat, befahren	» 30
„ unbefahren	» 25

Leitende Ingenieure und Maschinisten.

1. **Schnelldampfer:**
   Ingenieur . . . . . per Monat ℳ 500 } und Meilengelder nach Tarif

2. **Subventions- und grössere Passagierdampfer:**
   a) **Ingenieur** (Examen des Technikums Hamburg erforderlich):
      beim Antritt . . . . . per Monat ℳ 300
      im 3. Jahr . . . . . » » 330
      im 5. Jahr . . . . . » » 360 } und Meilengelder nach Tarif
      im 7. Jahr . . . . . » » 400
      im 9. Jahr . . . . . » » 425

   b) **Obermaschinist** (Examen des Technikums Hamburg nicht erforderlich):
      beim Antritt . . . . . per Monat ℳ 300
      im 3. Jahr . . . . . » » 330
      im 5. Jahr . . . . . » » 360
      im 7. Jahr . . . . . » » 400
      im 9. Jahr . . . . . » » 425

3. **Auf allen übrigen Dampfern:**
   a) **Ingenieur** (Examen des Technikums Hamburg erforderlich):
      beim Antritt . . . . . per Monat ℳ 300
      im 3. Jahr . . . . . » » 330 } und Meilengelder nach Tarif
      im 5. Jahr . . . . . » » 360
      im 7. Jahr . . . . . » » 400

   b) **I. Maschinist** (Examen des Technikums Hamburg nicht erforderlich):
      beim Antritt . . . . . per Monat ℳ 300
      im 3. Jahr . . . . . » » 330
      im 5. Jahr . . . . . » » 360
      im 7. Jahr . . . . . » » 400

Die Verfügung ist nicht rückwirkend.

	Per Monat
II. Maschinist, beim Antritt	» 200
„ im 4. Jahre	» 230
„ im 7. »	» 250
III. Maschinist, beim Antritt	» 150
„ im 2. Jahre	» 160
IV. Maschinist	» 100 } auf Schnell- und Reichspostdampfern
Maschinen-Assistent, beim Antritt	» 55
„ im 2. Jahre	» 75

Oberheizer . . . . »	80	90
„ im 2. Jahre . . . . »	85	95
Heizer und Schmierer . . . . »	75	85
„ „ „ im 2. Jahre . . . . . . »	80	90
Trimmer, befahren . . . . »	65	70
„ befahren im 2. Jahre . . . . »	70	75
„ unbefahren . . . . »	50	

Wird ein I. Officier von einem Post- oder Fracht-Dampfer auf einen Schnell-, Reichspost- oder P-Dampfer versetzt, so bezieht er die seiner Dienstzeit als I. Officier entsprechende Schnelldampfergage, jedoch als Anfangsgage nicht mehr als 200 ℳ.

Wird ein I. Officier von einem Schnell-, Reichspost- oder P-Dampfer auf einen Post- oder Fracht-Dampfer versetzt, so gelten für ihn die für diese Dampfer vorgeschriebenen Gagensätze; die auf letzteren Dampfern abgediente Zeit wird bei Wiederversetzung auf einen Schnell-, Reichspost- oder P-Dampfer bei Festsetzung der Gage zur Hälfte in Anrechnung gebracht.

Wird ein I. Officier von einem Schnell-, Reichspost-Dampfer oder P-Dampfer als Capitains-Aspirant nach einem kleineren Dampfer versetzt, so behält er seine letzte Gage bei.

Die Gage der 2., 3. und 4. Officiere erhöhen sich bei Versetzung auf einen Reichspostdampfer in der Weise, dass sie für diese Fahrt um eine Classe steigen, bis die höchste Gage des betreffenden Ranges erreicht ist. Diese Erhöhung fällt fort, sobald der Betreffende auf einen Dampfer einer anderen Route versetzt wird.

Bei Feststellung der Gagenerhöhung kommt nur die auf Schiffen der Gesellschaft thatsächlich zurückgelegte Fahrzeit in Anrechnung.

Ueberstunden-Löhne für Mannschaften.

Zimmerleute, Tischler, Bootsleute, Quartiermeister, Matrosen, Oberheizer, Heizer, Schmierer, Trimmer erhalten 40 Pfennige pro Stunde.

Leichtmatrosen, Jungen erhalten 30 Pfennige pro Stunde.

Gratification für Mannschaften.

Köche auf Schnell- und Reichspostdampfern erhalten statt der Fettgelder:

Oberkoch . . . . pro Monat ℳ	50
I. Koch, in I. Kajüte . . . . » » »	40
„ in II. » . . . . » » »	30
II Koch, in I. Kajüte . . . . » » »	25
„ in II. » . . . . » » »	20
III. Koch, in Dampfküche . . . . . . » » »	20

Köche auf Dampfern der P-Klasse erhalten statt der Fettgelder:

I. Koch . . . . pro Reise ℳ	25
II. Koch . . . . » » »	20
III. Koch, in Dampfküche . . . . . . » » »	15

Mannschaften, die während eines Jahres auf einem Schnell-, Reichspost- oder P-Dampfer gewesen sind und sich gut geführt haben, erhalten folgende Gratificationen:

I. Zimmermann . . . . pro Jahr ℳ	100
I. Bootsmann . . . . » » »	100
Tischler . . . . » » »	100
II. Bootsmann . . . . » » »	80
Quartiermeister . . . . » » »	80

Die Gratifications-Berechtigung soll den Mannschaften auch dann erhalten bleiben, wenn ein Mann, — bei sonstiger guter Führung — innerhalb des laufenden Jahres auf einen anderen Schnell-, Reichspost- oder P-Dampfer versetzt wird, gleichgültig ob auf seinen Wunsch oder durch Bestimmung seiner Vorgesetzten.

Wäschegelder.

Reichspostdampfer-Linie.

Capitain, Officiere, Maschinisten, Maschinisten-Assistent, Arzt, Zahlmeister, Zahlmeister-Assistent, Obersteward, Obersteward-Assistent, Oberkoch, II. Köche, Conditor ℳ 40 pro Reise.

Pantry-Stewards und Stewards ℳ 30 pro Reise.

Schnelldampfer-Statistik

Übersicht über die Innenräume eines Schnelldampfers der Hamburg-Amerika Linie.

Schnelldampfer DEUTSCHLAND.

Statistik
der
SCHNELLDAMPFER-FAHRTEN
der
Hamburg-Amerikanischen
Packetfahrt-Actien-Gesellschaft
pro 1891.

Durchschnitts-Resultat
der Hamburger Schnelldampfer.

Schiffsname	westwärts				ostwärts			
	Wirkliche Reisedauer			Meilenzahl	Durch-schnitts-Geschwindigkeit	Wirkliche Reisedauer			Meilenzahl	Durch-schnitts-Geschwindigkeit
	Tag	Std.	Min.			Tag	Std.	Min.		
Fürst Bismarck	6	21	13	3058	18,53	6	15	27	3051	19,20
Columbia	6	23	23	3053	18,30	6	18	47	3053	18,76
Normannia	7	3	5	3078	18,03	6	20	40	3070	18,66
Augusta Victoria	7	8	53	3048	17,32	7	4	48	3049	17,65

Schnellste Reise pro 1891
der Hamburger Schnelldampfer

westwärts: „Fürst Bismarck", 6 Tage, 14 Stunden, 15 Minuten.
ostwärts: „Fürst Bismarck", 6 „ 12 „ 58 „

2. Einzelne Reisen
der Hamburger Schnelldampfer.

Schiffsname	Von Southampton nach New-York					Von New-York nach Southampton				
	Abfahrt von Hamburg	Wirkliche Reisedauer			Meilenzahl	Durchschnitts-Geschwindigkeit	Abfahrt von New-York	Wirkliche Reisedauer			Meilenzahl	Durchschnitts-Geschwindigkeit
		Tag	Std.	Min.				Tag	Std.	Min.		
Augusta Victoria.	17. April	7	7	—	3069	17,54	30. April	7	4	—	3073	17,87
	15. Mai	6	23	40	3076	18,33	28. Mai	7	6	30	3066	17,57
	12. Juni	7	3	—	3045	17,79	25. Juni	7	4	38	3051	17,68
	10. Juli	7	2	10	3046	17,90	23. Juli	7	1	—	3039	17,98
	7. August	7	3	50	3039	17,69	20. August	7	—	24	3038	18,04
	4. September	7	5	23	3032	17,54	17. September	7	5	29	3045	17,55
	2. October	8	18	23	3035	14,44	15. October	7	8	48	3044	17,20
	30. October	7	7	40	3046	17,33	12. November	7	7	31	3037	17,30
	Durchschnitt	7	8	53	3048	17,32	**Durchschnitt**	7	4	48	3049	17,65
Columbia.	3. April	7	3	—	3076	18,—	16. April	6	20	50	3087	18,73
	1. Mai	6	23	30	3078	18,40	14. Mai	6	19	24	3088	18,90
	29. Mai	6	16	55	3053	19,04	11. Juni	6	15	46	3050	19,08
	26. Juni	6	15	58	3043	19,02	9. Juli	6	16	—	3042	19,—
	24. Juli	6	16	21	3050	19,03	6. August	6	15	48	3036	19,—
	21. August	6	21	17	3046	18,42	3. September	6	18	30	3045	18,74
	18. September	7	—	—	3036	18,07	1. October	6	19	50	3040	18,56
	16. October	7	18	8	3046	16,40	29. October	7	—	7	3038	18,10
	Durchschnitt	6	23	23	3053	18,30	**Durchschnitt**	6	18	47	3053	18,76
Fürst Bismarck.	8. Mai	6	14	15	3086	19,50	21. Mai	6	13	25	3114	19,78
	5. Juni	7	5	—	3088	17,85	18. Juni	6	13	3	3065	19,52
	3. Juli	6	15	31	3059	19,19	16. Juli	6	13	—	3054	19,41
	31. Juli	6	21	10	3045	18,43	13. August	6	15	47	3048	19,08
	28. August	7	—	30	3045	18,07	10. September	6	12	58	3048	19,41
	25. September	7	1	13	3050	18,03	8. October	6	17	42	3049	18,90
	23. October	6	18	54	3038	18,63	5. November	6	22	19	3042	18,30
	Durchschnitt	6	21	13	3058	18,53	**Durchschnitt**	6	15	27	3051	19,20
Normannia.	24. April	7	8	36	3102	17,55	7. Mai	6	18	10	3088	19,05
	22. Mai	6	16	45	3097	19,27	4. Juni	6	22	—	3095	18,65
	19. Juni	6	19	43	3099	18,93	2. Juli	6	15	15	3083	19,34
	17. Juli	6	17	40	3084	19,07	30. Juli	6	17	15	3066	19,02
	14. August	7	3	20	3064	17,89	27. August	7	7	50	3064	17,43
	11. September	7	4	20	3054	17,72	24. September	6	20	30	3050	18,54
	9. October	7	18	40	3065	16,42	22. October	6	23	20	3059	18,28
	6. November	7	7	36	3060	17,42	19. November	6	17	—	3060	19,—
	Durchschnitt	7	3	5	3078	18,03	**Durchschnitt**	6	20	40	3070	18,66

Die Anlaufhäfen der Hamburg-Amerika Linie.
1900

Von mehreren Seiten wird ein Verzeichnis aller von der Hamburg-Amerika Linie angelaufenen Häfen gewünscht, das in Handbüchern und Adreßbüchern von mancherlei Art als eine willkommene Ergänzung gilt und auch in manchen Propagandaschriften zweckmäßig eine Stätte findet. Ein Aneinanderreihen der Häfen zeigt schon, daß die überaus stattliche Reihe von Orten allerdings einen mächtigen Eindruck von dem Arbeitsgebiet unserer Gesellschaft geben kann.

Wir haben nachstehend, nach Ländern und Ländergebieten und innerhalb derselben alphabetisch geordnet, ein Verzeichnis der Häfen gegeben, wie sie sich nach den gedruckten Fahrplänen zusammenstellen lassen. Sollten noch einzelne Häfen, die nur bei genügendem Frachtangebot und nicht regelmäßig angelaufen werden, hinzuzufügen sein, so bitten wir die Leser der Zeitschrift, die ihnen erforderlich scheinenden Ergänzungen unserem Litterarischen Bureau baldmöglichst aufzugeben.

Natürlich wurden auch alle Linien berücksichtigt, welche unsere Gesellschaft mit anderen Reedereien gemeinsam betreibt, und solche Häfen, nach welchen die Hamburg-Amerika Linie den Passagierdienst für Schiffe befreundeter Gesellschaften, namentlich der Deutschen Ost-Afrika Linie, besorgt. Die nur in Touristenfahrten angelaufenen Häfen sind durch ein *, die nur bei genügendem Angebot von Fracht oder Passagieren unregelmäßig besuchten Häfen durch ein † kenntlich gemacht; die nur von fremden Schiffen, deren Passagierdienst wir besorgen, angelaufenen Häfen sind kursiv gedruckt worden; alle übrigen Häfen werden von unseren Schiffen auf regulären Linien fahrplanmäßig angelaufen.

Die Hinzufügung näherer Mitteilungen über Art und Häufigkeit der Verbindung bei den einzelnen Häfen bleibt späterer Ausarbeitung nach endgültiger Feststellung der Häfen vorbehalten.

Europäische Häfen.

Deutschland.
Bremerhaven, Cuxhaven, Emden, † Geestemünde, Hamburg, * Kiel, Stettin, Swinemünde

Balkan-Halbinsel.
Constantinopel, * Nauplia, Patras, Piraeus (Athen)

Belgien.
Antwerpen.

Dänemark.
Kopenhagen.

England, Schottland, Irland.
* Aberdeen, * Belfast, † Cardiff, †* Dundee, Grimsby, * Harwich, * Jona, * Kingstown, †* Leith, † Limerick, † Liverpool, † London, † Newcastle, * Oban, Plymouth, * Portree, * Queenstown, Southampton, * Staffa, * Stornoway, Tilbury.

Frankreich.
† Bordeaux, Boulogne, Cherbourg, † Dünkirchen, Havre, *Marseille*, † St. Nazaire, * Villa Franca.

Italien.
†* Catania, Genua, † Girgenti, † Livorno, Malta, *† Messina, Neapel, *† Palermo, * Syrakus.

Niederlande.
Amsterdam, Rotterdam, *Vlissingen*, Zaandam.

Norwegen.
* Balholmen, * Bergen, * Christiania, * Digermulen, * Drontheim, * Gudvangen, * Hammerfest, * Hillesylt, * Hoivarde, * Loen, * Maraak, * Molde, * Naes, * Nordkap, * Odde, * Oie, * Tromsoe.

Portugal.
† Azoren, Leirões (Oporto), Lissabon.

Rußland.
* Aloupka, * Balaclava, * Batum, * Jalta (Yalta), Novorossisk, Odessa, * Sebastopol, * St. Petersburg, † Teodofia (Krim).

Schweden.
* Gothenburg, † Lulea, * Marstrand, * Stockholm, * Wisby.

Spanien.
† Barcelona, Bilbao, † Cadiz, † Carril, Coruña, Gibraltar, * Malaga, Vigo, † Villagarcia.

* Spitzbergen.

Amerikanische Häfen.

Ostküste von Nordamerika
(Vereinigte Staaten, Canada).

Baltimore	† Mobile	Philadelphia
Boston	Montreal	Portland
† Brunswick	Neworleans	Quebec
†* Charleston	† Newport News	† Savannah
† Fernandina	Newyork	† Sidney
Galveston	† Norfolk	† Wilmington.
Halifax	† Pensacola	

Ostküste von Mittelamerika
(Mexiko, Zentralamerika, Westindien, Columbien und Venezuela).

† Aguadilla	Gonaives	Port de Paix
† Arecibo	Havana	Port Limon
† Aquin	Jacmel	† Port Royal
Aux Canes	Jamaicahäfen	* Port of Spain
† Bocas del Toro	Jérémie	Progreso
Caibarien	Kingston	† Puerto Barrios
Cap Hayti	† La Ceiba	Puerto Cabello
Cardenas	La Guayra	(Savanilla)
Cartagena	Livingston	Puerto Colombia
† Carúpano	Manzanillo	† Puerto Cortez
Cienfuegos	Matanzas	Puerto Rico
† Coatzacoalcos	† Mayaguez	Puerto Plata
Colon	† Monte Christy	† Sagua la Grande
Curaçao	Petit Soâve	Samana
† Fort Liberté	† Ponce	Sanchez
Greytown	Port au Prince	San Juan del
Norte (Greytown)	Santa Marta	* St. Pierre
* San Juan	Santiago de Cuba	St. Thomas
Puerto Rico	Savanilla (Pto.	Tampico
† San Pedro de Macoris	Colombia)	† Truxillo
† Santa Cruz del Cur	St. Domingo	Vera Cruz.
	(Domingo City)	
	St. Marc	

Ostküste von Südamerika.

Bahia	Montevideo	Rosario
† Bahia Blanca	† Paganini	† San Lorenzo
Buenos Aires	Pará	San Nicolas
Cabedello	† Paraná	† San Pedro
Ceará	Paranaguá	Santos
† Colastiné	Pernambuco	São Francisco
Desterro	† Ramallo	† Sauce
Maceió	Rio de Janeiro	Victoria
Manáos	Rio Grande do Sul	† Villa
Maranhão		Constitucion.

Westküste von Amerika.

Acajutla	Guayaquil	Punta Arenas
Acapulco	Iquique	Salina Cruz
Amapala	La Libertad	San Benito
Antofagasta	La Union	San Blas
Arica	† Lota	San Francisco
† Caleta Buena	Manzanillo	San José de
Callao	Mazatlan	Guatemala
Champerico	Mollendo	Talcahuano
Corinto	Ocos	† Taltal
Coronel	† Pisagua	† Tocopilla
† Coquimbo	† Pisco	Tonala
Corral	Puerto Angel	Valparaiso.
† Guayacan	Puget Sound	

Asiatische Häfen.

Aden	* Jaffa	† Sasebo
† Amoy	Kanton	Shanghai
† Bangkok	Kiukiang	Singapore
Beirut	Kobe (Hiogo)	† Smyrna
Bombay	† Kure	Taku
† Calcutta	† Manila	Tientsin (Tongku)
† Cavite	† Moji	* Trapezunt
Chingkiang	Nagasaki	Tschifu
† Cochin	Nanking	Tsingtau
Colombo	† Newchwang	(Kiautschou)
† Foochow	Penang	Wladiwostok
Goa	† Port Arthur	Wuhu
Hankau	† Rangoon	Yokohama.
Hongkong	† Saigon	

Afrikanische Häfen.

Alexandria	*Kilwa*	*Pangani*
Algier	*Kismayu*	*Port Elisabeth*
Bagamoyo	*Lamu*	Port Said
Beira	Las Palmas	Quelimane
Brawa	*Lindi*	*Saadani*
Capstadt	Madeira (Funchal)	*Sansibar*
Chinde	† *Majunga*	St. Vincent
Dar-es-Salaam	*Merka*	Suez
Delagoa Bay	*Mikindani*	*Tanga*
Durban	*Mogdischu*	Tanger
East London	*Mombassa*	(Marokko)
Ibo	*Mozambique*	Teneriffe.
Inhambane	† *Nossi Bé*	

Aus: Zeitschrift der Hamburg-Amerika Linie, Jahrgang 1901, Seite 121/22.

Register der Schiffsnamen

Das Register enthält alle in den Biografien genannten Schiffsnamen.

Der Buchstabe f. bzw. ff. hinter einer Seitenzahl bedeutet, daß das Schiff auch auf der folgenden bzw. den beiden folgenden Seiten erwähnt bzw. abgebildet ist.

Halbfette Seitenzahlen und f. bzw. ff. weisen auf Abbildungen hin.

Eine eingeklammerte Zahl (3) weist auf eine wiederholte Vergabe eines Hapag-Namens hin und bezeichnet die Reihenfolge der Vergaben. Schiffe gleichen Namens werden zudem durch Angabe des Baujahrs unterschieden.

Ein eingeklammerter Bindestrich (-) kennzeichnet einen Hapag-Schiffsnamen, der für ein Schiff zwar geplant war, aber vor dem Stapellauf oder Ankauf geändert wurde.

A
Abessinia (1) 1900   154 f.
Acilia   154 f.
Ada   92
Admiral   69
Adolf Deppe   52
Adria   **148**
Adrianoupolis   206
Adrien David   30
Albingia (1) 1881   **56** f.
Albino   203
Aldgate   203
Alesia (1) 1896   **152**
Alexandria (1) 1900   **156**
Alice Bradshaw   208
Allemannia (1) 1865   **28**
Allemannia (2) 1881   **56** f.
Alma (Schute)   **149**
Alma   206
Alpha   72
Alsatia   42 f.
Alsatia (-)   36
Amalfi   92
Amboim   187
Ambria (1) 1896   **152** f.
Amerika   14
Ammiraglio Viale   166
Ancona   150
Andalusia   148 f.
Anna Strowig   85
Annie Therese   41
Antillan   175
Antonios   204
Apari   42
Apollinia   120
Arabia (1) 1897   150 f.
Aragonia (1) 1897   150 f.
Arcadia (1) 1897   **150**
Argonaut   52
Arkansas   182
Armenia   148 f.
Armistice   166 f.
Arno   36
Artemisia (1) 1901   156 f.
AS 8   189

Ascania   70 f.
Ascension   42
Assyria (1) 1898   153 f.
Asturia   **147**
Athen   211 f.
Athesia   140
Athesia   **154**
Atlantica   30
Atta   204
Augusta-Victoria-Klasse, Interieur   **102** ff.
Augusta Victoria   **95** ff.
Auguste Victoria   **97, 201**
Australia   **87**
Austria   22 f.

B
Babelsberg   172
Badenia   **184**
Bahia   122
Bamberg   167
Bangalore   152
Barcelona   **150** f.
Barmen   120
Baroda   160
Batavia   177
Baumwall   125 f.
Bavaria (1) 1857   24 f.
Bavaria (2) 1879   52 f.
Bayramento   156
Baysarnia   170
Beatrice   41
Belgia (1) 1899   178 f.
Belgia (2) 1900   182 f.
Belgian   20
Belgravia   **178**
Bellaggio   120
Bellona   172
Benares   160
Bengalia   **180**
Bengore Head 1881   60
Bengore Head 1883   60
Benwell Tower   116
Berezan   32
Bermudez   42
Bethania   **182**

Bhandara   152
Bhopal   158
Bierawa   162
Bitschin   162
Bizkor   41
Blankenese   110
Blenheim   154
Blokshif N 5   30
Boba   166
Bohemia (1) 1881   60 f.
Bolivia   **119** f.
Bologna   213 f.
Borga   115
Borussia (-)   190
Borussia (1) 1855   20 f.
Borussia (2) 1878   **52**
Bosnia   180 f.
Bosporus   123
Bothnia   143
Brasilia (1) 1898   **174**
Brema   210
Bremen   200
Brisgavia   182 f.
Bulgaria   **175** f.
Bulgarie   166
Burdigala   185
Burmah   150

C
Cabo Frio   207
Calabria   **160**
California (1) 1883   **88**
Campeador   **140**
Campidano   92
Campinas   158
Canada   175
Canadia   **123**
Carl W. Baxter   38
Castilia   158 f.
Catalina   116
Catarina   22
Celikkale   123
Ceres   140
Ceres (Kingsin)   168
Cetvrti   69

Cheruskia 116 f.
Chief Skidegate 182
China **169**
Chloe **154** f.
Christiania **125**
Cimbria **28** f.
Citta di Napoli 32
Citta di Savona 24
City of Amsterdam 36
City of Glasgow 22
City of Honolulu 193 f.
Clan Maciver 180
Colonia 70
Columbia (1) 1889 **98**
Columbine 190
Columbus II **199**
Commodore Bateman 38
Constantia 160 f.
Cornwallis 48
Corona 70
Cremon **122**
Créte-a-Pierrot 116
Croatia **72** f.
Culebra 154
Cuxhaven II **145**
Cyclop 41

D
Dacia **207**
Dalecarlia **125**
Dalmatia **122** f.
Dania (1) 1889 106
Deike Rickmers 162
Della 166
Denise 123
Desertas 170
Deutschland (1) 1848 **13**, **14** f.
Deutschland (2) 1858 18, **129**
Deutschland (3) 1900 **134**, 165, **195** f., **229**
Diamant 28
Dnestr 30
Dominion **139**
Don 100 f.
Don Jose 52
Donau **18**
Dorothea Rickmers 162
Doumlow-Pounar 72
Dresden 1853 18
Dresden 1908 156
Drum 182
Dumlupinar 72
Dupleix 172

E
Eduard & Charlotte 46

Egeo 54
Ekaterinoslav 152
Elbe 16 f.
Elbe V 146
Elberfeld 120
Emden 193
Ems 120
Engelina Jacoba 18
Enriqueta 163
Eolo 190
Erato 168
Eryssos 54
Esmeralda 203
Essex 182
Este **166**
Esther Dollar 182
Etna 116
Etruria **210** f.
Europa 18
Europa 1879 120 f.
Europe 207
Eva 203

F
Fides 122
Flandre 158
Flandria 70 f.
Fleiss 140
FM 22 206
Fort Rannock 69
Francesco 162
Francesco Papale 208
Francia **70**
Franconia **44**
Frangestan 180
Frankenwald 70
Frisia (1) 1872 **36**
Frisia (2) 1889 **162**
Fulda 20
Fürst Bismarck **100** f.

G
Gäa 100
Galata 120, 125
Galicia (1) 1889 88, **90**
Gazelle 168
Gellert 46 f.
General H. F. Hodges 172
Gerda 170
Germania (1) 1863 **27**
Germania (2) 1871 **34** f.
Gertrud 143
Glen-Called-Tower
 (Glencaladh Tower?) 116
Glengarry 36
Gliding Star 52

Gloucester 206
Gobelas 41
Goethe **48**
Gothia **85**
Graecia 116
Graf Waldersee **132** f., **144** f.
Granada (1) 1899 **210**
Grasbrook **125** f.
Great Northern 190
Gresford 42
Grimm (1) 1890 **123** f.
Gulista 211
Gypsum Emperor 150
Gyptis 123

H
Hachiro Maru 120
Haelen 166
Hafenpolizei VI **210**
Hamburg (1) 1900 **136**, **190** ff.
Hammonia (1) 1856 **20** f.
Hammonia (2) 1867 **28** f.
Hammonia (3) 1883 **2**, **62** f.
Hansa (2) 1900 **195**, **199**
Hansa 140
Hapsal 160
Harpon 170
Hedjin 70
Heian Maru 125
Heidelberg 166
Helene Rickmers 160
Hellas **212** f.
Helvetia **88** f.
Hercules 175
Hercynia **119** f.
Herder **46**
Hermann 14
Hermersberg 88
Hertha 168
Highflyer 182
Hispania **123**
Hochfeld 170
Holm **184**
Holsatia (1) 1868 **30**
Holsatia (2) 1880 **54**
Holsatia (3) 1896 **162**
Housatonic 125
Hudson 190
Hungaria **69**, 175

I
I. J. Merrit 116
Imerina 204
India 116, **118**
Inga 210
Ingeborg 70

Ioannis D. 206
Ionic 182
Irene 166 f.
Irish Beech 69
Irishman 178 f.
Irtysh 182
Isla de Leyte 42
Italia 88 f.
Italo 203
Ithaka **207**

J
Jacatra 85
Jade 28
Jade (Leichter) **140**
Jeannette Kayser 167
Johan A. Archer 203

K
K 26 180
Kaiser Friedrich **185**
Kaiser Wilhelm der Große 182
Karthago **206**
Kasuga Maru 212
Kehrwieder (1) 1871 34 **f.**
Khazan 148
Kiautschou **193**
Kinko Maru 172
Kirchberg 116
Klopstock 46 **f.**
Komagata Maru 125
Königsberg 166
Koning Willem III 172
Koordistan 175
Korianna 210
Koshun Maru 172
Kouang Si 156
Kreta 123
Kriemhild 172
Kronstadt 140
Kuban 95

L
L'Aquitaine 98
La Bourgogne 98
Lachta 120
Lady of the Isles 50
Lamentin 172
Le Levant 170
Lechfeld 203
Leipzig 154
Leixoes 116
Lessing 48 **f.**
Licata 125
Liguria 162
Lipsos 85

Lisa 70
Lizzy 208
Lord Harrington 208
Lotharingia **42**
Lourdes 54
Lydia **204**

M
Macedonia (1) 1900 **205** f.
Maguyla 85
Maid of Chios 163
Main 18 **f.**
Main (Leichter) 162
Mallowdale 20
Manuel 41
Mar de Irlanda 160
Maracaibo (1) 42
Maracaibo (2) 42 **f.**
Marga Hemsoth 72 **f.**
Margaret Frankel 168
Marie 163
Markomannia (1) 1890 116, **118**
Marsala 92
Masuria 203
Maurice 22
Maximo Gomez 160
Mely 42
Mendes Barata 170
Mentana 1856 24
Mentana 1868 30
Meropi 206
Michigan 178
Mikado Maru 56 **f.**
Milano 88
Minas de Bataan 52
Minnewaska 138
Mira 116
Missouri 20
Moel Eilian 36
Molière 213
Monelia 207
Montevideo 32
Montserrat 106
Moskva 1867 28
Moskva 1891 100
Mutter Schultz 16
Myrtoon 123

N
Nansemond 143
Narodvolets 142
Narva 148
Navahoe 54
Necat 123
Neckar 18 **f.**
Nerthe 48

New Rochelle 190
Nijni Novgorod 22
Nikolaiev 142
Niobe 172
Nipponia 144
Nisshin Maru 88
Nord-Amerika 14 **f.**
Nordsee 123
Normannia 98 **f.**
Normannia (-) **78**, 95, **131**
Norodvoletz 142
Norseman **174**
Nubia **203**
Numidia **202** f.
Nürnberg (1) 1895 172

O
Oceana (1) 1890 **172**
Oceana 213
Oder 16 **f.**
Odessa 105
Olinde Rodrigues 44
Oranienbaum 160
Orbis 189
Oxenholme 28

P
Pacifica 32
Palatia (1) 1895 **142**, 165
Panther 116
Parisian 182
Parma 60
Paros 120
Parthia (1) 1896 208 **f.**
Patria 1882 64
Patria (1) 1894 **140** f.
Patricia (1) 1899 **132** f., **146**
Patriota 98
Paul 189
Paul Regendanz 189
Pauline Constance Eleonore 27
Pavia 144
Pax 52
Pegli 116
Pelikan **199**
Pelotas 208
Pennsylvania 64, **131** ff., **143**
Persia (1) 1894 **138** f.
Peter Godeffroy 16
Petersburg 32
Petropolis **24**
Philippines 175
Phoenicia (1) 1894 141 **ff.**
Piemontese 24
Piero Maroncelli 152
Pinnau 163

Polaria (1) 1882 **87**
Polgowan 206
Polonia 1871 34 f.
Polonia 1899 177
Polynesia (1) 1881 85 f.
Pommerania 36 f.
Pompei 60
Pompeji 60
Pontos (1) 1900 208 f.
Port de Cette 170
Port de St. Nazaire 156
Powhatan 190
Pretoria **144** f.
President Fillmore 190
President Arthur 193
Princess Alice 193
Princess Matoika 193
Prinzessin Victoria Luise **135, 200 ff.**
Provincia di São Paulo 30
Prussia (1) 1894 138 f.
Pythea 156

Q
Quatre Amis 38

R
Rahah 42
Rajah Kongsie Atjeh 42
Rapido 98
Ravenna 213 f.
Red Cross 190
Regina 24
Rescue 116
Restaurador 168
Reval 123
Rhaetia (1) 1883 64 f.
Rhein 14, **16**
Rhenania (1) 1874 44 f.
Rhenania (2) 1881 54 f.
Riga **178**
Rio Branco 207
Robinia 150
Rossija 30
Rudolf 85
Rugia (1) 1882 64
Russia 105 f.

S
S. Jorge 187
Sacramento 156
Saint Germain 46 f.
Saint Simon **45**
Salamanca 41
Salaverry 154
Sambia **189**
San Marcos 106

San Giusto 100
Santa Barbara 105
Sarah 16
Sardinia 187 f.
Sarnia **170**
Sausenberg 203
Savannah 189
Savoia 172 f.
Saxonia (1) 1857 22
Saxonia (2) 1879 **52**
Saxonia (3) 1898 **188** f.
Scandia (1) 1889 **105**
Scandia **166**
Scandinavia (-) 105
Schiller **50**
Scholar 125
Schwinge 120
Scotia **123**
Sebara 154
Senegambia 172 f.
Senta 167
Serbia 168 f.
Sestrorjezk 210
Sevilla **208**
Shinmei Maru 212
Sibiria **168**
Sicily 54
Siegfried 69
Siena 213 f.
Siggen 143
Silesia (-) 70
Silesia (1) 1869 **32** f., **37**
Silesia (2) 1897 170 f.
Simson 140
Siracusa 52
Slavonia (1) 1884 85 f.
Slavonia (Cunard) 177
Sophie Rickmers 163
Sorrento 92 f.
Sovjetskaja Rossija 32
Spadefish 178
Sparta 204 f.
Sperrbrecher 2 163
Sperrbrecher 3 120
Sperrbrecher 6 120
Spezia **167**
Spezia (Sloman) 52
Spree **142**
Stade **180**
Stanley 70
Steinhöft 123
Stolberg 172
Strathclyde 44
Stubbenhuk 125 f.
Stuyvesant 189
Suchan 167

Sud Americana 30
Suevia (1) 1874 **38**
Suevia (2) 1896 168 f.
Sultan 28 f.
Sultan (DOAL) 120
Sveaborg 152
Syria **187**

T
Taihaku Maru 182
Taormin 93
Taormina 92 f.
Tebea 123
Temerario 36
Templemore 150
Tenedos 88
Terek 98
Teutonia (-) 193
Teutonia (1) 1856 **24**
Teutonia (2) 1878 52 f.
Teutonia (3) 1889 160 f.
Thekla 170
Theta 28
Thomas **138** f.
Thor 211
Thuringia (1) 1870 32 f.
Thuringia (2) 1880 54 f.
Tijuca 158
Tom G. Corpi 158
Toscana **213**
Toto Maru 56
Transbalt 178 f.
Triaina 206
Troja 204
Tunica 189

U
U 34 162
U 35 213
U 38 207
U 39 54, 88, 174
U 48 167
U 52 213
U 53 125
U 61 92
U 73 185
U 155 116
Uarda 154
UB 27 207
UB 49 152
UB 63 166
UC 15 92
UC 72 162
Ujest 203

V

Valdivia 158 f.
Valencia **158**
Valesia (1) 1882 116 f.
Vandalia (1) 1871 34 **f.**
Vasa 156
Vatan 170
Venetia (-) 1890 100
Venetia (1) 1891 120 **f.**
Vepr 187
Versailles 62
Victoria Luise 195, **197** ff.
Ville de Nancy 123
Virginia (1) 1891 120 **f.**

Vittoria 175
Vorsetzen 169
Vulcain 140
Vulcan 41

W

Wachusett 168
Wally 170
Wandrahm 123 f.
Warren 105
Weehawken 175
Wega 28
Weser 16 **f.**
Westphalia (-) 70

Westphalia (1) 1868 30 **f.**
Westphalia (2) 1889 **163**
Wheeling 116
White Palace 193
Wieland 48 **f.**
Wineland 88
Wittenberg **170**

Y

Yser 207

Z

Zaandyk 170

Die Standorte der im Text erwähnten Gebäude und Anlagen der Hapag im 19. Jahrhundert

1. Hier am Jonas unterhielt die Hapag von 1857 bis 1890 Anlagen zur Passagier- und Frachtabfertigung sowie Werkstätten.
2. An der Deichstraße befand sich von 1870 bis 1890 der Firmensitz der Hapag.
3. 1890 bezog die Hapag an der Straße Dovenfleth 18–21 ein neues Verwaltungsgebäude, das ihr bis 1903 diente.
4. Am Kaiserkai im Sandtorhafen fertigte die Hapag von 1872 bis 1877 ihre Westindien-Schiffe ab.
5. Die Schuppen 13–15 am Dalmannkai des Grasbrookhafens dienten den Hapag-Dampfern von 1877 bis 1888 als Heimatbasis.
6. In den Schuppen 38, 39 und später 40 am Amerikakai des Segelschiffhafens unterhielt die Hapag von 1888 bis 1903 einen eigenen Kaibetrieb.
7. Von den Auswandererhallen am Strandkai beförderte die Hapag ab 1890 die Auswanderer mit Tendern nach Brunshausen auf die Überseedampfer.
8. Hier standen die 1892 auf dem Amerikakai errichteten und bis 1907 genutzten Quarantänehallen für 4000 Emigranten.
9. Ab 1898 pachtete die Hapag zusätzlich zum Amerikakai auch den O'Swaldkai am Hansahafen als Übergangslösung bis zur Fertigstellung der neuen Kuhwerder Hafenbecken 1903.

(Ausschnitt aus dem Hafenplan von Freytag & Bielefeldt, Hamburg 1910)